APPRENDRE
LE GREC

OBJECTIF LANGUES

APPRENDRE LE GREC
Niveau débutants
A2

Jean-Pierre Guglielmi & Georgios Veroiotis

LA COLLECTION
OBJECTIF LANGUES

À PROPOS DU CADRE EUROPÉEN COMMUN DE RÉFÉRENCE POUR LES LANGUES

À partir de quel moment peut-on considérer que l'on « parle » une langue étrangère ? Et quand peut-on dire qu'on la parle « correctement », couramment ? Voire qu'on la « maîtrise » ? Cette question agite les spécialistes de la linguistique et de l'enseignement depuis toujours. Elle pourrait être de peu d'intérêt si les locuteurs d'aujourd'hui n'avaient pas à justifier leurs compétences dans ce domaine, notamment pour accéder à l'emploi.

C'est en partie pour répondre à cette question que le Cadre européen commun de référence pour les langues (CECRL), appelé plus communément « Cadre européen des langues », a été créé par le Conseil de l'Europe en 2001. Sa vocation première est de proposer un modèle d'évaluation de la maîtrise des langues neutre et adapté à toutes les langues afin de faciliter leur apprentissage sur le territoire européen. À l'origine, il entendait favoriser les échanges et la mobilité, mais aussi mettre un peu d'ordre dans les tests d'évaluation privés qui fleurissaient à la fin du XXe siècle et qui étaient, la plupart du temps, propres à une langue.

Plus de 15 ans après son lancement, son succès est tel qu'il a dépassé les simples limites de l'Europe et qu'il est utilisé dans le monde entier ; pour preuve, son cahier des charges est disponible en 39 langues. Les enseignants, les recruteurs et les entreprises y ont largement recours et les praticiens « trouvent un avantage à travailler avec des mesures et des normes stables et reconnues[1]. »

LES 6 NIVEAUX DU CADRE EUROPÉEN DES LANGUES

Le cadre européen se divise en 3 niveaux généraux et en 6 niveaux communs de compétence :

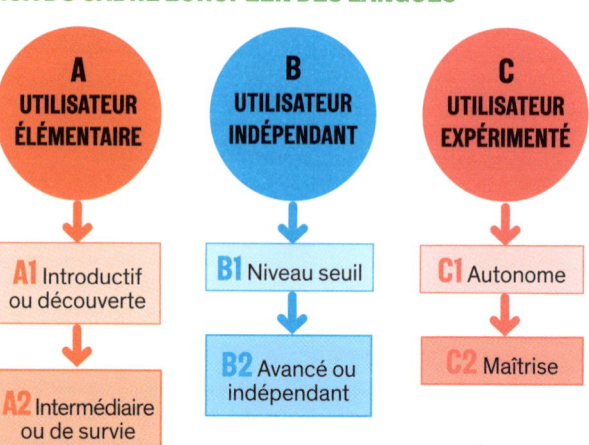

Chacun des niveaux communs de compétence est détaillé selon des activités de communication langagières :

- la production orale (parler) et écrite (écrire) ;
- la réception (compréhension de l'oral et de l'écrit) ;
- l'interaction (orale et écrite) ;
- la médiation (orale et écrite) ;
- la communication non verbale.

Dans le cadre de notre méthode d'apprentissage et de son utilisation, les activités de communication se limitent bien sûr à la réception (principalement) et à la production (un peu). L'interaction, la médiation et la communication non verbale s'exercent sous forme d'échanges en rencontrant des locuteurs et/ou en échangeant avec eux (avec ou sans présence réelle pour dire les choses autrement).

LES COMPÉTENCES DU NIVEAU A2

Avec le niveau A2, je peux :
- **comprendre** des expressions et des messages simples et très fréquents ;
- **lire** des textes courts et trouver une information dans des documents courants ;
- **comprendre** des courriers personnels courts et simples ;
- **communiquer** lors de tâches simples et habituelles ;
- **décrire** en termes simples ma famille, d'autres gens, mes conditions de vie, ma formation et mon activité professionnelle ;
- **écrire** des notes et des messages courts et simples.

La plupart des méthodes d'auto-apprentissage de langues actuelles utilisent la mention d'un des niveaux du cadre de référence (la plupart du temps B2), mais cette catégorisation a souvent été faite *a posteriori* et ne correspond pas forcément à leur cahier des charges.

En suivant les leçons à la lettre, en écoutant les dialogues et en faisant les exercices proposés, vous parviendrez au niveau A2. Mais n'oubliez pas qu'il ne s'agit que d'un début. Le plus important commence ensuite : échanger avec des locuteurs natifs, entretenir sa langue et ne pas la laisser rouiller et, ainsi, améliorer sans cesse la compréhension et l'expression.

1. *Cadre européen commun de référence pour les langues,* Éditions Didier (2005).

APPRENDRE LE GREC MODERNE

NOTIONS

- À PROPOS DE LA LANGUE GRECQUE
- L'ALPHABET
- LES VOYELLES
- L'ACCENTUATION
- LES CONSONNES
- LA PALATALISATION ET LA MOUILLURE
- LE -N FINAL

■ À PROPOS DE LA LANGUE GRECQUE

Le grec (moderne) est aujourd'hui la langue maternelle de près de 14 millions de personnes en Grèce et à Chypre. Il est également largement répandu, souvent comme deuxième langue, dans les communautés helléniques à travers le monde.

Le grec (moderne) est la forme contemporaine d'une langue qui a suivi un développement naturel, sans discontinuité, sur plusieurs millénaires. Le premier stade connu du grec remonte au XIVe siècle avant J.-C. : il s'agit des inscriptions crétoises dites « Linéaire B ».

À l'époque hellénistique (Empire d'Alexandre, Byzance), une langue commune, dite *koinè* – **κοινή γλώσσα** *langue commune* – a remplacé dans l'usage les divers dialectes grecs de la littérature antique. Le grec a été la langue de l'Empire romain d'Orient et du christianisme primitif (langue du Nouveau Testament). Il s'est maintenu après la disparition de l'Empire byzantin (XVe siècle de l'ère commune) comme langue orale et écrite, et a retrouvé un statut de langue d'État au moment de l'indépendance de la Grèce (1830).

DIGLOSSIE ET LA "QUESTION DE LA LANGUE"

Face à ce nouveau rôle politique, la langue grecque hésitait entre une forme savante et archaïsante dite *Katharévousa* (**καθαρεύουσα** *épurée*) et la forme parlée dite *Dimotiki* (**δημοτική γλώσσα** *langue populaire*) par la population et écrite dans certains milieux littéraires. Cette controverse (dite "Question de la Langue") entre les tenants de l'une ou l'autre forme connaît des phases aiguës et s'étendait souvent aux domaines politiques et sociaux.

La controverse dura plusieurs décennies et finit par été tranchée en 1976 par l'abandon de la Katharévousa (langue savante connue d'une minorité) comme langue officielle ; seule la *Dimotiki* (démotique ou grec moderne) devenant la langue de l'État grec et donc enseignée comme telle. Une dernière étape a été franchie en 1981, lorsque le système polytonique, accentuation héritée du grec ancien, a cédé la place au système dit monotonique (un seul type d'accent pour marquer la syllabe portant l'accent tonique).

L'écriture grecque est aussi l'héritière de la langue ancienne. La forme des lettres capitales remonte au premier millénaire avant J.-C. Si la syntaxe et la morphologie verbale ont considérablement évolué, l'essentiel du vocabulaire a été transmis de l'époque classique avec une graphie pratiquement inchangée ; la prononciation, elle, a naturellement changé au fil du temps.

Pour entreprendre cette belle aventure d'initiation au grec il faut tout d'abord connaître l'alphabet et en apprendre les sons pour pouvoir lire et écrire. La prononciation du grec ne pose pas de difficultés insurmontables, car la plupart des sons existent en français. Vous serez rapidement en mesure de lire par vous-même et vous pourrez toujours vous aider en écoutant la prononciation sur les enregistrements.

Ce premier chapitre est donc consacré à l'apprentissage des valeurs phonétiques des lettres et des groupes de lettres.

■ L'ALPHABET

L'alphabet grec se compose de 24 lettres majuscules et minuscules. Les lettres ont un nom (traditionnel) hérité de l'histoire de la langue ; certaines sont connues grâce à l'usage dans les sciences notamment. Le nom des lettres sert à épeler les mots. Dans l'usage moderne, il existe une variante ; elle est indiquée à la suite.

La prononciation est notée à l'aide des signes de l'Alphabet phonétique international (API). Chaque son est détaillé dans les sections qui suivent.

Lettre		Nom		API
Capitale	Minuscule	Grec moderne	Français	Son
Α	α	άλφα	alfa	[a]
Β	β	βήτα	vita	[v]
Γ	γ	γάμα	gama	[ɣ], [j]
Δ	δ	δέλτα	delta	[ð]
Ε	ε	έψιλον	epsilon	[e]
Ζ	ζ	ζήτα	zita	[z]
Η	η	ήτα	ita	[i]
Θ	θ	θήτα	thita	[θ]
Ι	ι	γιώτα	iota	[i]
Κ	κ	κάπα	kapa	[k]
Λ	λ	λάμδα	lamda	[l]
Μ	μ	μι	mi	[m]
Ν	ν	νι	ni	[n]

Ξ	ξ	ξι	xi	[ks]
Ο	ο	όμικρον	omicron	[o]
Π	π	πι	pi	[p]
Ρ	ρ	ρο	ro	[r]
Σ	σ/ς	σίγμα	sigma	[s]
Τ	τ	ταυ	taf	[t]
Υ	υ	ύψιλον	ipsilon	[i]
Φ	φ	φι	fi	[f]
Χ	χ	χι	chi	[x], [ç]
Ψ	ψ	ψι	psi	[ps]
Ω	ω	ωμέγα	oméga	[o]

■ L'ÉCRITURE CURSIVE (MANUSCRITE)

La forme des lettres manuscrites diffère de celle imprimée :

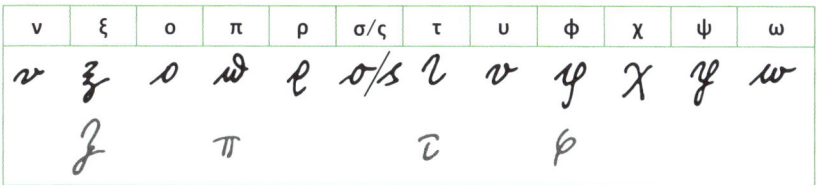

Exemples de mots écrits :

άλφα	βήτα	γάμα	δέλτα	έψιλον	ζήτα
ήτα	θήτα	γιώτα	κάπα	λάμδα	μι
νι	ξι	όμικρον	πι	ρο	σίγμα
ταυ	ύψιλον	φι	χι	ψι	ωμέγα

■ LES VOYELLES

Les 7 voyelles représentent 4 sons [a], [e], [i] et [o]. Les sons [a], [e] et [o] sont intermédiaires entre ouverts et fermés.

Lettre	API	Exemple en français	Exemple en grec	Remarque
α	[a]	*patte*	**σας** [sas] *à vous*	son mi-ouvert, mi-fermé
ε	[e]	*mère*	**εσύ** [e.si] *toi*	entre les sons [ɛ] (è) et [e] (é)

η	[i]	île	ακόμη [a.ko.mi] encore	
ι			κάτι [ka.ti] quelque chose	
υ			πολύ [po.li] beaucoup / très	
ο	[o]	note	μόνο [mo.no] seulement	entre les sons [o] et [ɔ]
ω			κάνω [ka.no] je fais	

– Les voyelles **η ι** et **υ** sont homophones, elles se prononcent [i] ; de même pour **ο** et **ω**, qui se prononcent toutes les deux [o]. Cependant, combinées avec d'autres voyelles, elles peuvent former de nouveaux sons.

– Le **ι** (γιώτα [jo.ta]) ne porte pas de point comme en français (i).

LES GROUPES DE VOYELLES

02

Le 5ᵉ son [u] (en français "ou") est noté avec deux lettres : **ου**. Le système grec est donc plus réduit que le système français. D'autres groupes forment des diphtongues.

Groupe	API	Exemple en français	Exemples en grec	Remarque
ει οι	[i]	île	πρέπει [pre.pi] il faut όλοι [o.li] tous	υι se prononce également [i], les cas sont plus rares
αι	[e]	mère	ταινία [te.ni.a] film	
αη	[aj]	aïl	αηδόνι [aj.ðo.ni] rossignol	prononcé aͥ c'est une diphtongue (voir paragraphe **Diphtongues**…)
οη	[oi]	troïka	ανόητος [a.no.i.tos] inconnu	prononcé avec deux sons distincts ; dans certains mots, le [i] devient très bref oͥ ; c'est alors une diphtongue (voir section suivante)
ου	[u]	cou	μου [mu] à moi	

αυ	[av] [af]	avion affaire	μαύρος [ma.vros] noir αυτός [af.tos] ceci	prononcé [av] devant les consonnes sonores **β, γ, δ, ζ, λ, μ, ν, ρ** et les voyelles, mais prononcé [af] devant les autres consonnes
ευ	[ev] [ef]	lève effort	Ευρώπη [ev.ro.pi] Europe λευκός [lef.kos] blanc	prononcé [ev] devant les consonnes sonores **β, γ, δ, ζ, λ, μ, ν, ρ** et les voyelles, mais [ef] devant les autres consonnes.

LES DIPHTONGUES

🔊 02

Une diphtongue est la prononciation rapide dans une même syllabe de deux sons (ou voyelles). En grec, les diphtongues se forment lorsque la première composante [a] ou [o] (**α** ou **ο**) est plus fortement accentuée que la deuxième, constituée d'un [i] (**η** ou **ι**) très bref et plus faible, comme [j].

Groupe	API	Exemple	Remarque
αη	[aj]	αηδόνι [aj.ðo.ni] *rossignol*	se prononce comme aï

■ L'ACCENTUATION

Dans le système d'accentuation actuel (dit monotonique), il n'existe qu'un seul type d'accent noté à l'aide du signe diacritique ´ (accent aigu) appelé **ο τόνος** [to.nos]. Il sert à marquer la syllabe portant l'accent tonique. L'accent tonique ne peut se placer que sur une des trois dernières syllabes. Ce sont donc généralement les mots de deux syllabes et plus qui portent un accent (tonique). Toutefois, certains mots d'une syllabe portent un accent écrit pour les distinguer d'homonymes grammaticaux, exemples : les interrogatifs **πού** et **πώς**, la conjonction **ή** et la préposition **ώς**.

Bien qu'il n'y ait pas à proprement parler de distinction de longueur, les syllabes qui portent l'accent sont prononcées avec une durée légèrement supérieure à celles qui ne le sont pas : [a/aː], [e/eː], [i/iː], [o/oː] et [u/uː]. Cette différence de longueur ne sera toutefois pas notée dans la prononciation ici.

La syllabe portant l'accent tonique est soulignée dans la prononciation, exemple : **τόνος** [o-to.nos] *l'accent tonique*. Pour les groupes **ει, οι, αι, ου, αυ** et **ευ**, l'accent est noté sur le deuxième élément (**ι** et **υ**):

Groupe	API	Exemple	Remarque
εί	[i]	είναι [i.ne] *il/elle est*	léger allongement du [i] accentué
οί	[i]	πολλοί [po.li] *nombreux*	
αί	[e]	φαίνεται [fe.ne.te] *il semble*	léger allongement du [e] accentué
ού	[u]	ούτε [u.te] *ni*	léger allongement du [u] accentué
αύ	[av/af]	μαύρος [ma.vros] *noir*	
εύ	[ev/ef]	εύκολος [ef.ko.los] *facile*	

L'accent est noté à gauche de la majuscule Ά, Έ, Ή, Ί, Ό, Ύ et Ώ (ex. Όλοι [o.li] *tous*), mais sur le deuxième élément d'un groupe de voyelles : **Είναι** [i.ne] *il/elle est* ; **Ούτε** [u.te] *ni* ; **Εύκολος** [ef.ko.los] *facile*.

Pour dissocier deux sons qui formeraient un groupe avec ι, la première voyelle doit être accentuée (ά/έ/ό) ou bien le ι doit porter un tréma ϊ.

Groupe	API	Exemple
άι	[ai]	τσάι [tsa.i] *thé*
αϊ	[ai]	λαϊκός [la.i.kos] *populaire*
οϊ	[oi]	προϊόν [pro.i.on] *produit*
ωι	[oi]	πρωινό [pro.i.no] *petit-déjeuner*
έι	[ei]	κοκτέιλ [kok.te.il] *cocktail*
εϊ	[ei]	τρόλεϊ [tro.le.i] *trolleybus*

■ LES CONSONNES

– La plupart des sons consonantiques ne posent guère de difficulté à un francophone.

Lettre	API	Ex. en français	Exemples en grec	Remarques
β	[v]	ca*v*e	ταβέρνα [ta.ver.na] *taverne*	
ζ	[z]	*z*oo	ούζο [u.zo] *ouzo* (boisson)	

λ	[l]	_l_it	**λέξη** [_le_.ksi] mot	
μ	[m]	_m_ère	**μαζί** [ma._zi_] ensemble	-**μ** et -**ν** ne sont pas nasalisées après une voyelle comme en français (an, in, on, un…)
ν	[n]	_n_ous	**νέος** [_ne_.os] jeune	
ξ	[ks]	ta_x_i	**ξύλο** [_ksi_.lo] bois	
π	[p]	_p_ôle	**πόλη** [_po_.li] ville	
σ/-ς	[s]	_s_el	**ίσως** [_i_.sos]	La forme **-ς** est employée en fin de mot. Jamais le son "z" entre deux voyelles, mais devient sonore [z] devant certains sons (voir ci-après **La sonorité de** σ)
τ	[t]	_t_oit	**τώρα** [_to_.ra] maintenant	
φ	[f]	_f_ou	**φάρμακο** [_far_.ma.ko] remède	
ψ	[ps]	_psy_cho-logue	**απόψε** [a._po_.pse] ce soir	

– La prononciation des cinq lettres **γ**, **δ**, **θ**, **ρ** et **χ** demandera un peu d'attention et d'efforts car leur son est inconnu du français :

Lettre	API	Commentaire sur la prononciation	Exemples
δ	[ð]	comme z avec la langue entre les dents	**εδώ** [e._ðo_] ici
θ	[θ]	comme s avec la langue entre les dents	**θέλω** [_θe_.lo] je veux
ρ	[r]	le r est roulé, comme en italien ou en espagnol	**νερό** [ne._ro_] eau

LES GUTTURALES Γ, Κ, Χ

Lorsque les gutturales **γ**, **κ** et **χ** sont suivies des sons [i] ou [e] (**ι, ει, οι, η, υ… ε, αι**) il se produit une palatalisation équivalente à une mouillure [ɣ → ʝ] [k → c] [x → ç] :

Lettre	API	Commentaire	Exemples
γ	[ɣ]	semblable au "r" de *ravi* quand il est suivi de consonnes ou d'autres sons que [i] ou [e]	**γάλα** [ɣa.la] *lait* **γράφω** [ɣra.fo] *j'écris*
	[ʝ]	semblable à *y*eux, quand il est suivi des sons [i] ou [e]	**γιατί** [ʝa.ti] *pourquoi* **οικογένεια** [i.ko.ʝe.ni.a] *famille*
κ	[k]	semblable à *car* devant les autres sons	**καλά** [ka.la] *bien* **κρύος** [kri.os] *froid*
	[c]	semblable à *qui*étude, quand il est suivi des sons [i] ou [e].	**κοιτάζω** [ci.ta.zo] *je regarde* **και** [ce] *et, aussi*
χ	[x]	prononcé comme un r guttural quand il est suivi de consonnes ou d'autres sons que [i] ou [e] ; comme en allemand die *Nacht* ou l'espagnol *jota*.	**έχω** [e.xo] *j'ai* **νύχτα** [nix.ta] *nuit*
	[ç]	prononcé comme un son intermédiaire entre ch et y, quand il est suivi des sons [i] ou [e] ; comme le ch allemand de *ich*	**όχι** [o.çi] *non* **χαίρω** [çe.ro] *je me réjouis*

■ LES GROUPES DE CONSONNES
LA SONORITÉ DE Σ

À l'oral, le **σ** [s] se prononce [z], comme dans *zèbre*, lorsqu'il est suivi d'une consonne (ou groupe) sonore comme **β** [v], **γ**, [ɣ] **δ** [ð], **μπ** [b] ou **ντ** [d], ainsi que **λ** [l], **μ** [m], **ν** [n] et **ρ** [r] : **κόσμος** [koz.mos] *monde* ; **Ισραήλ** [iz.ra.il] *Israël*.

Cette prononciation sonore [z] se réalise également lorsque le **σ** est lié, dans la prononciation, au mot suivant ayant une de ces consonnes (effet similaire à la liaison en français) : **τις μέρες** [tis]‿[me.res] → [tiz‿me.res] *les jours* (acc.).

LA PRONONCIATION DE ΜΠ, ΝΤ, ΓΚ

En grec, comme en français, certaines consonnes combinées forment de nouveaux sons. Les groupes **μπ**, **ντ** et **γκ** se prononcent soit comme un seul son [b, d, g] soit comme une combinaison de sons [ᵐb, ⁿd, ᵑg] selon la position dans le mot. Les mots d'emprunt gardent le son [b, d, g] d'origine.

Lettre	API	Commentaire	Exemples
μπ	[b]	comme dans *bar* en début de mot, dans les mots d'emprunt ou bien s'il est répété dans le même mot.	**μπαρ** [bar] *bar* **ρομπότ** [ro.bot] *robot* **μπαμπάς** [ba.bas] *père*
	[mb]	comme dans *ambre* lorsqu'il se trouve au milieu d'un mot.	**εμπρός** [em.bros] *Entrez !*
ντ	[d]	comme dans *douche* en début de mot, dans les mots d'emprunt ou bien s'il est répété dans le même mot.	**ντύνομαι** [di.no.me] *je m'habille* **αντίο** [a.di.o] *salut (au revoir)* **νταντά** [da.da] *nounou (la ~)*
	[nd]	comme dans *tendu* lorsqu'il se trouve au milieu d'un mot.	**πάντα** [pan.da] *tout* **ραντεβού** [ran.de.vu] *rendez-vous*
γκ	[g]	comme dans *gare* en début de mot, dans les mots d'emprunt ou bien précédé d'une consonne	**γκαράζ** [ga.raz] *garage* **γκρίζος** [gri.zos] *gris*
	[ŋg]	semblable à *angle* lorsqu'il se trouve au milieu d'un mot ; comme le [ŋ] de l'anglais *ring* suivi de [g].	**συγκάτοικος** [siŋ.ga.ti.kos] *colocataire*

Il y a quelques "exceptions" comme **πέμπτος** [pem(p).tos] *cinquième* ou le **π** est souvent omis dans la prononciation [pem.tos] ; de même **η Πέμπτη** [i-pem.ti] *vendredi*.

Le son [ŋ], que l'on rencontre notamment dans l'anglais *ring* ou *song* s'articule à l'arrière du palais.

LA PRONONCIATION DE ΓΓ, ΓΧ

Le **γ** (**γάμα**) suivi d'un autre **γ** [g] ou de **χ** [x/ç] est prononcé [ŋ]. À noter que lorsque le groupe **γχ** est suivi des sons [i] ou [e] (voir **Les gutturales γ, κ, χ**), **χ** se prononce comme [ç].

Lettre	API	Commentaire	Exemples
γγ	[ŋg]	semblable à a*ng*le lorsqu'il se trouve au milieu d'un mot ; comme dans l'anglais ri*ng* suivi de [g]	**Αγγλία** [aŋ.gli.a] *Angleterre* **αγγούρι** [aŋ.gu.ri] *concombre*
	[ɲɟ]	le son *gn* bref suivi du [ɟ]	**άγγελος** [aɲ.ɟe.los] *ange*
γχ	[ŋx]	le son *ng* bref suivi du [x]	**συγχωρώ** [siŋ.xo.ro] *cerveau*
	[ɲç]	le son *gn* bref suivi du [ç]	**εγχείρηση** [eɲ.çi.ri.si] *opération*

LA PRONONCIATION DE *TZ, TΣ*

Malgré la présence du **τ** dans **τζ**, le groupe se prononce toujours [dz].

Lettre	API	Commentaire	Exemples
τζ	[dz]	malgré la graphie, le **τ** de ce groupe se prononce toujours [d]	**τζατζίκι** [dza.dzi.ci] *tzatziki* **τζάκι** [dza.ci] *cheminée (âtre)*
τσ	[ts]	comme dans *Ts*ar	**τσάντα** [tsan.da] *sac*

■ LA PALATALISATION ET LA MOUILLURE

Très souvent, le **ι** (**γιώτα**) non accentué [j] suivi d'autres voyelles (**α, ο, ε, ου**...) se prononce comme une palatale [j/ç] ou entraîne la mouillure de la consonne qui précède. Dans ce cas, le point d'articulation de la consonne est déplacé vers l'arrière du palais, comme le *n* palatal [ɲ] du français "monta*gn*e" ou le *l* palatal [lj] du français "*l*ieu".

LA PALATALISATION DU *I (ΓIΩTA)*

Après les consonnes sonores **μπ, ντ, β, δ, ζ** et **ρ** [b, d, v, ð, z, r], le **ι** non accentué de **ια, ιο, ιε, ιου**... est lui-même fortement palatalisé et se prononce comme [j] de **γέρος** [je.ros] : **Εύβοια** [ev.ja] *Eubée (île)* ; **άδειος** [a.ðjos] *vide*; **μαγαζιά** [ma.ɣa.zja] *magasins*.

De même, après les consonnes sourdes **π, τ, φ, θ** et **σ** [p, t, f, θ, s], le **ι** non accentué de **ια, ιο, ιε, ιου**... se prononce comme [ç] de **χέρι** [çe.ri] : **φωτιά** [fo.tça] *feu* ; **ποιος** [pços] *qui ?*

LE CAS DE *MI (MI ΓIΩTA)*

Après la consonne **μ** (**μι**) [m], le **ι** (**γιώτα**) non accentué [j] et fortement palatalisé devient parfois un *n* palatal [ɲ], comme dans le français "monta*gn*e" : **μια** [mja → mɲa] *une (fém.)* ; **μοιάζω** [mja.zo → mɲa.zo] *je ressemble*.

LA MOUILLURE DES CONSONNES

Il faut bien distinguer dans la prononciation, le son du **l** (sans mouillure) de **δουλεία** [ðu.li.a] *esclavage*, du **λ** avec mouillure (comme dans le français *lieu*) de **δουλειά** [ðu.ʎa] *travail*.

Outre le cas des gutturales **κ**, **χ** et **γ** suivies des sons [i] et [e], dans la plupart des cas, le **ι** non accentué de **ια**, **ιο**, **ιε**, **ιου**… après les consonnes **κ**, **γκ**, **χ**, **γ**, **ν**, **λ** [k, g, x, ɣ, n, l], ne se prononce pas [i]. Il indique la mouillure (ou palatalisation) de la consonne précédente [c, ɟ, ç, j, ɲ, ʎ], exemple : **το παιδάκι** [to-pe.ða.ci] *le petit enfant* ; **τα παιδάκια** [ta-pe.ða.ca] *les petits enfants*.

Tableau récapitulatif :

Consonne		Exemple
non mouillée	mouillée (palatale)	
[k]	[c]	**το δίκιο** [to-ði.co] *le droit* (juste)
[g]	[ɟ]	**τα μυρμήγκια** [ta-mir.mi.ɟa] *les fourmis*
[x]	[ç]	**το χιόνι** [to-ço.ni] *la neige*
[ɣ]	[j]	**γιατί** [ja.ti] *pourquoi*
[n]	[ɲ]	**εννιά** [e.ɲa] *neuf* (chiffre 9)
[l]	[ʎ]	**η ελιά** [i-e.ʎa] *l'olivier*

Il y a quelques exceptions comme **η οικογένεια** [i-i.ko.je.ni.a] *la famille* ; **το στάδιο** [to-sta.ði.o] *le stade* ; **η άδεια** [i-a.ði.a] *la permission / le congé* ; **η επέτειος** [i-e.pe.ti.os] *l'anniversaire*.

Autres exemples de palatalisation et mouillure :

δυο [ðjo] *deux*

η αγκαλιά [i-aŋ.ga.ʎa] *l'étreinte*

η ανάγκη [i-a.naŋ.ɟi] *la nécessité*

η ηλικία [i-i.li.ci.a] *l'âge*

η φωτιά [i-fo.tça] *le feu*

ίσιος [i.sços] *égal*

ο Βοριάς [o-vo.rjas] *le vent du Nord*

ο **εγκέφαλος** [o-eŋ.ɟe.fa.los] *le cerveau*

ο **ήλιος** [o-i̯.ʎos] *le soleil*

ο **ταξιδιώτης** [o-ta.ksi.ðjo.tis] *le voyageur*

τα **αγόρια** [ta-a.ɣo.rja] *les garçons*

τα **δόντια** [ta-ðo(n).dja] *les dents*

τα **καλάθια** [ta-ka.la.θja] *les paniers*

τα **καράβια** [ta-ka.ra.vja] *les bateaux*

τα **παιδιά** [ta-pe.ðja] *les enfants*

τα **χάπια** [ta-xa.pça] *les pilules*

το **ενοίκιο** [to-e.ni.co] *le loyer*

το **μπάνιο** [to-ba.ɲo] *le bain*

■ LE -*N* FINAL

Outre le cas du -**ς** final (voir **La sonorité de -σ-** plus haut) il existe un autre effet de liaison entre le -**ν** en fin de mot et la consonne du mot suivant.

Le -**ν** final suivi d'une consonne initiale (mot suivant) **π**, **τ**, **κ** ou **ξ**, **ψ**, fusionne la plupart du temps et forme un groupe qui se prononce respectivement [ᵐb, ⁿd, ⁿg, ⁿgz, ᵐbz] :

Lettre	API	Exemples
-ν‿π-	[ᵐb]	τον **παίρνω** [ton] [per.no] → [tom ber.no] *je le prends*
-ν‿τ-	[ⁿd]	την **ταινία** [tin] [te.ni.a] → [tin de.ni.a] *le film (acc.)*
-ν‿κ-	[ⁿg]	έναν **καφέ** [e.nan] [ka.fe] → [e.naŋ ga.fe] *un café (acc.)*
-ν‿ξ-	[ⁿgz]	την **ξέρω** [tin] [kse.ro] → [tiŋ gze.ro] *je la connais*
-ν‿ψ-	[ᵐbz]	τον **ψάχνω** [ton] [psax.no] → [tom bzax.no] *je le cherche*

I.
SALUTATIONS ET PREMIERS CONTACTS

II.
LA VIE QUOTIDIENNE

1. Τι είναι; 29

2. Ποιος είναι; 37

3. Πρώτες συναντήσεις 45

4. Χαιρετισμοί και αποχαιρετισμοί 53

5. Συνάντηση 61

6. Προσωπικές πληροφορίες 69

7. Συζήτηση μεταξύ γειτόνων 79

8. Μιλώντας σε έναν άγνωστο 89

9. Οι μέρες της εβδομάδας 99

10. Η ώρα 109

11. Το πρωινό 117

12. Στην ταβέρνα 127

III.
EN VILLE

IV.
LES LOISIRS

13. Μέσα Μαζικής Μεταφοράς 141

14. Στο μουσείο 151

15. Βόλτα στο κέντρο 161

16. Οι διακοπές 171

17. Πηγαίνω για ψώνια 181

18. Στο Φαρμακείο 191

19. Μια μέρα στο γραφείο 201

20. Οι τέχνες 213

21. Η γυμναστική 223

22. Σπίτι ή έξω; 233

23. Στο βουνό 241

24. Σαββατική άδεια 249

25. Η συνταγή μαγειρικής 259

26. Στο(ν) ζωολογικό κήπο 269

I

SALUTATIONS

ET

PREMIERS

CONTACTS

01.
QU'EST-CE QUE C'EST ?

Τι είναι;

OBJECTIFS	NOTIONS

- POSER UNE QUESTION
- UTILISER LA NÉGATION
- ÉCRITURE MANUSCRITE

- LA NÉGATION *ΔEN*
- L'INTERROGATION
- LE GENRE GRAMMATICAL
- L'ARTICLE

QU'EST-CE QUE C'EST ?

– Qu'est-ce que c'est *(quoi est ceci)* ?

– C'est *(ceci est)* une maison.

– Qu'est-ce que c'est *(quoi est ceci)* ?

– C'est *(ceci est)* une voiture.

– Voilà la maison. Voilà la voiture.

– Est-ce que le taxi est ici *(est ici le taxi)* ?

– Pas *(non)* encore.

– Ah, voilà le taxi !

🔊 03   Τι είναι;

– Τι είναι αυτό;
– Αυτό είναι ένα σπίτι.
– Τι είναι αυτό;
– Αυτό είναι ένα αυτοκίνητο.
– Να το σπίτι. Να το αυτοκίνητο.
– Είναι εδώ το ταξί;
– Όχι ακόμα.
– Α, να το ταξί!

COMPRENDRE LE DIALOGUE
POSER UNE QUESTION

→ Le pronom interrogatif **τι** *quoi /que* sert à lui tout seul à traduire l'expression *qu'est-ce que ?*

→ De même le verbe être conjugué, ici **είναι** *[il/elle] est* permet avec la seule intonation de poser une question *est-ce que… ?* ; exemple : **Είναι ένα σπίτι;** *Est-ce une maison ?* (littéralement "est une maison") Notez que le verbe conjugué n'est pas accompagné du pronom personnel sujet comme en français. Le pronom *ce* est aussi sous-entendu : **είναι** *(il/elle/c') est*.

→ Le point d'interrogation français (?) est noté en grec par un point-virgule (;). Notre point-virgule (;) est, quant à lui, noté en grec par un point au-dessus de la ligne (·). Les autres signes s'emploient comme les nôtres.

→ **να** *voici/voilà* n'a pas d'accent écrit, car le mot n'a qu'une seule syllabe. Cependant, la particule **να** porte la charge de l'exclamation dans la phrase.

→ L'article défini **το** [to] n'est pas accentué ; il est lié dans la prononciation au substantif qui le suit suivant. Ce lien est marqué par un trait d'union (-) dans la prononciation : **το σπίτι** [to-spiti].

◆ GRAMMAIRE
LA NÉGATION *ΔEN*

L'adverbe **δεν** sert à exprimer la négation *ne… pas* ; il précède le verbe : **δεν είναι** *[il /elle] n'est pas*.

L'INTERROGATION

Dans une phrase interrogative, le verbe est souvent placé en premier. La phrase se termine par un point d'interrogation (; en grec) : **Είναι εδώ το ταξί;** *Le taxi est-il ici ? Est-ce que le taxi est ici ?* ("est ici le taxi ?")

Le pronom interrogatif **τι** *quoi/que/qu'est-ce que ?* est placé en tête de phrase interrogative.

À l'oral, l'intonation marque clairement et sans ambiguïté le caractère interrogatif. Pour poser une question, il suffit de faire monter l'intonation en fin de phase. On distingue ainsi à l'oral : **Είναι εδώ;** *Est-ce qu'il est ici ?* de **Είναι εδώ.** *Il est ici* (ou *C'est ici*).

LE GENRE GRAMMATICAL

Le grec possède trois genres : le masculin et le féminin et le neutre. Dans cette leçon, tous les substantifs et les pronoms sont au neutre. L'article défini neutre singulier est **το** *le* ou *la* selon le genre du mot français.

Observez les terminaisons des substantifs et du pronom neutres : **το σπίτι** *la maison*, **το αυτοκίνητο** *la voiture (automobile)* et **αυτό** *ceci*, *cela.* Ils sont terminés par **-ι** ou **-ο.**

L'ARTICLE

Le grec possède un article défini et un article indéfini qui s'accordent en genre, cas (déclinaison), et nombre avec le substantif auquel ils se rapportent ; exemple pour le neutre nominatif (cas du sujet) singulier :

	Article défini	Article indéfini
neutre	**το** *le/la*	**ένα** *un/une*

L'usage de l'article défini ou indéfini est assez semblable à celui du français. Toutefois, lorsqu'un nom est utilisé dans un sens générique, on ne met pas d'article (indéfini) comme en français : **Είναι αυτοκίνητο.** *[C']est [une] voiture.*

EXERCICES

Les exercices enregistrés sont signalés par le pictogramme 🔊 Vous devrez dans certains cas faire d'abord votre exercice et vérifier ensuite vos réponses à l'aide de l'audio ; dans d'autres cas vous devrez d'abord écouter l'audio pour pouvoir répondre correctement aux questions. Toutes les réponses sont données dans la partie "Corrigés" en fin d'ouvrage.

01. EXERCICE D'ÉCRITURE MANUSCRITE : ÉCRIVEZ CES PHRASES EN LETTRES CURSIVES

a. Να το σπίτι. _____

b. Να το αυτοκίνητο. _____

c. Είναι εδώ το ταξί; _____

d. Όχι ακόμα. _____

e. Α, να το ταξί! _____

02. RELIEZ LES QUESTIONS AUX RÉPONSES CORRESPONDANTES

a. – Τι είναι;   •   •   1. – Όχι, δεν είναι ταξί.

b. – Αυτό είναι ένα ταξί; •   •   2. – Όχι ακόμα.

c. – Είναι εδώ;   •   •   3. – Είναι ένα ταξί

🔊 03. ÉCOUTEZ L'ENREGISTREMENT, PUIS COMPLÉTEZ LES PHRASES.

a. Το ταξί _____.

b. _____ αυτοκίνητο.

c. _____ αυτό;

d. _____ ένα ταξί.

4. METTRE LES PHRASES À LA FORME NÉGATIVE.

a. Το ταξί είναι εδώ. → _____

b. Αυτό είναι ένα σπίτι → _____

VOCABULAIRE

Les mots sont classés dans l'ordre de l'alphabet grec. Les substantifs et les noms propres sont suivi de l'article défini.

ακόμα *encore (toujours)*
αυτό (n.) *ceci / cela*
αυτοκίνητο (το) *la voiture*
δεν *ne… pas*
εδώ *ici*
είναι *il / elle / c'est ; ils / elles / ce sont*
ένα (n.) *un*
να *voici / voilà*
το (n.) *le / la*
όχι *non*
σπίτι (το) *la maison*
ταξί (το) *le taxi*
τι...; *quoi / que … ?*
τι είναι; *qu'est-ce que c'est ?*
αυτό είναι *ceci est / c'est*
να το... *voici le/la…*

02.
QUI EST-CE ?
Ποιος είναι;

OBJECTIFS

- FORMULER UNE QUESTION
- RÉPONSES SIMPLES
- DIRE "ICI" ET "LÀ"

NOTIONS

- LE VERBE ÊTRE *EIMAI*
- L'ARTICLE DÉFINI ET INDÉFINI
- LES INTERROGATIFS *ΠΟΙΟΣ* ET *ΤΙ*
- LA PARTICULE *NA*
- LE PRONOM *ΑΥΤΟΣ*

QUI EST-CE ?

– **Qui est-ce** *(qui est)* ?

– **C'est Nikos** *(est le Nikos)*.

– **Qui est-il** *(qui est lui)* ? **C'est** *(le)* **Dimitri** ?

– **Non, ce n'est pas** *(le)* **Dimitri, c'est** *(le)* **Panayotis.**

– **Qui est-elle** *(qui est elle)* ? **C'est** *(la)* **Hélène** ?

– **Oui, c'est** *(la)* **Hélène.**

– **Voilà** *(le)* **Dimitri ! Il est là-bas** *(là-bas il-est)*.

– **C'est** *(le)* **Dimitri et** *(la)* **Hélène.**

– **Où est** *(la)* **Anne ? [Elle] n'est pas ici ?**

– **La voici** *(voici elle)* !

04 Ποιος είναι;

– Ποιος είναι;
– Είναι ο Νίκος.
– Ποιος είναι αυτός; Είναι ο Δημήτρης;
– Όχι, δεν είναι ο Δημήτρης, είναι ο Παναγιώτης.
– Ποια είναι αυτή; Είναι η Ελένη;
– Ναι, είναι η Ελένη.
– Να ο Δημήτρης! Εκεί είναι.
– Είναι ο Δημήτρης και η Ελένη.
– Πού είναι η Άννα; Δεν είναι εδώ;
– Να τη!

COMPRENDRE LE DIALOGUE

→ **Ποιος είναι;** *Qui* (m.) *est-ce ?* **Ποια είναι;** *Qui* (f.) *est-elle ?* Le pronom et adjectif interrogatif **ποιος** s'accorde en genre (m. f. n.) et en nombre (singulier, pluriel). On utilise généralement le masculin, sauf si l'interrogation porte sur une ou des personnes déjà mentionnées, auquel cas on fait l'accord en genre et en nombre.

→ **πού** *Où… ?* L'adverbe interrogatif porte un accent bien que n'ayant qu'une seule syllabe. C'est pour le distinguer du pronom relatif homophone **που** *qui/que*.

→ **η Άννα** *(la) Anne.* Un seul **ν** *n* est prononcé : [i-ana]. Observez que les prénoms prennent l'article défini : **ο** *le* (masculin), **η** *la* (féminin) : **ο Δημήτρης και η Ελένη** *(le) Dimitri et (la) Hélène*. C'est également le cas des autres noms propres (nom de famille, pays, ville…).

→ **ποιος** … ; (m.) *qui ? / quel ?* Ne pas oublier que le **ι** sans accent du groupe **ιο** après la consonne **π** se prononce comme **χ(ι)** (voir les explications sur la prononciation dans l'Introduction de l'ouvrage).

LES PRÉNOMS ET NOMS GRECS

Les prénoms grecs semblent moins variés que les prénoms français. Ceci s'explique par la tradition qui veut que l'on donne le prénom du grand-père ou de la grand-mère aux enfants ; la fréquence des prénoms classiques comme (**η**) **Μαρία** *Marie*, (**ο**) **Γεώργιος** *Georges*, (**ο**) **Δημήτρης** *Dimitri*, (**η**) **Κατερίνη** *Catherine* est donc plus grande. L'usage de diminutifs est assez répandu : (**ο**) **Νίκος** pour (**ο**) **Νικόλαος** *Nicolas*, (**ο**) **Κώστας** pour (**ο**) **Κωνσταντίνος** *Constantin*, (**ο**) **Γιώργος** pour (**ο**) **Γεώργιος** *Georges*, (**ο**) **Δημήτρης** pour (**ο**) **Δημήτριος** *Démétrios*, (**η**) **Κατερίνα** pour (**η**) **Αικατερίνη** *Catherine*.

Dans les textes, les prénoms seront traduits lorsqu'ils ne sont pas des diminutifs (**ο Κωνσταντίνος** *Constantin*, mais **ο Κώστας** *Kostas*). Les Grecs eux-mêmes ont tendance à "adapter" les prénoms étrangers d'origine gréco-latine ou judéo-chrétienne (*Sophie* ou *Sofia* → **Σοφία** ; *Jean* → **Γιάννης**).

NOTE CULTURELLE

Lorsqu'un Grec répond à une question par **ναι** *oui* ou par **όχι** *non*, il hoche généralement la tête, mais le mouvement diffère des habitudes françaises, pour ne pas dire qu'il semble être inversé. Le mouvement pour le "oui" (**ναι**) grec consiste à incliner sensiblement la tête d'un côté (une fois) en fermant légèrement les yeux. Inversement, le geste pour le "non" (**όχι**) grec ressemble assez au "oui" français. Le locuteur lève les sourcils et la tête vers le haut, tout en faisant un petit claquement de langue en guise de "non" (**όχι**).

◆ GRAMMAIRE
L'ARTICLE DÉFINI ET INDÉFINI

L'article est un indicateur du genre du mot qu'il accompagne : **ο** (m.) *le,* **η** (f.) *la* et **το** (n.) *le* ou *la* selon le genre du mot français.

	Masculin	Féminin	Neutre
Article défini (sing.)	**ο** *le*	**η** *la*	**το** *le/la*
Article indéfini (sing.)	**ένας** *un*	**μια** *une*	**ένα** *un/une*

En observant les terminaisons des substantifs et des noms propres employés dans les dialogues, vous constaterez que l'on retrouve des mêmes types de terminaisons selon le genre. Pour les substantifs et les noms, le genre est confirmé par l'article défini **ο**, **η** et **το** :

– les masculins **ο Νίκος** *(le) Nikos* et **ο Παναγιώτης** *(le) Panayotis* et le pronom et adjectif interrogatif **ποιος;** *qui ?/quel ?* sont terminés par **-ος** ou **-ης**,

– les féminins **η Άννα** *(la) Anna* et **η Ελένη** *(la) Hélène* le pronom et adjectif interrogatif **ποια** *qui ?/quelle ?* sont terminés par **-α** ou **-η**,

– les neutres **το σπίτι** *la maison* et **το αυτοκίνητο** *la voiture (automobile)* sont terminés par **-ο** ou **-ι**.

D'autres terminaisons sont possibles au cas sujet, mais vous avez là les principales.

LES INTERROGATIFS *ΠΟΙΟΣ* ET *ΤΙ*

À la différence du pronom interrogatif **τι;** *quoi ? / que ?* le pronom et adjectif interrogatif **ποιος;** *qui ? / quel ?* s'accorde en genre (m. f. n.), en nombre (sing. pl.) et en cas (déclinaison) selon la syntaxe. Le cas utilisé dans les exemples ici est celui du sujet : le nominatif.

Si aucun nom de personne n'est mentionné ou si le locuteur ne souhaite pas (ou ne peut pas) préciser s'il s'agit d'un homme ou d'une femme, on utilise normalement le masculin : **Ποιος** (m. sing.) **είναι;** *Qui est-ce ?* **Ποιοι** (m. pl.) **είναι;** *Qui sont ces personnes ? / Qui sont-ils ?*

Si l'interrogation porte sur une ou plusieurs personnes déjà mentionnées, le pronom adjectif s'accorde en genre : **Ποια είναι;** (f. sing.) *Qui est-elle ?* **Ποιες είναι;** (f. pl.) *Qui sont-elles ?*

Nom.	Masculin	Féminin	Neutre
sing.	**ποιος;** *qui ? / quel ?*	**ποια;** *qui ? / quelle ?*	**ποιο;** *qui ? / quel(le) ?*
pl.	**ποιοι;** *qui ? / quels ?*	**ποιες;** *qui ? / quelles ?*	**ποια;** *qui ? / quel(le)s ?*

LA PARTICULE *NA*

Le grec distingue, par les adverbes **εδώ** *ici* et **εκεί** *là*, la distance par rapport au locuteur. Toutefois la particule **να** *voici / voilà* ne donne pas d'indication d'éloignement : l'exclamation **Να το ταξί!** *Voici/voilà le taxi !* équivaut à l'affirmation **Εδώ είναι το ταξί** *Le taxi est ici* ou à **Εκεί είναι το ταξί** *Le taxi est là*.

LE PRONOM *ΑΥΤΟΣ*

Le pronom **αυτός** (m.) **αυτή** (f.) **αυτό** (n.) est à la fois un pronom personnel de la 3ᵉ personne (*il, lui, elle*) et un pronom démonstratif *celui-ci, celle-ci* : **δεν είναι αυτός** peut signifier "*ce n'est pas lui*" (pronom personnel) ou bien "*ce n'est pas celui-ci*" (pronom démonstratif). Le pronom s'accorde en genre, en nombre et en cas selon la syntaxe ; ici c'est le cas sujet (nominatif).

Les pronoms personnels ont la particularité de posséder une forme réduite. Pour la 3e personne au cas sujet (nominatif) il s'agit de **τος** (m.) **τη** (f.) **το** (n.) qui ne sont employés que dans quelques constructions exclamatives et en particulier derrière la particule **να** *voici / voilà* : **να τος!** *le voici !* (litt. "voici lui") / **να τη!** *la voici !* (litt. "voici elle"). Les deux mots n'ont pas d'accent écrit, mais c'est la particule **να** qui porte l'intonation, les deux mots étant prononcés liés : **να τος!** [na̱tos].

Nom.	forme pleine	forme réduite
sing.	**αυτός** (m.) **αυτή** (f.) **αυτό** (n.) *il / lui / elle*	**τος** (m.) **τη** (f.) **το** (n.)
pl.	**αυτοί** (m.) **αυτές** (f.) **αυτά** (n.) *ils / eux /elles*	**τοι** (m.) **τες** (f.) **τα** (n.)

▲ CONJUGAISON
LE VERBE *EIMAI* "ÊTRE"

L'infinitif n'existe pas en grec moderne. Dans les dictionnaires et les listes de vocabulaire, les verbes sont toujours indiqués à la première personne du singulier du présent de l'indicatif. Dans un dictionnaire français-grec, on trouve à l'entrée *être* (verbe) : **είμαι** *(je suis)*.

Voici le présent de l'indicatif du verbe **είμαι** *je suis* (ou *être*) :

	Singulier	Pluriel
1ʳᵉ personne	**είμαι** *(je) suis*	**είμαστε** *(nous) sommes*
2ᵉ personne	**είσαι** *(tu) es*	**είστε** *(vous) êtes*
3ᵉ personne	**είναι** *(il/elle) est*	**είναι** *(ils/elles) sont*

Le pronom personnel est noté ici entre parenthèses pour rappeler qu'il n'est pas exprimé en grec. La terminaison suffit généralement à indiquer la personne. Toutefois, dans le cas du verbe être, la 3ᵉ personne du singulier est identique à celle du pluriel : **είναι** *(il/elle) est* ou *(ils/elles) sont*. En l'absence de pronom sujet, **είναι** peut également signifier *(c') est* ou *(ce) sont* ; le pronom "ce" étant sous-entendu.

● VOCABULAIRE

Les substantifs et les noms propres sont suivis de l'article défini, ce qui permet de reconnaître le genre. Dans les autres cas, le genre sera indiqué par une abréviation: (m.) masculin, (f.) féminin, (n.) neutre. Les adjectifs seront présentés au masculin suivi des terminaisons du féminin et du neutre au nominatif singulier, exemple : **ποιος -α -ο.**

Δημήτρης (ο) *Dimitri*
εκεί *là / là-bas*
Ελένη (η) *Hélène*
και *et / aussi*
Νίκος (ο) *Nikos*
ο (m.) / **η** (f.) / **το** (n.) *le / la*
Παναγιώτης (ο) *Panayotis*
ποιος -α -ο...; *qui / quel / quelle... ?*
αυτός -ή -ό *il / lui / elle / celui-ci / celle-ci*
πού...; *où... ?*
να τος / να τη / να το... *voici le/la...*

EXERCICES

01. COMPLÉTEZ LES PHRASES AVEC LES MOTS INTERROGATIFS CORRESPONDANTS EN VOUS AIDANT DES RÉPONSES.

a. _ _ _ _ _ είναι; → – Είναι ο Δημήτρης.

b. _ _ _ _ _ είναι αυτή εδώ; → – Είναι η Κατερίνα.

c. _ _ _ _ _ είναι ο Νίκος; → – Είναι εδώ.

d. _ _ _ _ _ είναι αυτές εκεί; → – Είναι η Ελένη και η Άννα.

02. TRADUISEZ LES PHRASES ET VÉRIFIEZ VOS RÉPONSES EN ÉCOUTANT L'ENREGISTREMENT.

a. Où est Panayotis → _ _ _ _ _ _ _ _ ;

b. Ah, le voilà ! → _ _ _ _ _ _ _ _ , να τος !

c. Sophie n'est pas encore ici. → _ _ _ _ _ _ _ _ .

d. Ce ne sont pas celles-ci. → _ _ _ _ _ _ _ _ .

03. ÉCOUTEZ L'ENREGISTREMENT ET COMPLÉTEZ LES PHRASES.

a. _ _ _ Γιώργος είναι εδώ.

b. _ _ _ _ δεν είναι _ _ _ _ ταξί.

d. Πού είναι _ _ _ _ σπίτι; Να _ _ _ _ .

c. _ _ _ _ είναι _ _ _ _ ;

04. EXERCICE D'ÉCRITURE : RECOPIEZ LES QUATRE DERNIÈRES PHRASES DU DIALOGUE EN LETTRES CURSIVES.

a. _____
b. _____
c. _____
d. _____

03.
PREMIERS ÉCHANGES

Πρώτες συναντήσεις

OBJECTIFS	NOTIONS

- SALUER

- DIRE SON NOM

- REMERCIER

- LES TYPES DE CONJUGAISONS

- LES VOIX ACTIVE ET MÉDIO-PASSIVE

- LES CAS ET LES DÉCLINAISONS

- LE NOMINATIF ET LE VOCATIF

- LES PRONOMS PERSONNELS
  ΕΣΥ, ΕΣΕΙΣ

SALUT !

Kostas : Salut [à-vous] ! Je m'appelle *(je me nomme)* Kostas Karagiannis.

Angeliki : Bonjour. Ravie *(je suis très heureuse)* [de vous rencontrer], M. Karagiannis. Je m'appelle *(je me nomme)* Angeliki Antoniou.

Kostas : Ravi *(je suis très heureux)* [de vous rencontrer], Mme Antoniou. Comment allez-vous *(comment êtes)* ?

Angeliki : Bien, merci. [Et] vous ?

Kostas : Très bien, [je vous] remercie.

05   Γεια σας!

Ο Κώστας: Γεια σας! Λέγομαι Κώστας Καραγιάννης.

Η Αγγελική: Καλημέρα σας. Χαίρω πολύ, κύριε Καραγιάννη. Λέγομαι Αγγελική Αντωνίου.

Ο Κώστας: Χαίρω πολύ, κυρία Αντωνίου. Πώς είστε;

Η Αγγελική: Καλά, ευχαριστώ. Εσείς;

Ο Κώστας: Πολύ καλά, ευχαριστώ.

COMPRENDRE LE DIALOGUE
SALUER

→ **Γεια σας!** *Salut (à-vous) !* et **Καλημέρα (σας)** *Bonjour (à-vous)* sont deux façons courantes de dire bonjour. La première est peut-être plus décontractée ou familière sans être pour autant aussi intime que le français "Salut !". Le "vous" de **σας** est à la fois la 2ᵉ personne du pluriel et le "vous" de politesse.

→ **Κύριε(!)** *Monsieur (!)* est la forme que prend le mot **ο κύριος** *le monsieur* lorsqu'on interpelle la personne ; l'article disparaît. Il s'agit du vocatif, cas de l'apostrophe.

→ **Χαίρω πολύ, κύριε Καραγιάννη**. *Ravie [de vous rencontrer], M. Karagiannis.* Observez le changement de terminaison du nom de famille (**ο**) **Καραγιάννης** dans cette expression. Il est au même cas que le mot précédent **κύριε**. Le vocatif féminin **Κυρία(!)** (voc.) *Madame (!)* est identique au nominatif (cas sujet) : **η κυρία** (nom.) *la dame*.

→ **Λέγομαι Κώστας.** *Je m'appelle Kostas.* Observez qu'il n'y a pas d'article (défini) devant le nom ou le prénom quand on se présente ; de même **Είμαι ο Κώστας.** *Je suis Kostas* (ou "*C'est moi, Kostas*" au téléphone par exemple).

→ **Λέγομαι…** *Je m'appelle* ("je me nomme")… La terminaison verbale **-μαι** (1ʳᵉ personne) est caractéristique de la conjugaison pronominale ou réflexive. Il n'y a pas de pronom réfléchi, celui-ci est "compris" dans la conjugaison.

→ **Ευχαριστώ.** *Merci* est un verbe en grec (litt. "je remercie / je suis reconnaissant"). On le trouvera également conjugué. **Ευχαριστώ** peut aussi être un substantif, il est alors précédé de l'article (n.) : **ένα (μεγάλο) ευχαριστώ** *un (grand) merci*.

NOTE CULTURELLE

L'expression **Γεια σας!** *Salut (à vous) !* ou **Γεια σου!** *Salut (à toi) !* s'emploie, comme en français, lorsque l'on rencontre quelqu'un ou qu'on prend congé. En Grèce, comme dans nombre de pays méditerranéens, le tutoiement est très répandu surtout entre personnes d'un même milieu social ou d'une même génération. Les personnes âgées tutoient fréquemment les plus jeunes.

L'histoire de la langue grecque est remarquable, car si la grammaire a beaucoup changé depuis l'époque de Platon, le grec a conservé son vocabulaire et son écriture avec assez peu de changements depuis l'Antiquité. Ainsi, le mot **γεια** [ja] est la forme abrégée de **η υγεία** [i-ijia] *la santé* toujours en usage. L'adjectif qui en est dérivé, **υγιεινός -ή -ό** [ijinos] *sain*, a servi à former en français le mot savant "hygiène" qui désigne "l'ensemble des principes et des pratiques tendant à préserver, à améliorer la santé". La graphie française correspond à la transcription latine du grec ancien **ὑγιεινός** [hugieinos].

L'équivalent français de **γεια (σου)!** est donc bien *Salut (à toi) !*, puisque le mot "salut" vient du latin *salus santé* (*salutem* à l'accusatif).

◆ GRAMMAIRE
LES CAS ET LES DÉCLINAISONS

Les articles, mais surtout la terminaison des noms, des adjectifs et des pronoms changent en fonction du rôle que ces mots jouent dans la phrase. On distingue en grec quatre rôles principaux et qui correspondent aux quatre "cas" : le nominatif, le vocatif, l'accusatif et le génitif. L'ensemble des formes qui varient selon les cas (ou rôles) s'appelle une déclinaison.

Les formes et les emplois de ces cas seront introduits progressivement au fil des leçons. Deux cas ont été rencontrés jusqu'ici : le nominatif et le vocatif.

LE NOMINATIF ET LE VOCATIF

Le nominatif correspond au cas du sujet et de son attribut éventuel : **Ο Κώστας είναι εδώ.** *Kostas est ici.* **Ο κύριος είναι εκεί.** *Le monsieur est là-bas.*

Le vocatif correspond au cas de l'apostrophe ; c'est-à-dire que le nom désignant une personne ou une chose à qui on s'adresse ou qu'on interpelle est au vocatif : **Γεια σου Κώστα!** *Salut Kostas !* **Καλημέρα σας κύριε!** *Bonjour (à vous) Monsieur !* Comme vous pouvez le constater, au vocatif l'article a disparu et les terminaisons du masculin (singulier) ont changé.

La plupart des masculins en **-ος** prennent la terminaison **-ε**. Cependant certains noms propres comme : **ο Νίκος** *Nicolas* et **ο Γιώργος** *Georges* ont un vocatif en **-ο** : **Νίκο! Γιώργο!** Voici quelques exemples :

	Nominatif	Vocatif	Terminaisons
m.	**ο κύριος** *le monsieur*	**Κύριε!** *Monsieur !*	-ος → -ε
	ο Γιώργος *Georges*	**Γιώργο!** *Georges !*	-ος → -ο
	ο Κώστας *Kostas*	**Κώστα!** *Kostas !*	-ας → -α
	ο Δημήτρης *Dimitri*	**Δημήτρη!** *Dimitri !*	-ης → -η
f.	**η κυρία** *la dame*	**Κυρία!** *Madame !*	-α → -α
	η Ελένη *Hélène*	**Ελένη!** *Hélène !*	-η → -η

LES PRONOMS PERSONNELS *ΕΣΥ/ΕΣΕΙΣ*

Les pronoms **σου** *à toi* et **σας** *à vous* sont les formes (réduites) que prennent les pronoms personnels de la 2ᵉ personne **εσύ** *tu/toi* et **εσείς** *vous* lorsqu'ils jouent le rôle de complément d'attribution dans une phrase, exemple : **Γεια σου!** *Salut (à toi) !*

Les formes réduites **σου** et **σας** sont monosyllabiques et atones, c'est-à-dire qu'elles n'ont qu'une seule syllabe et pas d'accent propre. Dans la prononciation, elles sont soudées au mot auquel elles sont syntaxiquement liées : **Καλημέρα σας!** [kali<u>me</u>ra-sas] ; **Γεια σου!** [<u>ja</u>su].

▲ CONJUGAISON
LES TYPES DE CONJUGAISONS

Les verbes **χαίρω** *je suis heureux/-euse* et **ευχαριστώ** *je remercie* se distinguent, entre autres, par la place de l'accent à la première personne du présent de l'indicatif ; rappelons qu'il s'agit de la "forme du dictionnaire" (voir Module 2), ainsi : **χαίρω** est accentué sur l'avant-dernière syllabe (racine verbale) et **ευχαριστώ** est accentué sur la dernière syllabe (ou terminaison). Ces deux exemples représentent les deux grands types de conjugaisons entre lesquels se répartissent les verbes grecs.

Conjugaison	Terminaison	Exemple
Type 1 (**A**)	-ω	**χαίρω** *je suis heureux/-euse*
Type 2 (**B**)	-ώ	**ευχαριστώ** *je remercie*

La grammaire grecque utilise les lettres **A** (= 1), **B** (= 2) et **Γ** (= 3) pour cette classification.

LES VOIX ACTIVE ET MÉDIO-PASSIVE

La terminaison **-ω** (ou **-ώ**) des exemples ci-dessus correspond à la conjugaison de la voix active, lorsque son sujet fait l'action ou est dans l'état exprimé par le verbe.

La terminaison **-μαι** de **λέγομαι** *je me nomme* correspond à la conjugaison de la voix médio-passive. Le grec possède en effet un deuxième ensemble de terminaisons pour exprimer que le sujet subit l'action verbale ou qu'il en est l'objet. La composante dite "moyenne" (ou médio-) exprime le fait que le sujet fait l'action pour lui-même, dans son propre intérêt. Cette voix moyenne correspond assez souvent à la forme pronominale ou réfléchie en français.

Conjugaison	Voix	Terminaison	Exemples
Type 1 (Α)	Active	-ω	**λέγω** *je dis (je nomme)* **χαίρω** *je suis heureux/-euse*
Type 3 (Γ)	Médio-passive	-μαι	**λέγομαι** *je me nomme* **χαίρομαι** *je me réjouis*

Du point de vu morphologique, le verbe *être* **είμαι** (*je suis*) suit la conjugaison médio-passive.

● VOCABULAIRE

γεια! *salut !*
εσείς *vous*
εσύ *tu/toi*
Κώστας (ο) *Kostas (prénom)*
ευχαριστώ *merci (je remercie)*
καλά *bien*
καλημέρα *bonjour*
κυρία (η) *la dame (madame)*
κύριος (ο) *le monsieur*
λέγομαι *je me nomme / je m'appelle*
πολύ *très/beaucoup*
πώς...; *comment ?*
σας *à vous*
σου *à toi*
χαίρω *je suis heureux(-euse) / ravi(e)*

Abréviations :
κ./κος (pour **κύριος**) *M.*
κα (pour **κυρία**) *Mme.*

● EXERCICES

🔊 01. ÉCOUTEZ L'ENREGISTREMENT, PUIS COMPLÉTEZ LES PHRASES.
a. Γεια σας! _ _ _ _ _ _ _ _ _ _ .
b. _ _ _ _ _ _ _ _ _ _ πολύ, _ _ _ _ _ _ _ _ _ !
c. _ _ _ _ _ _ _ _ _ _ Κατερίνα.
d. Πώς _ _ _ _ _ _ _ _ ;

🔊 02. TRADUISEZ LES PHRASES ET VÉRIFIEZ VOS RÉPONSES À L'ENREGISTREMENT.
a. Salut Nikos ! → _ _ _ _ _ _ _ _ _ _ _
b. Salut Kostas ! → _ _ _ _ _ _ _ _ _ _ _
c. Comment vas-tu ? → _ _ _ _ _ _ _ _ _ _ _
d. Bien, merci et toi ? → _ _ _ _, _ _ _ _ _ _ _ _ _ _ _ _ _ _ _ _ ;
e. Très bien. → _ _ _ _ _ _ _ _ _ _ _

03. METTEZ LES MOTS EN COULEUR AU VOCATIF.
a. Ο κ. Τριανταφυλλίδης → Καλημέρα σας _ _ _ _ _ _ _ _ _ _ _ !
b. Ο Γιώργος → Γεια σου _ _ _ _ _ _ _ !
c. Ο κα Ιωαννίδης → Γεια σας _ _ _ _ _ _ _ !
d. Η κα Παπαδάκης → Καλημέρα σας _ _ _ _ _ _ _ .
e. Η Άννα → Γεια σου _ _ _ _ _ _ _ !

04. COMPLÉTEZ LES PHRASES AVEC LES MOTS INTERROGATIFS CORRESPONDANTS EN VOUS AIDANT DES RÉPONSES.
a. _ _ _ _ _ είναι ο κύριος;   – Είναι ο κύριος Καραγιάννης.
b. _ _ _ _ _ είστε;   – Πολύ καλά
c. _ _ _ _ _ είναι ο Δημήτρης;   – Είναι εκεί.
d. _ _ _ _ _ είναι η κυρία;   – Είναι η κυρία Αντωνίου.

04.
SE SALUER ET PRENDRE CONGÉ

Χαιρετισμοί και αποχαιρετισμοί

OBJECTIFS	NOTIONS

- SALUER
- EXPRIMER SON ÉTAT
- PRENDRE CONGÉ

- L'ACCUSATIF SINGULIER
- PRONOMS PERSONNELS
- L'ACCUSATIF COMPLÉMENT DE TEMPS
- LE PRÉSENT ACTIF
- INTERROGATION

SALUT !

Nikos : Salut, ma [chère] Litsa *(à-moi)* !

Litsa : Salut Nikos ! Comment vas-tu ?

Nikos : Ça va *(je suis bien)*. [Et] toi ?

Litsa : Comme ci, comme ça *(ainsi et ainsi)*.

Nikos : Ah qu'est-ce qui se passe ? Pourquoi ça ne va pas *(tu n'es pas bien)* ?

Litsa : Je travaille aujourd'hui et je suis fatiguée. Je déteste le lundi !

Nikos : Moi aussi ! Et comment va Kostas ?

Litsa : À merveille. Il aime le lundi… puisqu'il ne travaille pas. Ah ! Voilà mon bus. Eh bien, salut !

Nikos : Allez. À bientôt !

06   Γεια σου!

<u>Ο Νίκος</u>: Γεια σου Λίτσα μου!

<u>Η Λίτσα</u>: Γεια σου Νίκο! Τι κάνεις;

<u>Ο Νίκος</u>: Είμαι καλά. Εσύ;

<u>Η Λίτσα</u>: Έτσι κι έτσι.

<u>Ο Νίκος</u>: Αχ τι γίνεται; Γιατί δεν είσαι καλά;

<u>Η Λίτσα</u>: Δουλεύω σήμερα και είμαι κουρασμένη. Μισώ τη(ν) Δευτέρα!

<u>Ο Νίκος</u>: Κι εγώ! Και τι κάνει ο Κώστας;

<u>Η Λίτσα</u>: Μια χαρά. Αγαπάει τη(ν) Δευτέρα... αφού δε(ν) δουλεύει. Α! Να το λεωφορείο μου. Λοιπόν, γεια!

<u>Ο Νίκος</u>: Άντε. Τα λέμε!

COMPRENDRE LE DIALOGUE
QUELQUES FORMULES ET EXPRESSIONS

→ **Τι κάνεις** synonyme de **πώς είσαι;** *comment vas-tu ?* (litt. "que fais-tu ?")

→ **Τι γίνεται;** *Que se passe-t-il ?* Le verbe **γίνομαι** *devenir (je deviens)*, signifie également *se produire*, *avoir lieu* ou *arriver* (au sens d'*advenir*).

→ **είμαι κουρασμένη** *je suis fatiguée*. Comme en français, l'adjectif grec s'accorde en genre, en nombre et en cas avec le nom auquel il se rapporte. La terminaison **-η** correspond au féminin : **η Λίτσα είναι κουρασμένη** *Litsa est fatiguée*. De façon similaire au pronom **αυτός** (m.) **αυτή** (f.) **αυτό** (n.), ce type d'adjectif a pour terminaison au masculin **-ος** et au neutre **-ο** : **ο Νίκος είναι κουρασμένος** *Nikos est fatigué*.

→ **Τα λέμε!** Cette expression est souvent utilisée comme un au revoir informel, et se traduit littéralement par *On se parle (bientôt)* (littéralement "nous allons les dire") ou tout simplement *À bientôt* .

→ **Τι μέρα είναι σήμερα;** *Quel jour sommes-nous ?* (litt. "Quel jour est aujourd'hui ?"). La réponse pourra être par exemple **Σήμερα είναι Τρίτη**. *Aujourd'hui, (c')est mardi*. Voici les noms des jours de *la semaine* (**η εβδομάδα**) : **η Δευτέρα** (*lundi*), **η Τρίτη** (*mardi*), **η Τετάρτη** (*mercredi*), **η Πέμπτη** (*jeudi*), **η Παρασκευή** (*vendredi*), **το Σάββατο** (*samedi*) et **η Κυριακή** (*dimanche*). Ainsi, lorsque l'on parle des jours de la semaine dans le contexte d'un complément de temps, ils prennent la forme de l'accusatif (voir ci-après).

NOTE CULTURELLE

Dans la culture grecque, l'expressivité de la langue est un aspect central de la communication, tout comme en français. Les locuteurs grecs utilisent couramment des expressions telles que **Γεια σου** pour saluer amicalement leurs amis et exprimer leur bonne humeur. Les conversations tournent souvent autour des émotions et des expériences quotidiennes, révélant l'aspect humain et la sensibilité des personnes.

Un exemple éloquent de cette expressivité se trouve dans l'usage fréquent d'interjections comme **Αχ** et **Α** (*Ah*), ainsi que **Άντε / Άιντε** (*Va ! Allez !*). Ces expressions ajoutent des nuances de surprise, de joie, d'étonnement, d'encouragement (**Άντε, πάμε!** *Allez, on y va !*), de scepticisme (**Άντε, μην το λες!** *Tu parles !*), d'impatience ou de frustration (**Άντε, τι κάθεσαι εδώ ;** *Allez, qu'est-ce que tu attends ?*). Elles sont des outils linguistiques essentiels qui enrichissent l'expression émotionnelle et l'intention communicative dans le discours grec moderne. Ainsi, que ce soit dans la langue parlée ou écrite, ces éléments d'exclamation sont omniprésents et contribuent à l'expressivité et à l'énergie caractéristiques de la langue grecque.

◆ GRAMMAIRE
DÉCLINAISONS : L'ACCUSATIF DES SUBSTANTIFS SINGULIERS

Nous venons de rencontrer dans cette leçon l'accusatif : **Μισώ την Δευτέρα**! *Je déteste le lundi !* Ici, **την Δευτέρα** est l'objet direct de l'action de détester, donc il est en accusatif. L'accusatif correspond principalement au cas de l'objet direct (ici en couleur), exemples : "je connais Nikos" ou "je vois la voiture". L'accusatif indique aussi, en général, la direction (vers) ou le but (pour, à) ; il est employé également après certaines prépositions comme nous le verrons au fur et à mesure des leçons. Le nom, l'adjectif ou le pronom qui se trouve en position d'objet direct subit souvent une transformation de la terminaison pour marquer l'accusatif ; terminaisons qui varient selon le genre, le nombre et la déclinaison du mot.

Dans la phrase **Τι κάνεις;** *Comment vas-tu ?* (litt. "que fais-tu ?"), **τι** *que, quoi…?* est un pronom interrogatif à l'accusatif puisqu'il est utilisé pour interroger sur l'objet direct de l'action, en l'occurrence **κάνεις** (*tu fais*). De même, **Τα λέμε!** Ici, **τα** "*les (choses)* " est en accusatif (neutre pluriel). C'est un pronom, objet direct de l'action **λέμε** (*nous parlons*), signifiant "les choses" que les deux personnes vont se dire.

	Nominatif	Accusatif	Terminaisons Accusatif
m.	ο κύριος	τον κύριο	-ος → -ο
	ο Κώστας	τον Κώστα	-ας → -α
	ο Δημήτρης	τον Δημήτρη	-ης → -η
f.	η κυρία	την κυρία	-α → -α
	η Ελένη	την Ελένη	-η → -η
n.	το αυτοκίνητο	το αυτοκίνητο	-ο → -ο

L'ACCUSATIF COMPLÉMENT DE TEMPS

Les jours de la semaine se mettent à l'accusatif lorsqu'ils sont utilisés dans un complément de temps. Voici comment cela s'applique : **τη(ν) Δευτέρα** *le lundi* ; **την Τρίτη** *le mardi*, etc.

PRONOMS PERSONNELS *ΕΓΩ, ΕΣΥ, ΑΥΤΟΣ*

Nous avons rencontré trois formes (cas) de pronoms personnels dans cette leçon : le pronom sujet **εσείς** *vous*; le pronom complément d'objet **σε**, *te/toi* et le pronom complément de nom qui sert de possessif **μου**, *mon/ma*. Le pronom complément d'attribution **σου**, à *toi* comme dans **Γεια σου!** est identique à la forme précédente. Nous verrons le génitif et ces deux emplois dans une leçon ultérieure (Module 6).

Personne	Nominatif		Accusatif
	Forme pleine		Forme réduite
1ʳᵉ personne	εγώ		-
1ʳᵉ personne		(ε)μένα	με
2ᵉ personne	εσύ	(ε)σένα	σε
2ᵉ personne			
3ᵉ personne (m.)	αυτός	αυτόν	τον
3ᵉ personne (f.)	αυτή	αυτήν	την
3ᵉ personne (n.)	αυτό	αυτό	το

L'INTERROGATION

Τι είναι; *Que* (neutre) *est-ce ?* **Τι κάνεις** ; *Que fais-tu ?* L'interrogatif **τι ...;** *quoi / que / qu'est-ce que ?* est utilisé pour poser des questions sur des choses ou des actions. Il ne s'accorde pas en genre.

▲ CONJUGAISON
LE PRÉSENT DE L'INDICATIF ACTIF DES VERBES EN -Ω

Les verbes à la voix active en **-ω** (Type 1/**A**) comme **κάνω** *je fais* et **δουλεύω** *je travaille*, suivent la conjugaison suivante :

Conjugaison	Singulier		Pluriel	
Type 1 (**A**)	-ω	**κάνω** [je] fais	-ουμε	**κάνουμε** [nous] faisons
	-εις	**κάνεις** [tu] fais	-ετε	**κάνετε** [vous] faites
	-ει	**κάνει** [il/elle] fait	-ουν	**κάνουν** [ils/elles] font

Les terminaisons s'ajoutent au radical du verbe : **κάνω** *[je] fais* ; **κάνεις** *[tu] fais*, etc.

Les verbes à la voix active en **-ώ** (Type 2/**B**) comme **αγαπώ** *j'aime* et **μισώ** *je déteste* sont accentués sur la dernière syllabe pour toutes les terminaisons de l'indicatif présent. Ils appartiennent à deux sous-groupes : **αγαπώ** appartient au premier (B1), le plus fréquent, où domine le son **-α - (-ώ -άς -ά ...)** :

Conjugaison	Singulier		Pluriel	
Type 2 (B1)	-ώ	μιλάω *[je] parle*	-άμε	μιλάμε *[nous] parlons*
en **-α-**	-άς	μιλάς *[tu] parles*	-άτε	μιλάτε *[vous] parlez*
	-ά	μιλάει *[il/elle] parle*	-ούν	μιλούν(ε) *[ils/elles] parlons*

Les terminaisons de ce groupe (**-ώ, -άς, -ά**) se présentent aussi sous la forme, dite non contractée aux 1re et 3e personnes du singulier : **-άω, -άς, -άει** : μιλάω, μιλάς, μιλάει.

Le verbe **μισώ** appartient au second (B2), où domine le son **-ε-** (**-ώ -είς -εί**…):

Conjugaison	Singulier		Pluriel	
Type 2 (B2)	-ώ	μισώ *[je] déteste*	-ούμε	μισούμε *[nous] détestons*
en **-ε -**	-είς	μισείς *[tu] détestes*	-είτε	μισείτε *[vous] détestez*
	-εί	μισεί *[il/elle] déteste*	-ούν	μισούν(ε) *[ils/elles] détestent*

▼ PRONONCIATION
RAPPEL CONCERNANT LE *-N* FINAL

Δε(ν) δουλεύει *Il/elle ne travaille pas*. Le **ν** à la fin de **δεν** (négation) des articles (m. f. acc. sing.) **την** et **τον** tombe (**τη, το**) en fonction de l'initiale du mot suivant. Le **ν** est maintenu lorsque le mot suivant commence par une voyelle ou par une consonne qui permet la liaison (**κ /ξ, π /ψ** ou **τ /τσ**).

● VOCABULAIRE

κάνω *je fais*
έτσι *ainsi / comme ça*
αχ *ah !* (interjection)
γίνομαι *je deviens*
γιατί *pourquoi*
είμαι *je suis*
δουλεύω *je travaille*
σήμερα *aujourd'hui*
κουρασμένος -η -ο *fatigué(e)*

μισώ *je déteste*
Δευτέρα (η) *lundi*
χαρά (η) *joie/plaisir*
αγαπάω *j'aime*
αφού *puisque*
λεωφορείο (το) *bus*
λοιπόν *alors / donc*
άντε *allez*
Τι κάνεις; *Comment vas-tu ?*
Τα λέμε! *À bientôt !*

EXERCICES

01. ÉCOUTEZ L'ENREGISTREMENT ET COMPLÉTEZ LES PHRASES.

a. Τι _ _ _ _ _ _ _ _ _ _ _;

b. _ _ _ _ _ _ _ _ _ _ _ και εγώ.

c. _ _ _ _ _ _ _ _ _ _ _ το αυτοκίνητο;

d. Γεια σου, _ _ _ _ _ _ _ _ _ _ _ .

e. A, _ _ _ _ _ _ _ _ _ _ _ μου!

02. COMPLÉTEZ LA TRADUCTION.

a. Γεια σου, είμαι ο Κώστας. → Salut, _ _ _ _ _ _ _ _ _ _ _

b. Είμαι πολύ κουρασμένος σήμερα. → Je suis très _ _ _ _ _ _ _ _ _ _ _ .

c. Μισεί την Δευτέρα. → Elle _ _ _ _ _ _ _ _ _ _ le lundi.

d. Άντε γεια σου, τα λέμε. → Au revoir, _ _ _ _ _ _ _ _ _ _ _ .

e. Ποιος δουλεύει; → Qui _ _ _ _ _ _ _ _ _ _ _ ?

03. COMPLÉTEZ AVEC LA FORME DÉCLINÉE QUI CONVIENT.

a. Αγαπάω (ο Κώστας). → _ _ _ _ _ _ _ _ _ _ _

b. Μισεί (η Δευτέρα). → _ _ _ _ _ _ _ _ _ _ _

c. Είμαι πολύ (κουρασμένος) σήμερα. → _ _ _ _ _ _ _ _ _ _ _

d. Τι κάνει (ο Παναγιώτης); → _ _ _ _ _ _ _ _ _ _ _

04. COMPLÉTEZ, LES PHRASES AVEC LES MOTS INTERROGATIFS *ΠΟΙΟΣ -Α -Ο; ΠΩΣ;* OU *ΓΙΑΤΙ;*

a. Ο Κώστας δουλεύει καλά. → _ _ _ _ _ _ _ _ _ _ _ δουλεύει ο Κώστας;

b. Η Αγγελική δουλεύει σήμερα. → _ _ _ _ _ _ _ _ _ _ _ δουλεύει σήμερα;

c. Είμαι κουρασμένος σήμερα. → _ _ _ _ _ _ _ _ _ _ _ είσαι σήμερα;

d. Είμαι έτσι και έτσι. → _ _ _ _ _ _ _ _ _ _ _ είσαι;

e. Μισούν τη(ν) Δευτέρα. → _ _ _ _ _ _ _ _ _ _ _ μισούν τη(ν) Δευτέρα;

05.
FAIRE CONNAISSANCE
Συνάντηση

| **OBJECTIFS** | **NOTIONS** |

- **SALUER ET RÉPONDRE À UN SALUT**
- **DIRE SON NOM**
- **PRÉSENTER UNE PERSONNE**
- **DIRE D'OÙ L'ON VIENT**
- **PARLER UNE LANGUE**
- **DIRE CE QUI PLAÎT, CE QU'ON AIME**

- **LA CONJUGAISON RÉDUITE**
- **PRÉPOSITION SUIVIE DE L'ACCUSATIF**
- **LES PROPOSITIONS INTERROGATIVES**

COMMENT T'APPELLES-TU ?

Peter : Bonjour. Comment t'appelles-tu ? *(comment ils t'appellent)*

Cristina : Je m'appelle Cristina. Et toi, comment t'appelles-tu ?

Peter : Bonjour Cristina. Enchanté *(très)*. Je m'appelle Peter.

Cristina : Parles-tu grec ?

Peter : Un peu.

Cristina : Comment ça un peu *(qu'est-ce que tu veux dire)* ? Tu parles bien ! D'où viens-tu, Peter ? On dit *(ils t'appellent)* Peter ou "Piter" ?

Peter : Je viens des Pays-Bas *(Hollande)*. Je m'appelle Peter ; c'est [du] néerlandais.

Cristina : Kostas vient de Grèce, mais moi, je viens d'Espagne.

Peter : D'où exactement en Espagne ?

Cristina : Je suis de Valence. Et toi, tu es d'Amsterdam ?

Peter : Non, je suis de La Haye.

Cristina : Kostas connaît bien Amsterdam, mais pas La Haye.

Peter : Qu'est-ce qu'il fait dans la vie *(quelle sorte de travail fait-il)* ?

Cristina : Il est musicien et DJ. Tu connais la *(musique)* techno ? Tu aimes ça ?

Peter : Oh oui, j'adore la techno !

07 Πώς σε λενε;

<u>Ο Πέτερ</u>: Καλημέρα. Πώς σε λένε;

<u>Η Κριστίνα</u>: Με λένε Κριστίνα. Εσένα πώς σε λένε;

<u>Ο Πέτερ</u>: Καλημέρα, Κριστίνα. Χαίρω πολύ. Με λένε Πέτερ.

<u>Η Κριστίνα</u>: Μιλάς ελληνικά;

<u>Ο Πέτερ</u>: Λίγο

<u>Η Κριστίνα</u>: Τι λες; Λίγο; Μιλάς καλά! Από πού είσαι Πέτερ; Σε λένε Πέτερ ή Πήτερ;

<u>Ο Πέτερ</u>: Είμαι από την Ολλανδία. Με λένε Πέτερ, είναι ολλανδικό.

<u>Η Κριστίνα</u>: Ο Κώστας είναι από την Ελλάδα, αλλά εγώ είμαι από την Ισπανία.

<u>Ο Πέτερ</u>: Από πού ακριβώς στην Ισπανία;

<u>Η Κριστίνα</u>: Είμαι απ' τη(ν) Βαλένθια. Και είσαι από το Άμστερνταμ;

<u>Ο Πέτερ</u>: Όχι, είμαι από τη(ν) Χάγη.

<u>Η Κριστίνα</u>: Ο Κώστας γνωρίζει καλά το Άμστερνταμ, αλλά όχι τη(ν) Χάγη.

<u>Ο Πέτερ</u>: Τι δουλειά κάνει;

<u>Η Κριστίνα</u>: Είναι μουσικός και DJ. Ξέρεις την τέκνο μουσική; Σ' αρέσει;

<u>Ο Πέτερ</u>: Ω ναι, λατρεύω την τέκνο.

■ COMPRENDRE LE DIALOGUE

- → **Με λένε Πέτερ** *je m'appelle Peter* : Pour exprimer *je m'appelle* en grec, on utilise couramment la construction **με λένε** (littéralement "ils m'appellent") en conjuguant le verbe **λέω** *je dis, je nomme*. On utilise pronom à l'accusatif correspondant à la personne suivie de **λένε** qui reste inchangé : **Με λένε Κώστα.** *Je m'appelle Kostas.*
- → **Μιλάς ελληνικά;** *Parles-tu grec ?* Le nom des langues dérive de l'adjectif de nationalité au neutre pluriel (terminaison -ά) : **ελληνικός** *grec* (m.) → **τα ελληνικά** *(le) grec (la langue)* ; **γαλλικός** *français* (m.) → **τα γαλλικά** *le français (la langue)*, etc.
- → **Είμαι από την Ολλανδία.** *Je suis/viens des Pays-Bas ("de la Hollande") (n.)/je suis hollandais/e.* Il existe différentes façons d'exprimer sa nationalité en grec, notamment en utilisant le verbe **είμαι** (+ la nationalité) *je suis* ou l'expression **είμαι από** (+ article + pays). Rappel : les noms de lieu (pays, villes, îles…) sont accompagnés de l'article défini.
- → **Σ' αρέσει;** *ça te plaît*. La construction grecque est comparable à celle du français pour dire que "quelque chose plaît à quelqu'un" : (pronom personnel +) **αρέσει** (ou **αρέσουν** si le sujet est au pluriel) : **η μουσική μ'αρέσει** *la musique me plaît*.
- → **αγαπώ (άω)** *j'aime*. On utilisera **αγαπώ** de préférence pour exprimer l'amour ou l'affection envers quelqu'un ou quelque chose. C'est l'équivalent du verbe *aimer* en français dans le sens amoureux ou d'affection : **Η Λίτσα αγαπάει τον Νίκο.** *Litsa aime Nikos.*

NOTE CULTURELLE

L'expression courante **"Τι λες;"** nous invite à explorer le verbe **λέω** (**λέγω**), qui signifie *"je dis"*. Ce verbe possède une histoire riche et est typiquement utilisé dans le langage moderne. La maîtrise de son utilisation permet d'interagir de manière plus authentique en grec. Sa conjugaison réduite particulière (**λέω, λες, λέει**, etc.) sera discutée plus en détail par la suite. Pour l'instant, concentrons-nous sur des expressions idiomatiques comme **Τι λες;** (litt. "Que dis-tu ?") où le verbe au présent renforce le ton et l'étonnement de la phrase : *Qu'est-ce que tu racontes là ? Qu'est-ce que tu es en train de me dire ?* On retrouve aussi ce verbe dans l'expression **Δε(ν) μου λες** …, litt. "ne me dis pas", qui sert à changer de sujet dans la conversation et peut être traduite par *[Au fait,] dis-moi un peu…*

La forme au passé du verbe, **Τι είπες;** est utilisée comme un présent de constat : *Qu'est-ce que tu dis ?* Quant à l'expression **Τι σου λέει** …, elle équivaut à *Qu'est-ce que tu en dis de… ?* Enfin, la construction **Τι λες να** …, suivie du subjonctif, introduit une suggestion, comme le français *que dirais-tu de…* ou *qu'en dis-tu ?*

Pour ce qui est de l'étymologie, **λέγω,** qui trouve ses racines dans le grec très ancien, signifiait initialement "je rassemble", "je cueille", "je choisis". On peut le rapprocher du latin ***legō*** qui signifie "cueillir", "choisir" et "lire". C'est le sens dérivé "énumérer", "bavarder", "discourir" (débiter des paroles) qui a conduit, après l'époque d'Homère (VIIIE siècle av. J.-C.), au sens de "dire" et "raconter". Les mots composés de -logue (venant de **λόγος** discours savants) sont dérivés de cette racine. De même, les mots lexique (collection de mots), dialogue et dialecte (échange oral de mots) en sont issus.

◆ GRAMMAIRE
PRÉPOSITION SUIVIE DE L'ACCUSATIF

La préposition **από** *de/par/par rapport* est suivie de l'accusatif. Elle désigne soit le point d'origine (cause, lieu, temps) soit le passage : **από την Ισπανία** *d'Espagne* (litt. "de l'Espagne" ; **από σήμερα** *dès aujourd'hui*. Dans l'exemple **από τις Βρυξέλλες** *de Bruxelles*, **τις** correspond à l'accusatif féminin pluriel qui sera vu ultérieurement.

La préposition **σε** *à / en / sur / dans*, est généralement suivie de l'accusatif. Elle est utilisée pour indiquer un lieu, une direction, un temps, ou un objet indirect. Lorsque **σε** est suivie d'un article défini, les deux mots se combinent pour former une seule forme contractée :

σε + article	σε + τον στον	σε + την στην	σε + το στο

στον κύριο : *au monsieur* (à l'homme)

στην κυρία : *à la dame*

στο αυτοκίνητο : *à la voiture / dans la voiture*

LES PROPOSITIONS INTERROGATIVES

Les adverbes interrogatifs **πού** *où (?)* et **πώς** *comment (?)*, portent un accent, bien que n'ayant qu'une syllabe. L'accent distingue leur fonction interrogative des pronoms relatifs homophones **που** (*qui / que*), **πως** *que*.

Τι δουλειά κάνει; *Quel (genre) de travail fais-tu ?* Devant un nom, on peut utiliser le pronom **τι** pour interroger sur le type ou la sorte. Ainsi **Τι δουλειά κάνει;** équivaut à **Ποια δουλειά κάνει;** *Quel ("genre/sorte de") travail fait-il ?* Ici, **τι** est un adjectif interrogatif qui reste invariable contrairement aux adjectifs en français équivalents qui s'accordent avec le nom qu'ils qualifient.

▲ CONJUGAISON
LA CONJUGAISON RÉDUITE

La conjugaison du verbe **λέω** *je dis* est dite "réduite". Certains verbes, sept au total, dont le radical se termine par une voyelle (**λε-**) ont des terminaisons du présent réduites : **-ω, -ς, -ει, -με, -τε, -νε**. La grammaire grecque classe ces verbes dans un groupe hybride **AB**. La conjugaison de la première personne du singulier des verbes de type AB se termine toujours par une voyelle autre que **-α** + **ω** non accentué.

Le verbe **λέω** *je dis* :

Conjugaison	Singulier	Pluriel
Type 1/2 (**AB**)	**λέω** *[je] dis*	**λέμε** *[nous] disons*
	λες *[tu] dis*	**λέτε** *[vous] dites*
	λέει *[il/elle] dit*	**λένε** *[ils/elles] disent*

▼ PRONONCIATION

Κι εσύ *toi aussi*. Dans la langue orale, la conjonction **και** *et* peut être abrégée en **κι** (ou **κ'**) devant certains mots commençant par un groupe de voyelles dont la première est **α, ο** et **ου**. Si le mot commence par **ε** ou **ι**, elle peut se réduire à **κ'** : **κ' εγώ** *et moi*.

VOCABULAIRE

συνάντηση (η) *rencontre*
από *de / depuis / par*
εσένα *toi*
φίλη (η) *amie*
ελληνικός -ή -ό *grec*
λίγο *peu / un peu*
Ολλανδία (η) *les Pays-Bas (La Hollande)*
Ελλάδα (η) *Grèce*
αλλά *mais*
Ισπανία (η) *Espagne*
ακριβώς *précisément / exactement*
Βαλένθια (η) *Valence*
Άμστερνταμ (το) *Amsterdam*
Χάγη (η) *La Haye*
γνωρίζω *je connais / je sais*
δουλειά (η) *travail*
μουσικός (ο) *musicien*
ξέρεις *tu sais*
τέκνο (η μουσική) *la techno* (musique)
λατρεύω *j'adore*
λέω *je dis*
γαλλικός -ή -ό *français*
Γαλλικά (τα) *français* (langue)
λόγος (ο) *parole / raison*
με λένε *je m'appelle*
σε λένε *tu t'appelles*
μ'/σ' αρέσει *me/te plaît*
λέει *il/elle dit*
που *qui/que*
πως *que*

⬢ EXERCICES

🔊 01. ÉCOUTEZ L'ENREGISTREMENT, PUIS COMPLÉTEZ LES PHRASES.
07
a. Καλημέρα, Κριστίνα. _ _ _ _ _ _ _ _ _ _ _ ;

b. _ _ _ _ _ _ _ _ _ _ εδώ, _ _ _ _ _ _ _ _ _ _ στη _ _ _ _ _ _ _ _ _ _ .

c. Ο Κώστας λέει όχι, _ _ _ _ _ _ _ _ _ _ ;

d. _ _ _ _ _ _ _ _ _ _ η μουσική του;

e. _ _ _ _ _ _ _ _ _ _ πολύ η ελληνική μουσική.

🔊 02. ÉCOUTEZ L'ENREGISTREMENT ET COMPLÉTEZ LES MOTS MANQUANTS DANS LA TRADUCTION.
07
a. Σήμερα είναι Σάββατο και δεν είναι εδώ. → Aujourd'hui _ _ _ _ _ _ _ _ _ et _ _ _ _ _ _ _ _ _ .

b. Ποιος είναι ο Δημήτρης; Τον ξέρεις; → Qui est Dimitri ? _ _ _ _ _ _ _ _ _

c. Γεια σας, κύριε Κώστα. → Bonjour, _ _ _ _ _ _ _ _ _ .

d. Δουλεύω σήμερα. → Je travaille _ _ _ _ _ _ _ _ _ .

e. Είμαι μουσικός. → _ _ _ _ _ _ _ _ _ musicien.

03. CONJUGUEZ LES VERBES.
a. Η Λίτσα και ο Νίκος _ _ _ _ _ _ _ _ _ _ _ μουσική.

b. Δεν _ _ _ _ _ _ _ _ _ _ _ σήμερα.

c. Ο Πέτερ _ _ _ _ _ _ _ _ _ _ _ πολύ καλά ελληνικά.

d. Ποιος _ _ _ _ _ _ _ _ _ _ _ τις Δευτέρες;

e. Είμαι από την Ελλάδα. Σ' _ _ _ _ _ _ _ _ _ _ _ η ελληνική μουσική;

f. Πού _ _ _ _ _ _ _ _ _ _ _ τα ταξί;

06.
INFORMATIONS PERSONNELLES
Προσωπικές πληροφορίες

OBJECTIFS

- LES SALUTATIONS FORMELLES
- DEMANDER DES INFORMATIONS PERSONNELLES
- ÉCHANGER DES INFORMATIONS

NOTIONS

- LES CHIFFRES DE 0 À 10
- LE GÉNITIF SINGULIER DES SUBSTANTIFS
- LE PRONOM POSSESSIF
- LE PRÉSENT DE L'INDICATIF MOYEN
- L'ADJECTIF DÉMONSTRATIF

OÙ HABITEZ-VOUS ?

<u>Peter</u> : Bonjour *(à vous)*.

<u>L'employée</u> : Bonjour *(à vous)*. **Entrez, je vous prie** *(S'il vous plaît, entrez)*.

<u>Peter</u> : Merci.

<u>L'employée</u> : Un instant, s'il vous plaît. Asseyez-vous. Comment vous appelez-vous ?

<u>Peter</u> : Mon nom est Peter Van Hoof.

<u>L'employée</u> : Avez-vous votre carte d'identité ? D'où êtes-vous ?

<u>Peter</u> : Oui *(immédiatement)*, **[la] voilà. Je viens** *(suis)* d'Amsterdam.

<u>L'employée</u> : Êtes-vous marié ? Avez-vous des enfants ?

<u>Peter</u> : Non, je suis célibataire.

<u>L'employée</u> : Où habitez-vous ? Quel travail faites-vous ?

<u>Peter</u> : Maintenant, j'habite à Athènes, au 5 Filolaou, dans le quartier de Pagrati. Je suis journaliste.

<u>L'employée</u> : Un [numéro de] téléphone ?

<u>Peter</u> : Mon numéro de téléphone est [le] 691 234 5670.

<u>L'employée</u> : **Très bien** *(d'accord)*. Voici le formulaire et vos documents. Une signature ici.

<u>Peter</u> : Merci.

<u>L'employée</u> : Je vous en prie.

<u>Peter</u> : Bonne journée *(à vous)*.

<u>L'employée</u> : Au revoir.

08 Πού μένετε;

Ο Πέτερ: Καλημέρα σας.

Η υπάλληλος: Καλημέρα σας. Παρακαλώ περάστε.

Ο Πέτερ: Ευχαριστώ.

Η υπάλληλος: Μια στιγμή, παρακαλώ. Καθίστε. Πώς λέγεστε;

Ο Πέτερ: Το όνομά μου είναι Πέτερ Βαν Χοοφ.

Η υπάλληλος: Έχετε την ταυτότητά σας; Από πού είστε;

Ο Πέτερ: Αμέσως, ορίστε. Είμαι από το Άμστερνταμ;

Η υπάλληλος: Είστε παντρεμένος; Έχετε παιδιά;

Ο Πέτερ: Όχι, είμαι ελεύθερος.

Η υπάλληλος: Πού μένετε; Τι δουλειά κάνετε;

Ο Πέτερ: Τώρα μένω στην Αθήνα, Φιλολάου 5, στην περιοχή Παγκράτι. Είμαι δημοσιογράφος.

Η υπάλληλος: Ένα τηλέφωνο;

Ο Πέτερ: Ο αριθμός τηλεφώνου μου είναι: 691 234 5670.

Η υπάλληλος: Εντάξει. Εδώ είναι το έντυπο και τα έγγραφά σας. Μια υπογραφή εδώ.

Ο Πέτερ: Σας ευχαριστώ.

Η υπάλληλος: Παρακαλώ.

Ο Πέτερ: Καλή σας μέρα.

Η υπάλληλος: Αντίο.

■ COMPRENDRE LE DIALOGUE
QUELQUES FORMULES ET EXPRESSIONS

→ **Καλημέρα σας!** *Bonjour (à vous) !* ou *Bonne journée (à vous) !* **Αντίο** (de l'italien **addio**) est une manière courante de dire *Au revoir.* Le pronom personnel génitif à la forme brève, ici **σας** *(à vous),* accompagnent certaines expressions d'exclamation, notamment les salutations et les vœux : **Γεια σου** *Salut (à toi) !* ou **Μπράβο της!** *Bravo (à elle) !*

→ **η υπάλληλος** *l'employée.* Certains noms de métiers comme **υπάλληλος** *employé(e)* ou **γιατρός** *médecin* ne sont pas liés au genre réel de la personne. Ces deux mots sont donc des substantifs neutres du point de vue du genre et peuvent désigner aussi bien un employé ou un médecin de sexe masculin ou féminin. Le genre est signalé par l'article qui le précède, ici **η** *la* (f.).

→ **Ορίστε!** *Que désirez-vous ?* C'est une expression utilisée en général par les commerçants pour accueillir les clients : *Que désirez-vous ?* C'est un impératif du verbe **ορίζω** (2ᵉ personne du pl.), mais il peut être utilisé dans d'autres situations telles que l'apport de la commande, le rendu de la monnaie ou en tant que formule d'accueil téléphonique. Son sens peut varier selon le contexte et peut se traduire par des expressions telles que *voici, je vous écoute* ou *plaît-il ?.*

→ La formule à l'impératif **περάστε** litt. "passez" est utilisée pour inviter à entrer (*Entrez !*), tandis que **Καθίστε** est utilisé pour inviter à s'asseoir. Ces expressions sont couramment utilisées dans les services ou certains établissements (banque, assurance) pour accueillir les clients ou les usagers.

→ **Είμαι δημοσιογράφος.** *Je suis journaliste.* Le mot grec **δημοσιογράφος** peut s'appliquer à un homme ou à une femme, l'article permet d'indiquer le genre : **η δημοσιογράφος** *la journaliste.* Comme en français, dans ce cas, le pluriel ne permet pas de faire la distinction : **οι δημοσιογράφοι** *les journalistes* (hommes ou femmes).

→ **Καλή σας μέρα** *Bonne journée /* **Αντίο** *Au revoir.* L'expression **Καλή σας μέρα** est une salutation formelle utilisée lors des premières rencontres ou dans les contextes professionnels (magasin, entreprise, etc.). Quant à **Αντίο**, on l'emploie pour prendre congé également dans un contexte formel. Les formes plurielles (**σας** *à vous*) marquent une politesse formelle.

→ **Το όνομά μου είναι...** Pour indiquer son nom, son prénom on dira, dans un contexte formel, **Το όνομά μου είναι...** *Mon prénom est...* ou bien de façon plus courante **Με λένε...** *Je m'appelle....* Pour le nom de famille : **Το επίθετό μου είναι...** *Mon nom de famille est...*

→ Notez que pour les femmes, le nom de famille est souvent au génitif. C'est une façon traditionnelle d'indiquer l'appartenance à une famille. Par exemple, si le nom de famille est **Παπαδόπουλος** (*Papadopoulos*), une femme de cette famille pourrait se présenter comme **Είμαι η Μαρία Παπαδοπούλου** *Je suis Maria Pa-*

padopoulou. En français, cela se traduirait littéralement par "Je suis Maria de (la famille) Papadopoulos". Il est à noter que cette tradition devient de moins en moins courante, en particulier chez les jeunes générations et dans les environnements plus urbains. De nombreuses femmes grecques utilisent aujourd'hui la forme nominative de leur nom de famille.

→ On utilise presque toujours le génitif pour les noms de rue après le mot **η οδός** *la rue,* souvent omis dans la langue courante : **Φιλολάου** *(rue) Philolaos*. Le nom au génitif apparaît sans l'article.

→ Les chiffres de 0 à 10 : **Ο αριθμός τηλεφώνου μου είναι…** *Mon numéro de téléphone est …* Pour indiquer son numéro de téléphone, il suffit tout simplement de lire un à un les différents chiffres : **μηδέν** (0), **ένα** (1), **δύο** (2), **τρία** (3), **τέσσερα** (4), **πέντε** (5), **έξι** (6), **επτά** (7), **οκτώ** (8), **εννέα** (9) et **δέκα** (10).

NOTE CULTURELLE

Les numéros de téléphone en Grèce ont un système d'indicatifs pour les téléphones portables et les lignes fixes. Il est intéressant de savoir les reconnaître surtout si l'on souhaite envoyer un *SMS* (**ένα γραπτό μήνυμα**). Précisément, les numéros de téléphones portables commencent avec un 69 et les lignes fixes par 210 (Athènes), 2310 (Thessaloniki), 2810 (Héraklion), etc. Le numéro de téléphone, l'adresse ainsi que le numéro grec de sécurité sociale ou **ΑΦΜ** (**Αριθμός Φορολογικού Μητρώου** *Numéro d'identification fiscale*) sont nécessaires pour toute démarche administrative. Notifications : Les services gouvernementaux peuvent envoyer des notifications ou des rappels par SMS concernant des dates d'échéance importantes, des rendez-vous, etc.

◆ GRAMMAIRE
DÉCLINAISON : LE GÉNITIF SINGULIER DES SUBSTANTIFS

En grec moderne, le génitif est souvent utilisé pour exprimer la possession.

– Les masculins terminés par **-ος** et les neutres terminés par **-ο** prennent la désinence **-ου** : **ο κύριος** (*le monsieur*) → **το αυτοκίνητο του κυρίου** (*la voiture du monsieur*) ; **το αυτοκίνητο** (*la voiture*) → **ο αριθμός του αυτοκινήτου** (*le numéro de la voiture*).

– Les féminins terminés par **-η** ou **-α** prennent un **-ς** final : **η κυρία** (*la dame*) → **το αυτοκίνητο της κυρίας** (*la voiture de la dame*) ; **η Ελένη** (*Hélène*) → **το αυτοκίνητο της Ελένης** (*la voiture d'Hélène*).

– La plupart des masculins terminés par **-ης** ou **-ας** perdent le **-ς** (au génitif singulier) : **ο Κώστας** (*Kostas*) → **το αυτοκίνητο του Κώστα** (*la voiture de Kostas*) ; **ο Δημήτρης** (*Dimitri*) → **το αυτοκίνητο του Δημήτρη** (*la voiture de Dimitri*) ; - **ο φοιτητής** (*l'étudiant*) → **του φοιτητή** (*de l'étudiant*).

– Les substantifs neutres terminés par **-μα** ont un nombre de syllabes différent au nominatif et au génitif singuliers : **το όνομα** (*le nom*) → **του ονόματος** (*du nom*).

Notez que dans les exemples ci-dessus, les articles définis (**ο**, **η**, **το**) sont également transformés pour correspondre au cas génitif (**του**, **της**, **του**) :

Genre/Cas	Masculin	Féminin	Neutre
Nominatif	ο	η	το
Accusatif	τον	την	το
Génitif	του	της	του

L'ADJECTIF DÉMONSTRATIF *ΑΥΤΟΣ Ο...*

L'adjectif et pronom **αυτός -ή -ό** (*il/elle, celui-ci/celle-ci, lui/elle*) s'emploie également comme adjectif démonstratif lorsqu'il est suivi d'un article défini et d'un substantif ou encore comme pronom démonstratif ; exemple d'emploi : **αυτός ο δημοσιογράφος** *ce journaliste*. Les adjectifs démonstratifs s'accordent en genre, en nombre et en cas avec le nom auquel ils se rapportent. Les formes correspondantes pour le masculin, le féminin et le neutre sont respectivement : **αυτός ο / αυτή η / αυτό το**

LE PRONOM POSSESSIF

Le génitif des pronoms personnels est souvent utilisé pour exprimer la possession, ils jouent le rôle des adjectifs possessifs du français : **μου** *de moi* ou *mon/ma/mes*. Il est placé après le nom pour indiquer la possession, par exemple **το αυτοκίνητό μου** *ma voiture*.

Le pronom possessif grec s'accorde avec le possesseur et non avec l'objet possédé comme c'est le cas en français :

το αυτοκίνητό μου	*ma voiture* (propriétaire masculin, féminin ou neutre)
η δουλειά μου	*mon travail* (propriétaire masculin, féminin ou neutre)
το όνομά του	*son nom* (à lui) (propriétaire masculin ou neutre)
το όνομά της	*son nom* (à elle) (propriétaire féminin)

Voici un tableau des formes génitives des pronoms personnels en grec moderne, correspondant aux adjectifs possessifs en français :

	Personne	Pronom personnel	Génitif/Pronom possessif
Sing.	1re personne	εγώ	μου
	2e personne	εσύ	σου
	3e personne (m.)	αυτός	του
	3e personne (f.)	αυτή	της
	3e personne (n.)	αυτό	του
Pl.	1re personne	εμείς	μας
	2e personne	εσείς	σας
	3e personne	αυτοί/αυτές/αυτά	τους

Observez bien la forme réduite pour la 3e personne du pluriel : **τους** : **οι δουλειά τους** *leur travail*.

▲ CONJUGAISON
LE PRÉSENT DE L'INDICATIF DES VERBES EN -*OMAI*

Tous les verbes de Type 3 (**Γ**) sont médio-passifs et se terminent par **-μαι**. Ceux du sous-groupe **Γ1** se terminent en **-ομαι**. Ces verbes sont utilisés lorsque le sujet accomplit l'action pour lui-même, dans son propre intérêt, ce qui est souvent équivalent à la forme pronominale ou réfléchie en français : **λέγομαι** *je m'appelle (je me nomme)*.

Les terminaisons du sous-groupe **Γ1** sont les suivantes au présent de l'indicatif :

Type 3	Singulier		Pluriel	
(**Γ1**)	-ομαι	**λέγομαι** *je m'appelle*	-όμαστε	**λεγόμαστε** *nous nous appelons*
	-εσαι	**λέγεσαι** *tu t'appelles*	-εστε	**λέγεστε** *vous vous appelez*
	-εται	**λέγεται** *il/elle s'appelle*	-ονται	**λέγονται** *ils/elles s'appellent*

VOCABULAIRE

προσωπικός -ή -ό *personnel / individuel*
πληροφορία (η) *information*
ένας (ο) -μία (η) -ένα (το) *un / une*
στιγμή (η) *un moment /un instant*
όνομα (το) *le nom*
μου *mon*
έχω *j'ai*
ταυτότητα (η) *la carte d'identité*
αμέσως *immédiatement*
ορίστε *voici/s'il vous plaît*
παντρεμένος -η -ο *marié(e)*
παιδί (το) *l'enfant*
ελεύθερος -η -ο *célibataire* (litt. "libre")
μένω *j'habite*
τώρα *maintenant*

δημοσιογράφος (ο) *le journaliste*
τηλέφωνο (το) *le téléphone*
υπογραφή (η) *la signature*
οδός (η) *la rue*
περιοχή (η) *région / quartier*
αριθμός (ο) *numéro*
εντάξει *d'accord / OK*
έντυπο (το) *imprimé / brochure*
έγγραφα (τα) *documents*
φοιτητής (ο) *l'étudiant*
καθίστε! *asseyez-vous !*
παρακαλώ *s'il vous plaît / je vous en prie*
περάστε *passez / entrez*
πώς λέγεστε; *comment vous vous appelez ?*
στην Αθήνα *à Athènes*

EXERCICES

01. ÉCOUTEZ L'ENREGISTREMENT, PUIS COMPLÉTEZ LES PHRASES.

08
a. Εδώ είναι _ _ _ _ _ _ _ _ _ _ _ .
b. Είμαι _ _ _ _ _ _ _ _ _ _ _ .
c. Πώς το λένε _ _ _ _ _ _ _ _ _ _ ;
d. Όχι, _ _ _ _ _ _ _ _ _ _ , είμαι ελεύθερος.
e. _ _ _ _ _ _ _ _ _ _ , Παναγιώτη;

02. CONJUGUEZ LE VERBE *ΛΕΓΟΜΑΙ* À LA PERSONNE QUI CONVIENT.

a. Πώς (Εσύ) _ _ _ _ _ _ _ _ _ _ ;
b. Αυτό το παιδί _ _ _ _ _ _ _ _ _ Νίκος.
c. (Εγώ) _ _ _ _ _ _ _ _ _ _ Κώστας.
d. Μια στιγμή παρακαλώ. _ _ _ _ _ _ _ _ _ _ Δημήτρης, έτσι δεν είναι;
e. Πώς _ _ _ _ _ _ _ _ _ _ τα παιδιά σας;
f. Είμαστε δημοσιογράφοι και _ _ _ _ _ _ _ _ _ _ Τομ και Καρίν.

03. LISEZ LES NUMÉROS DE TÉLÉPHONE, PUIS VÉRIFIEZ EN ÉCOUTANT L'AUDIO.

08
a. 00 30 210 453 6217
b. 00 30 694 459 5456
c. 00 33 210 369 2186
d. 00 32 2 401 75 75

II
LA
VIE
QUOTIDIENNE

07. CONVERSATION ENTRE VOISINS
Συζήτηση μεταξύ γειτόνων

OBJECTIFS

- SE PRÉSENTER À UN VOISIN
- FORMULES DE POLITESSE ET SALUTATIONS
- GÉRER UNE SITUATION IMPRÉVUE
- PARLER DE SA FAMILLE

NOTIONS

- LES NUMÉRAUX ORDINAUX DE 1 À 10
- LE NOMINTATIF PLURIEL
- VERBES *ΑΚΟΥΩ* ET *ΠΑΩ*
- L'INTRODUCTION À L'ASPECT
- L'ABSENCE D'INFINITIF ET LE SUBJONCTIF

LA GRAND-MÈRE ET LE VOISIN

(Dans un immeuble, quelqu'un frappe à la porte d'un appartement.)

Mme Antoniou : Qui est-ce ?

M. Ioannidis : Euh, excusez-moi. Je suis Vassilis Ioannidis.

Mme Antoniou : Qui ?

M. Ioannidis : Je suis votre nouveau voisin.

Mme Antoniou : Un instant.

(La porte s'ouvre.)

M. Ioannidis : Bonjour, Mme Antoniou.

Mme Antoniou : Bonjour, M.... ?

M. Ioannidis : Ioannidis. Bonjour. J'habite au troisième étage, dans l'appartement au-dessus du vôtre.

Mme Antoniou : Entrez !

M. Ioannidis : Non, merci. Une autre fois. Votre chat est sur la terrasse d'en face. Le chat *(f.)* réclame *(crie)*. Il *(f.)* miaule. Il *(f.)* semble perdu*(e)*.

Mme Antoniou : Oh, mon Dieu ! C'est la terrasse de mon fils. Sa femme et leurs enfants ne sont pas là. Je suis toute seule.

M. Ioannidis : Si vous avez la clé, ma fille peut aller le *(f.)* chercher.

Mme Antoniou : Un instant. Voilà la clé. Votre fille ? Vous êtes marié, vous avez des enfants ?

M. Ioannidis : Oui, j'ai une fille et un garçon. Les enfants ne font-ils pas beaucoup de bruit ? Vous ne les entendez pas ?

Mme Antoniou : Qu'est-ce que vous dites ? Je ne vous entends pas bien.

09 Η γιαγιά και ο γείτονας

(Σε μια πολυκατοικία, κάποιος χτυπάει την πόρτα ενός διαμερίσματος.)

κα Αντωνίου: Ποιος είναι;

κ. Ιωαννίδης: Ε, συγγνώμη. Είμαι ο Βασίλης Ιωαννίδης.

κα Αντωνίου: Ποιος;

κ. Ιωαννίδης: Είμαι ο νέος σας γείτονας.

κα Αντωνίου: Μια στιγμή.

(Η πόρτα ανοίγει.)

κ. Ιωαννίδης: Καλημέρα σας, κυρία Αντωνίου.

κα Αντωνίου: Χαίρετε κύριε…;

κ. Ιωαννίδης: Ιωαννίδης. Χαίρετε. Μένω στον τρίτο όροφο, στο διαμέρισμα πάνω από το δικό σας.

κα Αντωνίου: Περάστε!

κ. Ιωαννίδης: Όχι, ευχαριστώ. Μια άλλη φορά. Η γάτα σας είναι στην απέναντι ταράτσα. Η γάτα φωνάζει. Νιαουρίζει. Φαίνεται χαμένη.

κα Αντωνίου: Ωχ, Παναγία μου! Είναι η ταράτσα του γιου μου. Η γυναίκα του και τα παιδιά τους δεν είναι εδώ. Είμαι μόνη μου.

κ. Ιωαννίδης: Αν έχετε το κλειδί, η κόρη μου μπορεί να πάει να την πάρει.

κα Αντωνίου: Μια στιγμή. Λοιπόν, εδώ είναι το κλειδί. Η κόρη σας; Είστε παντρεμένος, έχετε παιδιά;

κ. Ιωαννίδης: Ναι, έχω ένα κορίτσι και ένα αγόρι. Δεν κάνουν πολύ θόρυβο τα παιδιά; Δεν τα ακούτε;

κα Αντωνίου: Τι λέτε; Δεν σας ακούω καλά.

COMPRENDRE LE DIALOGUE
QUELQUES FORMULES ET EXPRESSIONS

→ **Συγγνώμη!** *Excusez-moi !* ou *Pardon !* est couramment utilisée pour attirer l'attention de manière polie et s'excuser. Pour exprimer un regret dans ce contexte vous pouvez également utiliser **Λυπάμαι** *je suis désolé(e)* ou **Ζητώ συγγνώμη** *je vous demande pardon*, suite à une erreur par exemple. Une autre façon de dire «excusez-moi» est **Με συγχωρείτε**, utilisée pour interrompre poliment ou attirer l'attention de quelqu'un. Si vous ajoutez "Monsieur" ou "Madame", utilisez le vocatif **κύριε**… ou **κυρία**… respectivement : **Συγγνώμη κύριε** *Excusez-moi, Monsieur* ou **Με συγχωρείτε κυρία**… *Pardon, Madame*…

→ **Χαίρετε!** *Bonjour !* Est plus formelle que **καλημέρα** (**σας** *à vous*) qui est généralement utilisée le matin. **Γεια** (**σου/σας**) est la salutation très courante équivalent tant à *Salut !* que *Bonjour !* Lors d'une première rencontre **Χαίρω πολύ** est d'usage pour dire *Enchanté(e)* (litt. "je suis très heureux(-euse)").

→ **Περάστε!** *Entrez !* **(**litt. "passez !"). Le verbe **περνάω/ώ** signifie *je passe*. À l'impératif, il prend le sens courant de *Entrez !*. Le verbe **περνάω/ώ** a deux radicaux : le radical du présent (**περν-**) et le radical de l'aoriste (**περάσ-**). La conjugaison du subjonctif momentané (thème aoriste) n'est pas accentué sur la finale (Type 2 B1) comme le L'indicatif présent, mais sur la racine verbale **να περάσω**, **να περάσεις**, **να περάσει**… *que je passe, que tu passes, qu'il/elle passe*…. Rappelons que le subjonctif sert, entre autres, là où le français utilise un infinitif : **Μπορεί να περάσει.** *Il/elle peut passer* ("il/elle peut qu'il/elle passe").

→ **Ωχ, Παναγία μου!** *Oh mon Dieu !* (litt. "Oh, Sainte Vierge !"). L'exclamation **ωχ!** traduit une peine, ou une difficulté. Quant à **Παναγία μου**, parfois avec un diminutif **Παναγίτσα μου** est parfois invoqué dans la vie courante pour exprimer une surprise ou une émotion.

→ **Είμαι μόνη μου.** *Je suis seule*. L'expression formée de l'adjectif **μόνος -η -ο** *seul(e)* et du pronom personnel au génitif **μου**, **σου**, **του**, **της**, etc. signifie *seul(e), par soi-même* (sans accompagnement). Dans ce contexte, **μου** a une valeur réflexive.

→ **η κόρη μου μπορεί να πάει να την πάρει** *ma fille peut aller le* ("la" car " chat" est f. en grec) *chercher* (litt. "ma fille peut qu'elle aille qu'elle le (la) prenne"). Pour le remplacement de l'infinitif par le subjonctif, voir la rubrique grammaire de cette leçon.

→ **Αν έχετε το κλειδί**… *Si vous avez la clé*… La particule **αν** + verbe à l'indicatif sert à exprimer une condition ou une supposition ; cela équivaut à la conjonction *si* en français.

→ Les membres de la famille : **το κορίτσι** *la fille* et **το αγόρι** *le fils* sont les termes courants équivalents à **η κόρη** *la fille* et **ο γιος** *le fils* plus formels. Pour les parents : **ο πατέρας** le père et **η μητέρα** la mère ont pour équivalent affectueux **ο μπαμπάς** le papa et **η μαμά** la maman. Il existe également des formes plus affectueuses notamment et **η μανούλα** maman. Pour les autres membres proches il y a **ο αδερφός** le frère, **η αδερφή** la sœur. Pour les grands-parents, **ο παππούς** et **η γιαγιά** désignent le grand-père et la grand-mère respectivement. Il n'existe pas de termes pour désigner spécialement "les (deux) grands-parents", on dira donc "grand-père et grand-mère". Le terme **οι πρόγονοι** désigne lui, les ascendants, les ancêtres en général. Les mots pour oncle et tante sont **ο θείος** et **η θεία**, respectivement. Quant aux cousins, si nombreux parmi les Grecs, on utilise **ο ξάδερφος** et **η ξαδέρφη**, respectivement. Pour parler de son conjoint, on utilise les mots (formels) **ο σύζυγος** pour le mari, et **η σύζυγος** (article f.) pour l'épouse. On utilise également couramment les termes **ο άντρας** (l'homme) pour le mari et **η γυναίκα** (la femme) pour désigner l'épouse.

NOTE CULTURELLE

Cette petite scène de la vie quotidienne, où une vielle dame apprend que son chat est bloqué sur la terrasse de son fils, révèle un trait de la société grecque : la proximité résidentielle de la famille… et l'omniprésence des chats. En Grèce, il n'est pas rare que plusieurs générations d'une même famille résident au sein d'un même immeuble, parfois construit ou agrandi pour héberger la famille qui s'agrandit. En tout cas, plusieurs membres d'une même famille habitent traditionnellement très proche les uns des autres. En dépit des évolutions sociales et économiques, cette proximité résidentielle familiale demeure une caractéristique de la société grecque. Elle témoigne de la solidarité intergénérationnelle qui se manifeste encore au quotidien.

◆ GRAMMAIRE
DÉCLINAISON : LE NOMINATIF PLURIEL

– La plupart des noms masculins se terminant par **-ος** prennent **-οι** au pluriel :

ο φίλος l'ami → **οι φίλοι** les amis ; **ο όροφος** l'étage → **οι όροφοι** les étages.

– Les noms féminins se terminant par **-η** ou **-α** et certains noms masculins se terminant par **-ας** (comme **ο πατέρας** ou **ο άντρας**) prennent **-ες** au pluriel :

η γάτα la chatte → **οι γάτες** les chats ; **η κόρη** la fille → **οι κόρες** les filles ; **ο γείτονας** le voisin → **οι γείτονες** les voisins.

– Les noms neutres se terminant par **-ο** prennent **-α,** et ceux se terminant par **-ι** prennent **-ια** : **το αυτοκίνητο** la voiture → **τα αυτοκίνητα** les voitures ; **το κορίτσι** la fille → **τα κορίτσια** les filles.

Certains masculins se terminant se par **-ας** et certains neutres en **-μα** ajoutent une syllabe supplémentaire au pluriel : **ο μπαμπάς** *le papa* → **οι μπαμπάδες** *les papas* ; **το διαμέρισμα** *l'appartement* → **τα διαμερίσματα** *les appartements*. Enfin, nombreux **mots d'emprunt restent invariables au pluriel :** το ταξί *le taxi* → τα ταξί *les taxis*.

LA POSSESSION RENFORCÉE *ΔΙΚΟΣ -Η -Ο*

L'adjectif possessif **δικός μου / δική / δικό μου** (**σου, του, της,** etc.) sert de pronom possessif lorsqu'il est précédé de l'article : **ο δικός σας** *le vôtre*. Il sert également à exprimer la possession renforcée comme *(mon) propre / à moi* :

Είναι το δικό μου αυτοκίνητο	*C'est ma propre voiture*
Αυτό είναι το διαμέρισμά μου.	*C'est mon appartement.*
Αυτό το διαμέρισμα είναι δικό μου.	*Cet appartement est à moi.*
Αυτό είναι το δικό μου.	*C'est le mien.*
Αυτό είναι το δικό μου διαμέρισμα.	*C'est mon propre appartement.*

Le pronom possessif **ο δικός/η δική/το δικό μου** (**σου, του, της,** etc.) s'accorde en genre, en nombre et en cas avec l'objet possédé, et mentionne le possesseur au génitif.

LES NUMÉRAUX ORDINAUX DE 1 À 10

Ο τρίτος όροφος *le troisième étage*. Les numéraux ordinaux sont des adjectifs qui s'accordent en genre, en nombre et en cas (ici au nominatif) :

Chiffre	Ordinal	Chiffre	Ordinal
1ος (1er/1re)	πρώτος -η -ο	**6ος** (6e)	έκτος -η -ο
2ος (2e)	δεύτερος -η -ο	**7ος** (7e)	έβδομος -η -ο
3ος (3e)	τρίτος -η -ο	**8ος** (8e)	όγδοος -η -ο
4ος (4e)	τέταρτος -η -ο	**9ος** (9e)	ένατος -η -ο
5ος (5e)	πέμπτος -η -ο	**10ος** (10e)	δέκατος -η - ο

▲ CONJUGAISON
L'INTRODUCTION À L'ASPECT

En dehors de l'expression du temps (passé, présent, futur), du mode (indicatif, subjonctif, impératif…) et de la voix (active, passive et médio-passive), le système verbal grec permet de distinguer une action (ou un état) continue ou fréquente d'une action (ou un état) momentanée grâce au choix de la racine (ou thème) du verbe.

Ainsi, à un verbe français correspond presque toujours un couple de verbes en grec avec des racines identiques (**γνωρίζω / γνωρίσω** *je connais*) ou différentes (**λέω / πω** *je dis*). L'aspect verbal s'exprime soit par le choix du thème présent (action continue pour **λέω**) soit par celui du thème aoriste (action momentanée pour **πω**).

– **παίρνω** (thème présent / continu) *je prends* → **πάρω** (thème aoriste / momentané)
– **μένω** (thème présent / continu) *je reste* → **μείνω** (thème aoriste / momentané)
– **λέω** (thème présent / continu) *je dis* → **πω** (thème aoriste / momentané)

Cette opposition d'aspect, et donc de racine, apparaît pratiquement à tous les temps, tous les modes et toutes les voix, sauf au présent de l'indicatif où c'est le thème présent est utilisé. Donc, on n'emploie pas le thème aoriste (**πω**) au présent de l'indicatif ; on dira : **λέω** *je dis* (présent de l'indicatif).

L'ABSENCE D'INFINITIF ET L'USAGE DU SUBJONCTIF

Dans une phrase comme *je veux aller*, le grec moderne ne peut utiliser l'infinitif, comme en français. La construction équivalente utilise le subjonctif précédé de la particule **να** : *je veux aller* se traduit par **θέλω να πάω** en grec, ce qui se traduit littéralement par "je veux que j'aille".

Le subjonctif est utilisé après les verbes qui expriment un souhait, une volonté, une demande, ou un ordre. Le subjonctif continu ou momentané se forme en faisant précéder la racine verbale (thème présent ou thème aoriste) par **να** :

– thème présent (action continue) : **Μπορώ να το παίρνω** (**κάθε μέρα**). *Je peux le prendre (tous les jours).*
– thème aoriste (action momentanée) : **Μπορώ να το πάρω** (**τώρα**). *Je peux le prendre (maintenant).*

Les terminaisons du subjonctif (actif) sont identiques à celles de l'indicatif présent que vous connaissez.

VERBES *ΑΚΟΥΩ* ET *ΠΑΩ*

Les verbes **ακούω** *j'écoute / j'entends* et **πάω** *je vais* ont un radical qui se termine par une voyelle (**-ου, -α**) et ont donc des terminaisons réduites au présent, comme **λέω** *je dis* :

– ακούω, ακούς, ακούει, ακούμε, ακούτε, ακούν.
– πάω, πας, πάει, πάμε, πάτε, πάνε.

● EXERCICES

01. ÉCOUTEZ L'ENREGISTREMENT, PUIS COMPLÉTEZ LES PHRASES.

a. Ποιος είναι _ _ _ _ _ _ _ _ _ _ _;

b. Αυτός είναι _ _ _ _ _ _ _ _ _ _ _, ο Νίκος.

c. Ποια είναι _ _ _ _ _ _ _ _ _ _ _;

d. Αυτή η κυρία είναι _ _ _ _ _ _ _ _ _ _ _.

e. Αυτό το αυτοκίνητο _ _ _ _ _ _ _ _ _ _ _.

02. METTEZ LES POSSESSIFS AU PLURIEL

a. Πώς λέγονται οι φίλοι σου από την Ελλάδα; → _ _ _ _ _ _

b. Πού είναι το αγόρι σου; → _ _ _ _ _ _ _

c. Ο γιος του δουλεύει εδώ. → _ _ _ _ _ _ _

d. Το κορίτσι της μένει στην Ισπανία. → _ _ _ _ _ _

03. METTEZ LES PHRASES AU SINGULIER.

a. Οι γείτονες μένουν στον τρίτο όροφο.
→ _ .

b. Οι γάτες νιαουρίζουν στις απέναντι ταράτσες.
→ _ .

c. Αυτοί οι δημοσιογράφοι είναι από τις Βρυξέλλες.
→ _ .

04. ÉCRIVER LE CHIFFRE ORDINAL CORRESPONDANT.

a. _ _ _ _ _ _ _ _ _ _ _ (1) μου γιος λέγεται Γιώργος.

b. Πώς λέγεται _ _ _ _ _ _ _ _ _ _ _ (2) κόρη σου;

c. Αυτό είναι _ _ _ _ _ _ _ _ _ _ _ (4) αυτοκίνητό της.

d. Δεν έχει _ _ _ _ _ _ _ _ _ _ (5) όροφο σ' αυτή την πολυκατοικία.

VOCABULAIRE

συζήτηση (η) *discussion*
μεταξύ *entre*
γείτονες (οι) *voisins*
γιαγιά (η) *grand-mère*
γείτονας (ο) / γειτόνισσα (η) *voisin / voisine*
πολυκατοικία (η) *immeuble (d'habitation)*
χτύπα *il/elle frappe*
πόρτα (η) *porte*
συγγνώμη *pardon / excusez-moi*
νέος -α -ο *nouveau*
ανοίγω *j'ouvre*
όροφος (ο) *étage*
διαμέρισμα (το) *appartement*
πάνω *haut / dessus*
δικός -ή -ό *propre / à soi*
άλλος -η -ο *autre*
φορά (η) *fois*
γάτα (η) *chat*
απέναντι *en face*
ταράτσα (η) *terrasse*
φωνάζω *je crie*
νιαουρίζω *je miaule*
φαίνομαι *je semble / j'apparais*
χαμένος -η -ο *perdu(e)*
Παναγία (η) *Vierge Marie*
γιος (ο) *fils*
γυναίκα (η) *femme*
μόνος -η -ο *seul(e)*
αν *si*
κλειδί (το) *clé*
κόρη (η) *fille*
μπορώ *je peux*
να πάει *qu'il/elle aille*
να πάρει *qu'il/elle prenne*
κορίτσι (το) *fille*
αγόρι (το) *garçon*
θόρυβος (ο) *bruit*
ακούτε *vous entendez*
λέτε *vous dites*
ακούω *j'entends*
λυπάμαι *je suis désolé*
ζητώ *je demande*
φίλος (ο) *ami*
κάθε *chaque*

08.
DISCUTER AVEC UN INCONNU
Μιλώντας σε έναν άγνωστο

OBJECTIFS	NOTIONS
• TROUVER UN DISTRIBUTEUR AUTOMATIQUE	• LES CHIFFRES DE 11 À 100
• EXPRIMER SA GRATITUDE	• DEMANDER L'HEURE
• PROPOSER D'AIDER QUELQU'UN	• LES DIMINUTIFS
• OFFRIR DE PAYER UNE BOISSON	• L'ACCUSATIF PLURIEL
	• LES VERBES DE DÉPLACEMENT

CE N'EST PAS GRAVE !

<u>Helen</u> : Excusez-moi, est-ce que tu sais où il y a un distributeur de billets par ici *(par là-bas)* ? Je ne vois pas de banque dans le quartier.

<u>Thanasis</u> : Il y a certainement un distributeur à proximité. Je ne sais pas... Oui, il y a une banque à proximité.

<u>Helen</u> : Où est-elle située ?

<u>Thanasis</u> : C'est sur l'avenue qui longe la mer. J'y vais pour prendre un café. Allons-y ensemble...

<u>Helen</u> : Merci beaucoup pour ton aide !

<u>Thanassis</u> : De rien, c'est sur mon chemin.

(Un peu plus loin)

<u>Helen</u> : Oh mon Dieu ! Le distributeur est cassé.

<u>Thanasis</u> : Ce n'est pas grave ! La banque ouvre dans trente minutes. Viens avec moi au café ! Tu ne veux pas de café ?

<u>Helen</u> : Mais je n'ai pas un sou *(du tout)*!

<u>Thanasis</u> : C'est bon *(ça ne fait rien)*, j'[en] ai et je t'invite.

<u>Helen</u> : Merci beaucoup. La machine est cassée, mais c'est mon jour de chance *(chanceux mon jour)*.

<u>Thanasis</u> : Deux cafés, s'il vous plaît.

10 — Δεν πειράζει!

Η Ελένη: Συγγνώμη, μήπως ξέρεις πού υπάρχει ATM εκεί πέρα; Δεν βλέπω τράπεζα στη(ν) γειτονιά.

Ο Θανάσης: Σίγουρα υπάρχει ένα ATM εδώ κοντά. Μια στιγμή... ναι, υπάρχει μια τράπεζα εδώ κοντά.

Η Ελένη: Πού βρίσκεται;

Ο Θανάσης: Βρίσκεται στη(ν) λεωφόρο κατά μήκος της θάλασσας. Πάω εκεί σ' ένα καφενείο. Ας πάμε μαζί...

Η Ελένη: Σας ευχαριστώ πολύ για τη(ν) βοήθειά σας!

Ο Θανάσης: Παρακαλώ, είναι στο(ν) δρόμο μου.

(Λίγο πιο πέρα)

Η Ελένη: Ωχ Θεέ μου! Το ATM έχει χαλάσει.

Ο Θανάσης: Δεν πειράζει! Η τράπεζα ανοίγει σε τριάντα λεπτά. Έλα μαζί μου στο καφενείο! Δε(ν) θέλεις καφέ;

Η Ελένη: Αφού δεν έχω καθόλου λεφτά!

Ο Θανάσης: Δεν πειράζει, έχω και σε κερνάω εγώ.

Η Ελένη: Ευχαριστώ πολύ. Το μηχάνημα είναι χαλασμένο, αλλά είναι η τυχερή μου μέρα.

Ο Θανάσης: Δυο καφεδάκια, παρακαλώ.

■ COMPRENDRE LE DIALOGUE
QUELQUES FORMULES ET EXPRESSIONS

→ **υπάρχει ATM** *il y a [un] ATM (distributeur)*. Le verbe **υπάρχει** *il existe* s'accorde avec son sujet, en nombre si nécessaire : **υπάρχουν αυτοκίνητα** *il y a des voitures*. Une autre construction existe qui correspond à l'impersonnel *il y a* en français : le verbe **έχει** (litt. "il/elle a"), mais il reste singulier et son complément est à l'accusatif. Le terme anglais ATM (Automated Teller Machine) a pour équivalent grec **ATM** pour **(η) αυτόματη ταμειακή μηχανή**, avec les mêmes initiales. En grec c'est du féminin, mais si vous utilisez le terme anglais vous pourrez utiliser le neutre (comme ici).

→ **εκεί πέρα** *par là-bas*. L'adverbe **πέρα** *au-delà* est utilisé dans un contexte d'espace mais aussi de temps : **εκεί πέρα** *par là-bas* ; **εδώ πέρα** *par ici* ; **πιο πέρα** *plus loin* (par rapport au locuteur) ; **από εδώ και πέρα**… *à partir de maintenant*.

→ **Βρίσκεται στη(ν) λεωφόρο** *il/elle se trouve sur l'avenue*. Notez que le substantif **λεωφόρος** *avenue, boulevard* est féminin malgré sa terminaison en **-ος**. L'article (composé) est bien au féminin : **στην** (acc.) *dans la*.

→ **είναι στο(ν) δρόμο μου** *C'est sur mon chemin*. Le terme **ο δρόμος** signifie à la fois *le chemin, la voie* ou *la route* au sens large, mais aussi *la rue (en ville)* : **ο δρόμος είναι ελεύθερος** *la voie est libre* ; **σε ποιο δρόμο είναι;** *Dans quelle rue est-ce ?*

→ **για τη(ν) βοήθειά σας** *pour votre aide*. Notez le double accent tonique sur (η) **βοήθεια**. C'est dû à la présence du pronom atone **σας** après un mot accentué sur la 3e syllabe à partir de la fin. Les détails seront étudiés plus loin.

→ **Θεέ μου!** *(Oh) Mon Dieu !* est une interjection couramment utilisée au quotidien utilisée pour exprimer une surprise, une exclamation, ou une émotion intense, dans les mêmes conditions que l'équivalent français. Elle est synonyme de **Παναγία μου**, qui a pourtant son diminutif affectueux **Παναγίτσα μου!** *Sainte Vierge !* Comme en français, ces expressions, bien qu'ayant une origine religieuse, sont utilisées de manière ordinaire (séculière) dans la conversation quotidienne en grec.

→ **δεν έχω καθόλου λεφτά** *je n'ai pas un sou* (litt. "je n'ai absolument-pas d'argent"). Le mot (neutre pluriel) **τα λεφτά** est aussi orthographié **τα λεπτά**. Ce mot est très courant, c'est une division de l'ancienne monnaie (la drachme) équivalant aux centimes. L'autre terme pour *l'argent* est **τα χρήματα**.

→ **Δεν πειράζει** ou **δε(ν) με πειράζει** (**με** *me* est sous-entendu) *ça ne fait rien* ou *ça m'est égal / cela ne me dérange pas*.

→ Demander et indiquer l'heure : **Τι ώρα είναι;** *Quelle heure est-il ?* ou bien **Τι ώρα έχεις;** *Quelle heure as-tu ?* Dans la réponse, le mot **η ώρα** *l'heure* est généralement omis : **Είναι δύο** (**η ώρα**). *Il est deux [heures]*. On utilise couramment les numéraux de 1 à 12 en indiquant s'il s'agit du matin **το πρωί** (*le matin*), de l'après-midi **το απόγευμα** (*l'après-midi*) ou du soir **το βράδυ** (*le soir*).

Pour indiquer l'heure précise on ajoute **ακριβώς** *(précisément)*. Le mot **μισή** *demi* sert à exprimer la demi-heure ; pour le quart d'heure, on utilise l'expression **ένα τέταρτο** : **είναι δύο παρά τέταρτο** *il est deux [heures] moins le quart*. **Είναι μεσημέρι.** *Il est midi* (**το μεσημέρι** *le midi*). **Είναι μεσάνυχτα.** *Il est minuit* (**τα μεσάνυχτα** *minuit*). Les chiffres 1, 3 et 4 s'accordent en genre pour indiquer l'heure (f.) : **μία**, **τρεις** ou **τέσσερις** (**η ώρα**) *une, trois* ou *quatre heures*. Pour indiquer l'heure d'un événement, on utilise la préposition **στην** (f. acc. sing.) ou **στις** (f. acc. pl.) à suivie de l'heure : **Η τράπεζα ανοίγει στις εννέα και μισή το πρωί**. *La banque ouvre à neuf heures trente*.

NOTE CULTURELLE

L'alphabet grec n'est pas seulement utilisé pour l'écriture, mais a également servi de système de notation numérique dans les textes anciens et byzantins. Dans ce système, chaque lettre représente un nombre spécifique : par exemple, alpha (**A**) vaut 1, beta (**B**) vaut 2, et ainsi de suite, avec des lettres distinctes pour les nombres à deux chiffres et à trois chiffres. Bien que cette utilisation de l'alphabet grec pour représenter des nombres soit moins courante dans la Grèce moderne, elle perdure dans certains contextes spécifiques. Par exemple, les niveaux scolaires sont souvent désignés par des lettres grecques : **Ε' Δημοτικού** signifie la *5ᵉ année de l'école primaire*, epsilon étant la cinquième lettre de l'alphabet grec. Malgré l'évolution de la langue et l'adoption d'autres systèmes numériques, cette tradition de l'usage de l'alphabet pour la notation numérique continue de jouer un rôle dans le système éducatif grec contemporain. Dans ce contexte, une apostrophe est placée après la lettre pour indiquer qu'elle représente un nombre : **α'** pour 1, **β'** pour 2, **γ'** pour 3, etc. Le nombre 6 est indiqué par une combinaison spéciale, **στ'** *(stigma)*, qui est un vestige de l'ancienne notation byzantine.

◆ GRAMMAIRE
DÉCLINAISON : L'ACCUSATIF PLURIEL

– La majorité des noms masculins se terminant par **-ος** deviennent **-ους** à l'accusatif pluriel : **ο κύριος** *l'ami* → **τους κυρίους** *les amis* ; **ο όροφος** *l'étage* → **τους ορόφους** *les étages*.

Il y a quelques féminins qui suivent cette déclinaison comme **η οδός** *la rue* et **η λεωφόρος** *l'avenue*.

– Les noms féminins se terminant par **-η** ou **-α** et certains noms masculins se terminant par **-ας** (comme **ο πατέρας** ou **ο άντρας**) prennent **-ες** à l'accusatif pluriel, de la même manière que le nominatif pluriel : **η γάτα** *la chatte* → **τις γάτες** *les chats* ; **η κόρη** *la fille* → **τις κόρες** *les filles* ; **ο γείτονας** *le voisin* → **τους γείτονες** *les voisins*.

– Les noms neutres se terminant par **-ο** deviennent **-α** à l'accusatif pluriel, et ceux se terminant par **-ι** deviennent **-ια,** comme dans le nominatif pluriel : **το αυτοκίνητο** *la voiture* → **τα αυτοκίνητα** *les voitures* ; **το κορίτσι** *la fille* → **τα κορίτσια** *les filles.*

LES DIMINUTIFS EN *-AKI* ET *-OYΛA*

Nous avons dans le dialogue **καφεδάκι** (au pluriel **καφεδάκια**) (n.) (un) *petit café.* Le mot est dérivé de **ο καφές** *le café* (radical **καφεδ-**), auquel le suffixe diminutif **-άκι** a été ajouté. L'emploi du diminutif ne signifie pas nécessairement que le café est physiquement plus petit, mais cela marque plutôt une familiarité. Ainsi, vous entendrez souvent **το νεράκι** pour **το νερό** *l'eau.*

Les diminutifs marquent aussi l'affection et l'intimité, ex. : **η γάτα** → **το γατάκι** *le petit chat*, *le chaton* ou bien **η γατούλα** (f.). Pour les mots de genre féminin, le suffixe diminutif **-ούλα** est couramment utilisé, ex. : **η μάνα** (de **μαμά** *maman*) → **η μανούλα** *petite maman*. C'est une caractéristique très courante et expressive de la langue grecque.

SE SITUER DANS L'ESPACE

– Pour exprimer l'existence de quelque chose, on peut utiliser le verbe **υπάρχει** *(il/elle) existe* ou **υπάρχουν** si le sujet est pluriel : **Υπάρχει ένα καφέ στην πλατεία.** *Il y a un café sur la place*. Couramment on utilise le verbe **έχει** *il [y] a*, mais ce qui existe est toujours à l'accusatif : **Έχει πολύ θόρυβο εδώ.** *Il y a beaucoup de bruit ici.*

– Les verbes **είμαι** *je suis* ou **βρίσκομαι** *je me trouve* suivis de la préposition **σε** + accusatif sont utilisés pour indiquer un emplacement : **Είμαι στο μπαλκόνι.** *Je suis sur le balcon.* **Βρίσκομαι στο μπαλκόνι.** *Je me trouve sur le balcon.*

– Les adverbes de position **εδώ** *ici* et **εκεί** *là-bas* et les expressions **απέναντι** *en face de*, **δίπλα / κοντά** *à côté de*, **έξω** *à l'extérieur*, **μπροστά** *devant*, **μέσα** *à l'intérieur de*, **πίσω** *derrière*) **πάνω** *au-dessus / sur*, **ανάμεσα** *entre*, **κάτω** *au-dessous / sous*, et **μακριά** *loin de* servent à indiquer des positions relatives ; certaines sont suivies d'une préposition comme **από** ou **σε** suivie de l'accusatif :

Adverbe	Préposition	Adverbe	Préposition	Adverbe	Préposition
μακριά	+ από	πάνω	+ από/σε	ανάμεσα	+ σε
απέναντι		μπροστά		δίπλα	
έξω				μέσα	
κάτω					
πίσω					

Exemples avec **η τράπεζα** *la banque*, comme point de référence :
Μήπως ξέρετε πού είναι η τράπεζα; *Peut-être savez-vous où est la banque ?*
Η τράπεζα είναι πίσω από το σχολείο. *La banque est derrière l'école.*
Το καφενείο είναι μακριά από την τράπεζα. *Le café est loin de la banque.*

LES CHIFFRES DE 11 À 100

Les numéraux cardinaux sont généralement invariables jusqu'à 100, à l'exception de **ένας**, **μία**, **ένα** *un/une* qui s'accorde pour les trois genres et **τρεις** (m./f.) **τρία** (n.) *trois* et **τέσσερις** (m./f.) et **τέσσερα** (n.) *quatre* qui eux s'accordent mais n'ont qu'une forme pour le masculin et le féminin. Pour 11 et 12, il existe des numéraux synthétiques où l'unité précède la dizaine : **έντεκα** *onze* et **δώδεκα** *douze*. Voici les nombres cardinaux de 10 à 19 :

11	έντεκα	14	δεκατέσσερα	17	δεκαεπτά
12	δώδεκα	15	δεκαπέντε	18	δεκαοχτώ
13	δεκατρία	16	δεκαέξι	19	δεκαεννέα

Et voici les dizaines de 20 à 100 :

20	είκοσι	50	πενήντα	80	ογδόντα
30	τριάντα	60	εξήντα	90	ενενήντα
40	σαράντα	70	εβδομήντα	100	εκατό

Les unités s'ajoutent simplement après les dizaines : 55 → **πενήντα πέντε**, etc. Pour compter on utilise le neutre de 1, 3 et 4 (**ένα**, **τρία**, **τέσσερα**) : 21 → **είκοσι ένα** ; 33 → **τριάντα τρία** ; 44 → **σαράντα τέσσερα**.

▲ CONJUGAISON
LES VERBES DE DÉPLACEMENT *ΠΑΩ* ET *ΠΗΓΑΙΝΩ*

Au français je vais, il existe en grec deux verbes de déplacement :

– **πηγαίνω** qui exprime un déplacement effectué régulièrement, tous les jours : **Πηγαίνω στη(ν) δουλειά.** *Je vais (souvent / tous les jours) au travail*. Il suit la conjugaison des verbes en **-ω**.
– **πάω** qui indique un déplacement fait une seule fois et dans un seul sens : **Πάω στη(ν) δουλειά** *Je vais (maintenant) au travail*. Il suit le modèle de la conjugaison réduite : **πάω, πας, πάει, πάμε, πάτε, πάν(ε)**.

Lorsque la destination (à ou vers) concerne *la maison* (**το σπίτι**), *l'école* (**το σχολείο**) ou *le cinéma* (**το σινεμά**) on n'emploie, la plupart du temps, ni article ni préposition : **Πάει σινεμά** *Il/elle au cinéma*. **Πάμε σπίτι.** *Nous allons à la maison.*

EXERCICES

01. METTEZ LES SUBSTANTIFS (SIGNALÉS EN COULEUR) À L'ACCUSATIF SINGULIER.

a. Ακούει τις συζητήσεις. → _ _ _ _ _ _ _ _ _ _ _

b. Βρίσκουν τις γάτες μπροστά από την πόρτα. → _ _ _ _ _ _ _ _ _ _ _

c. Γνωρίζουμε αυτούς τους μουσικούς. → _ _ _ _ _ _ _ _ _ _ _

d. Δεν μιλάει σε αγνώστους. → _ _ _ _ _ _ _ _ _ _ _

e. Δεν βλέπω τα κλειδιά. Δεν ξέρω πού είναι. → _ _ _ _ _ _ _ _ _ _ _

02. ÉCRIVEZ-LES NOMBRES EN GREC ET VÉRIFIEZ VOS RÉPONSES EN ÉCOUTANT L'ENREGISTREMENT.

a. 32 → _ _ _ _ _ _ _ _ _ _ _ _ _ _ _ _ _ _ _ .

b. 49 → _ _ _ _ _ _ _ _ _ _ _ _ _ _ _ _ _ _ _ .

c. 65 → _ _ _ _ _ _ _ _ _ _ _ _ _ _ _ _ _ _ _ .

d. 87 → _ _ _ _ _ _ _ _ _ _ _ _ _ _ _ _ _ _ _ .

e. 112 → _ _ _ _ _ _ _ _ _ _ _ _ _ _ _ _ _ _ _ .

03. METTEZ LES PRÉPOSITIONS *ΑΠΟ* OU *ΣΕ* (COMPOSÉES AVEC ARTICLE DÉFINI) QUI CONVIENNENT.

a. Έχει πολύ θόρυβο μέσα _ _ _ _ _ _ _ _ _ _ _ καφενείο.

b. Είμαι _ _ _ _ _ _ _ _ _ _ _ τράπεζα κοντά _ _ _ _ _ _ _ _ _ _ _ λεωφόρο.

c. Το σχολείο είναι απέναντι από _ _ _ _ _ _ _ _ _ _ _ τράπεζα.

d. Βρίσκομαι μπροστά _ _ _ _ _ _ _ _ _ _ _ ΑΤΜ και είναι χαλασμένο.

e. Δεν έχω το κλειδί, είναι πίσω _ _ _ _ _ _ _ _ _ _ _ την πόρτα.

f. Ακούω τη(ν) συζήτησή τους _ _ _ _ _ _ _ _ _ _ _ στη ταράτσα.

g. Κάθεται ανάμεσα _ _ _ _ _ _ _ _ _ _ _ δύο φίλες της.

h. Η γάτα είναι κάτω _ _ _ _ _ _ _ _ _ _ _ το αυτοκίνητο.

i. Η Αθήνα είναι πολύ μακριά _ _ _ _ _ _ _ _ _ _ _ τις Βρυξέλλες.

VOCABULAIRE

άγνωστος -η -ο *inconnu*
πειράζω *je dérange*
μήπως *peut-être*
ξέρω *je sais*
πέρα *là-bas*
βλέπω *je vois*
τράπεζα (η) *banque*
γειτονιά (η) *quartier*
σίγουρα *sûrement*
κοντά *près*
βρίσκω/βρίσκομαι *je trouve / je me trouve*
λεωφόρος (η) *avenue*
κατά *contre / le long de*
μήκος (το) *longueur*
θάλασσα (η) *mer*
καφενείο (το) *café*
μαζί *avec*
για *pour*
βοήθεια (η) *aide*
δρόμος (ο) *route / rue*
πιο *plus*
θεός (ο) *Dieu*
έχει χαλάσει *il/elle est cassé / en panne*
λεπτό (το) *minute*
έλα! *viens !* (impératif)
καφές (ο) *café*
καθόλου *pas du tout*
λεφτά/λεπτά (τα) *argent*
κεράσω (θα/να ~) *je vais offrir* (ex. un café)
μηχάνημα (το) *machine*
χαλασμένος -η -ο *cassé(e)*
τυχερός -ή -ό *chanceux(-euse)*
δύο/δυο *deux*
καφεδάκι (το) *petit café* (diminutif de ο καφές *café*)
νεράκι (το) *eau* (diminutif το νερό *eau*)
δίπλα *à côté*
έξω (+ από) *dehors / hors (de)*
μπροστά *devant*
μέσα (σε + acc.) *dedans / à l'intérieur de*
πίσω *derrière*
ανάμεσα *entre*
κάτω *dessous*
μακριά *loin*
Συγγνώμη! *Pardon ! / Excusez-moi !*
Θεέ μου! *Mon Dieu !*
Δεν πειράζει! *Ça ne fait rien ! / Ce n'est pas grave !*

09.
LES JOURS DE LA SEMAINE
Οι μέρες της εβδομάδας

OBJECTIFS

- **ACTIVITÉS HEBDOMADAIRES**
- **ROUTINES DE LOISIRS**
- **INTERROGER SUR LES HABITUDES**
- **DÉCRIRE DES ACTIVITÉS DE DÉTENTE**

NOTIONS

- **LE GÉNITIF PLURIEL DES SUBSTANTIFS**
- **LES ADJECTIFS EN** *-ΟΣ -Η -Α -Ο*
- **L'ACCORD DES ADJECTIFS**
- **LES VERBES EN** *-AMAI*
- **L'ACCUSATIF DU COMPLÉMENT DE TEMPS**

QUAND TE REPOSES-TU ?

<u>Panos</u> : Hé, salut !

<u>Vasso</u> : Tout va bien ?

<u>Panos</u> : Oui, je vais jouer au basket maintenant.

<u>Vasso</u> : Aujourd'hui, [le] dimanche matin ?

<u>Panos</u> : Eh oui *(laisse-moi)*, je ne peux jamais rester *(m'asseoir)* [tranquille].

<u>Vasso</u> : Qu'est-ce que tu veux dire *(c'est-à-dire)* ?

<u>Panos</u> : En général, le lundi après-midi, je nage dans la piscine toute proche, le mardi après-midi, je vais courir, le mercredi soir, je vais au cinéma à vélo....

<u>Vasso</u> : Et le jeudi ?

<u>Panos</u> : Je joue souvent au théâtre avec des étudiants de l'université.

<u>Vasso</u> : Eh bien [mon vieux] *(bon)*, même le premier ministre du pays n'a pas un tel emploi du temps.

<u>Panos</u> : Ha ha, je suis passionné par toutes les activités, que veux-tu *(qu'est-ce qu'on y fait)* ?!

<u>Vasso</u> : Quand est-ce que tu te reposes ?

<u>Panos</u> : Le vendredi, mon camarade de classe nous emmène boire des bières et manger de façon décontractée.

<u>Vasso</u> : Oh, c'est un super plan ! Et le samedi ?

<u>Panos</u> : Je fais de l'équitation en été et de la gym en hiver !

<u>Vasso</u> : [Mais] *(hé)* ce n'est pas possible ! Ha ha ! Est-ce que tu sais ce qu'est le sommeil ?

<u>Panos</u>: Ha ha ! Et pourtant, je dors huit heures toutes les nuits.

<u>Vasso</u> : [Oui] *(d'accord)*, je te crois. Excellent ! Et cet après-midi ?

<u>Panos</u> : Je vide mon sac et je lave tous mes vêtements de sport *(de-gymnastique)*.

11 Πότε ξεκουράζεσαι;

<u>Ο Πάνος</u>: Έλα, γεια σου!

<u>Η Βάσω</u>: Όλα καλά;

<u>Ο Πάνος</u>: Ναι, πάω για μπάσκετ τώρα.

<u>Η Βάσω</u>: Σήμερα, Κυριακή πρωί;

<u>Ο Πάνος</u>: Ναι, άσε με, δε(ν) μπορώ να κάτσω ήσυχος ποτέ.

<u>Η Βάσω</u>: Δηλαδή;

<u>Ο Πάνος</u>: Συνήθως, τη(ν) Δευτέρα το μεσημέρι κολυμπάω στην πισίνα εδώ κοντά, την Τρίτη το απόγευμα πηγαίνω για τρέξιμο, την Τετάρτη το βράδυ πάω στο σινεμά με το ποδήλατο...

<u>Η Βάσω</u>: Και την Πέμπτη;

<u>Ο Πάνος</u>: Παίζω συχνά στο θέατρο με μερικούς φοιτητές από το πανεπιστήμιο.

<u>Η Βάσω</u>: Καλέ, ούτε ο πρωθυπουργός της χώρας δεν έχει τέτοιο πρόγραμμα.

<u>Ο Πάνος</u>: Χα χα, είμαι φαν όλων των δραστηριοτήτων, τι να κάνω!;

<u>Η Βάσω</u>: Πότε ξεκουράζεσαι;

<u>Ο Πάνος</u>: Την Παρασκευή ο συμμαθητής μου από το σχολείο μας βγάζει για μπύρες και φαγητό χαλαρά.

<u>Η Βάσω</u>: Α, αυτό είναι πολύ ωραίο πλάνο! Και τα Σάββατα;

<u>Ο Πάνος</u>: Κάνω ιππασία το καλοκαίρι και γυμναστήριο το χειμώνα!

<u>Η Βάσω</u>: Ε δεν παίζεσαι, χα χα! Ξέρεις τι είναι ο ύπνος;

<u>Ο Πάνος</u>: Χα χα! Και όμως, κοιμάμαι οκτώ ώρες κάθε βράδυ.

<u>Η Βάσω</u>: Εντάξει, σε πιστεύω. Μπράβο! Και σήμερα το απόγευμα;

<u>Ο Πάνος</u>: Αδειάζω την τσάντα μου και πλένω όλα τα ρούχα της γυμναστικής.

■ COMPRENDRE LE DIALOGUE
QUELQUES FORMULES ET EXPRESSIONS

→ **Έλα**, **γεια σου!** *Eh salut !* Pour les emplois idiomatiques de **έλα** voir paragraphe "Note culturelle".

→ **πάω για μπάσκετ**, *je vais faire du basket* (litt. "je-vais pour basket"). **Πηγαίνω για τρέξιμο**. *Je vais courir* (régulièrement). Le grec n'ayant pas d'infinitif, l'expression **πάω για** + subst. équivaut au français *je vais* + inf. : **Πάω για ψώνια**. *Je vais faire des courses* ("je-vais pour achats").

→ **να κάτσω ήσυχος** *(pour) rester au calme*. **να κάτσω** (ou **να καθίσω**) est le subjonctif de **κάθομαι** qui signifie à la fois *je m'assieds* ou *je suis assis*. Le verbe signifie également, selon le contexte, *j'habite* ou *je reste*.

→ **Καλέ!** *[Mon] vieux !* Il s'agit du vocatif de **καλός** *bon*, litt. "[mon] bon [ami]". **Καλέ** est une interjection couramment utilisée dans contexte informel et familier.

→ **μας βγάζει για μπύρες και φαγητό χαλαρά**. *il nous emmène* (litt. "il nous sort pour") *[boire] des bières et manger cool*. L'adverbe **χαλαρά** est dérivé de l'adjectif **χαλαρός -ή -ό** *détendu(e) / relâché(e)* et traduit l'idée de décontraction. Le verbe **βγάζω** *je sors (je fais sortir)* est employé, au sens propre ou figuré, pour traduire l'idée de *sortir*, d'*ôter (faire sortir)*, voire d'*aboutir*. Ici, le camarade "sort" ses amis pour boire des bières : **βγάζει για** + subst. équivaut donc à *sortir (pour)* + infinitif. Le thème aoriste est irrégulier (**να/θα**) **βγάλω** comme pour **πάω/πηγαίνω** et **βγαίνω**.

→ **Δεν παίζεσαι** *Tu es incroyable* litt. "tu es imbattable / tu es impossible". C'est une expression familière qui peut décrire quelqu'un qu'il est difficile de battre à un jeu, ou, de façon péjorative, avec qui il est difficile de traiter : **Δεν παίζεσαι, ρε φίλε! Ποτέ δεν με ακούς!** *Tu es impossible, mon [vieux]* ("ami") *! Tu ne m'écoutes jamais !* L'expression est dérivée du verbe **παίζομαι** *je participe* (à un jeu).

→ Les moments de la journée : *La journée* (**η ημέρα**) commence par le *matin* (**το πρωί**), *tôt* (**νωρίς**) en général, puis vient *le midi* (**μεσημέρι**). *L'après-midi* (**το απόγευμα**) se poursuit jusqu'au *soir* (**το βράδυ**) où l'on peut passer *une soirée* (**η βραδιά**) avec des amis. Ensuite, *plus tard* (**αργότερα**), vient *la nuit* (**η νύχτα**) qui marque la fin du jour. Ce processus se produit tous les jours ou *chaque jour* (**κάθε μέρα**). Le *week-end* (**το Σαββατοκύριακο** litt. "le samedi-dimanche") marque la fin de *la semaine* (**η εβδομάδα**).

→ Les saisons de l'année : *L'année* (**το έτος** ou **ο χρόνος**) commence avec le *printemps* (**η άνοιξη**), quand les jours rallongent et la météo devient plus *chaude* (**ζεστή**), bien que la *pluie* (**η βροχή**) puisse encore être fréquente. Vient ensuite *l'été* (**το καλοκαίρι**), généralement très chaud et *sec* (**ξηρός**) avec des épisodes de *canicule* (**ο καύσωνας**). C'est aussi le moment où souffle l'étésien, dit aussi *meltémi* (**το Μελτέμι**), un vent sec et fort du nord qui affecte une grande partie de la mer Égée et ses îles. Il fait baisser les températures torrides de l'été. *L'automne* (**το φθινόπωρο**) suit, *la température* (**η θερμοκρασία**) baisse progressivement, *les feuilles des arbres* (**τα φύλλα των δέντρων**) changent de couleur et *le vent* (**ο άνεμος**) devient plus fréquent. Finalement, *l'hiver* (**ο χειμώνας**) arrive, où il fait généralement froid, avec parfois de *la neige* (**το χιόνι**) dans les montagnes et des *brouillards* (**οι ομίχλες**).

NOTE CULTURELLE

L'impératif **Έλα!** *Viens !* est utilisé dans plusieurs contextes autres que ceux de l'impératif. Elle sert souvent à dire *Bonjour* ou *Salut* de manière informelle : **Έλα, τι κάνεις;** *Salut, comment ça va ?*. Elle permet aussi d'exprimer l'incrédulité ou la surprise : **Έλα, αλήθεια;** *Allez, c'est vrai ?*. Elle peut marquer aussi l'impatience **Έλα τώρα!** *Viens maintenant, [allez] !* Elle peut accompagner un encouragement, une incitation ou une invitation à passer à l'action : **Έλα, μπορείς να το κάνεις!** *Allez, tu peux le faire !* ; **Έλα, πάμε για φαγητό.** *Allez, on va manger !* On remarque donc un usage assez similaire au français *allez*.

◆ GRAMMAIRE
LE GÉNITIF PLURIEL DES SUBSTANTIFS

– Pour former le génitif pluriel, on ajoute la terminaison **-ων**.
– Les masculins terminés par **-ος** et les neutres terminés par **-ο** au singulier prennent la désinence **-ων** au pluriel :

το αυτοκίνητο *la voiture* → **οι αριθμοί των αυτοκινήτων** *les numéros des voitures* ;
ο δημοσιογράφος *le journaliste* → **η δουλειά των δημοσιογράφων** *le travail des journalistes*.

– Les féminins terminés par **-η** ou **-α** au singulier prennent un **-ν** final au pluriel :
η τράπεζα *la banque* → **τα έγγραφα των τραπεζών** *les documents des banques*.

– La plupart des masculins terminés par **-ης** ou **-ας** au singulier deviennent **-ων** au pluriel :
ο φοιτητής *l'étudiant* → **το διαμέρισμα των φοιτητών** *l'appartement des étudiants* ;
ο γείτονας *le voisin* → **ο θόρυβος των γειτόνων** *le bruit des voisins*.

LES ADJECTIFS EN *-ΟΣ -Η / -Α -Ο*

La plupart de adjectifs (au nominatif) sont terminés en **-ος** au masculin, en **-η** ou **-(ι)α** au féminin et en **-ο** au neutre.

Les adjectifs de type **ήσυχος** calme prennent la terminaison **-η** au féminin singulier :

	Singulier			Pluriel		
	m.	f.	n.	m.	f.	n.
Nom.	ήσυχος	ήσυχη	ήσυχο	ήσυχοι	ήσυχες	ήσυχα
Acc.	ήσυχο	ήσυχη	ήσυχο	ήσυχους	ήσυχες	ήσυχα
Gén.	ήσυχου	ήσυχης	ήσυχου	ήσυχων	ήσυχων	ήσυχων

Les adjectifs de type **ωραίος** beau, qui ont une voyelle ou groupe de voyelles **α**, **ι**, **η**, **υ**, **ει**, **οι**, **ε**, **αι**, **ο**, **ω**, **ου** avant la terminaison **-ος** prennent la terminaison **-α** au féminin singulier :

	Singulier			Pluriel		
	m.	f.	n.	m.	f.	n.
Nom.	ωραίος	ωραία	ωραίο	ωραίοι	ωραίες	ωραία
Acc.	ωραίο	ωραία	ωραίο	ωραίους	ωραίες	ωραία
Gén.	ωραίου	ωραίας	ωραίου	ωραίων	ωραίων	ωραίων

Notez qu'il existe des adjectifs masculins terminés en **-ης** au nominatif singulier (nous les verrons plus loin).

L'ACCUSATIF DU COMPLÉMENT DE TEMPS

À la question commençant par **πότε ...;** quand... ? on peut répondre par un adverbe de temps comme **νωρίς** tôt, **αργά** tard, **εγκαίρως** à l'heure, **μετά** après ou des substantifs à l'accusatif **το πρωί** le matin, **το απόγευμα** l'après-midi, **το βράδυ** le soir ou encore des jours de semaine : **Πότε ξεκουράζεσαι;** Quand te reposes-tu ? **Την Παρασκευή.** Le vendredi.

Le complément circonstanciel de temps, avec ou sans préposition, est donc toujours à l'accusatif.

L'ACCORD DES ADJECTIFS

Comme nous l'avons vu, les adjectifs s'accordent en genre, en nombre et en cas avec le nom auquel ils se rapportent: **Μια ήσυχη μέρα.** → *Une journée calme.* **Ήσυχες μέρες.** → *Des journées calmes.*

L'adjectif interrogatif **ποιος -α -ο** *quel/quelle/lequel/laquelle* s'accorde avec le substantif : **Ποια μπύρα θέλεις;** *Quelle bière veux-tu ?* **Ποιοι φοιτητές είναι εδώ αυτήν την εβδομάδα;** *Quels étudiants sont là cette semaine ?*

▲ CONJUGAISON
LE PRÉSENT DE L'INDICATIF DES VERBES EN *-ΑΜΑΙ*

Les verbes du sous-groupe **Γ2** du Type 3 se terminent en **-άμαι**. Ils sont quatre en tout et n'existent d'ailleurs qu'à la forme médio-passive : **φοβάμαι** *je crains*, **θυμάμαι** *je me souviens*, **κοιμάμαι** *je dors* et **λυπάμαι** *je regrette*. Ces verbes possèdent des terminaisons différentes des autres verbes ; l'accent porte sur les terminaisons.

Le verbe **κοιμάμαι** *je dors* :

Conjugaison	Singulier	Pluriel
Type 3 (**Γ2**)	**κοιμάμαι/ούμαι** *je dors*	**κοιμόμαστε** *nous dormons*
	κοιμάσαι *tu dors*	**κοιμάστε/όσαστε** *vous dormez*
	κοιμάται *il/elle dort*	**κοιμούνται** *ils/elles dorment*

Le verbe **φοβάμαι** *je crains* :

Conjugaison	Singulier	Pluriel
Type 3 (**Γ2**)	**φοβάμαι/ούμαι** *je crains*	**φοβόμαστε** *nous craignons*
	φοβάσαι *tu crains*	**φοβάστε/όσαστε** *vous craignez*
	φοβάται *il/elle craint*	**φοβούνται** *ils/elles craignent*

Il est à noter que dans certaines régions et dans des contextes formels, on utilise des formes alternatives pour la première personne du singulier et la deuxième personne du pluriel, comme **φοβούμαι** *je crains* et **φοβόσαστε** *vous craignez*.

EXERCICES

01. ÉCOUTEZ L'ENREGISTREMENT, PUIS COMPLÉTEZ LES PHRASES.

a. Κάθε μέρα, _____ το πρωί.

b. Ποιο είναι _____ για σήμερα;

c. Τη Δευτέρα, _____ από _____ του Σαββατοκύριακου.

d. Τα παιδιά _____ στο σχολείο _____.

e. _____ πηγαίνει _____.

f. _____ , μου αρέσει _____ με τους φίλους μου μετά τη(ν) δουλειά.

02. METTEZ LES TERMINAISONS DES ADJECTIFS QUI CONVIENNENT.

a. Αυτός είναι ο τρίτ___ όροφος.

b. Οι γείτονές μας έχουν πολύ ήσυχ___ γάτες.

c. Ο γιος σας έχει ένα καλ___ ποδήλατο.

d. Αυτ___ η γυναίκα έχει ωραί___ ρούχα.

e. Είμαι νέ___ φαν της ιππασίας.

f. Εδώ είναι τα προσωπικ___ σας έγγραφα.

g. Ο Βασίλης είναι ένας νέ___ συμμαθητής.

03. CONJUGUEZ LE VERBE *ΦΟΒΑΜΑΙ* OU *ΚΟΙΜΑΜΑΙ*.

a. Της αρέσει η ιππασία αλλά _____ λίγο.

b. _____ να μείνεις εδώ μόνη σου απόψε.

c. Τα παιδιά είναι πολύ κουρασμένα και _____ ακόμα.

d. Ποιος _____ να περάσει από αυτόν τον δρόμο τη(ν) νύχτα;

e. _____ καλά μετά τη(ν) γυμναστική;

f. Συχνά _____ στο θέατρο.

04. METTEZ LES SUBSTANTIFS SIGNALÉS EN COULEUR AU GÉNITIF SINGULIER.

a. Ο γιος των γειτόνων έχει το κλειδί.

b. Πού βρίσκονται τα έγγραφα των τραπεζών;

c. Δεν ξέρω το πρόγραμμα των δραστηριοτήτων.

d. Τα ρούχα γυμναστικής των φοιτητών είναι στο αυτοκίνητο.

e. Ξέρεις το όνομα των καφενείων;

VOCABULAIRE

εβδομάδα (η) *semaine*
όλος -η -ο *tout(e)*
μπάσκετ (το) *basketball*
πρωί (το) *matin*
άσε! *(impératif de* αφήνω) *laisse !*
να κάτσω *que je m'assois / que je reste assis(e)* (du verbe καθίζω *j'assois /* κάθομαι *je m'assois*)
ήσυχος -η -ο *calme*
ποτέ *jamais*
δηλαδή *c'est-à-dire*
συνήθως *habituellement*
μεσημέρι (το) *midi*
κολυμπάω *je nage*
πισίνα (η) *piscine*
απόγευμα (το) *après-midi*
τρέξιμο (το) *course à pied*
βράδυ (το) *soir*
ποδήλατο (το) *vélo / bicyclette*
παίζω *je joue*
συχνά *souvent*
θέατρο (το) *théâtre*
μερικός -ή -ό *quelque*
πανεπιστήμιο (το) *université*
καλέ *(eh bien) mon vieux / mon bon*
ούτε *ni*
πρωθυπουργός (ο) *premier ministre*
χώρα (η) *pays*
τέτοιος -α -ο *tel*
πρόγραμμα (το) *programme*
χα *ha* (rire)
φαν (ο) *fan* (mot anglais)
δραστηριότητα (η) *activité*
πότε *quand*
ξεκουράζομαι *je me repose*
συμμαθητής (ο) *camarade* (de classe/de cours)
βγάζω *je sors / je retire*
μπύρα (η) *bière*
φαγητό (το) *nourriture*
χαλαρά *cool / de façon détendue (relax)*
χαλαρός -ή -ό *détendu*
ωραίος -α -ο *beau*
πλάνο (το) *plan*
ιππασία (η) *équitation*
καλοκαίρι (το) *été*
γυμναστήριο (το) *gymnase*
χειμώνας (ο) *hiver*
ύπνος (ο) *sommeil*
όμως *cependant*
κοιμάμαι *je dors*
οκτώ *huit*
ώρα (η) *heure*
πιστεύω *je crois*
αδειάζω *je vide*
τσάντα (η) *sac*
πλένω *je lave*
ρούχα (τα) *vêtements*
γυμναστικός -ή -ό *gymnastique* (adjectif)
νωρίς *tôt*
αργά *tard*
νύχτα (η) *nuit*
Σαββατοκύριακο (το) *week-end*
χρόνος (ο) *temps / année*
άνοιξη (η) *printemps*
ζέστη (η) *chaleur*
θερμοκρασία (η) *température*

10.
L'HEURE
Η ώρα

OBJECTIFS

- L'URGENCE ET LA PRÉCIPITATION
- CHERCHER DES OBJETS
- PRÉVOIR UN REPAS
- COMMENT EXPRIMER AVOIR FAIM ET SOIF
- DEMANDER ET INDIQUER LA DURÉE
- DISCUTER DES OBLIGATIONS

NOTIONS

- QUELQUES EXCLAMATIONS
- FORMATION DU THÈME AORISTE
- LA CONJUGAISON RÉDUITE
- LA NÉGATION DU SUBJONCTIF

JE SUIS PRESSÉE

Angeliki : Oh, je vois l'heure maintenant ! Oh là !

Kostas : Où vas-tu ? Tu ne veux pas manger *(que nous mangions)* ?

Angeliki : Non désolée, je suis pressée ! Où sont mes clés et mes lunettes ?

Kostas : Les clés sont sur la chaise et les lunettes sont à côté de l'ordinateur, je crois. Si tu cherches la crème pour les mains, elle est dans la salle de bain. Qu'est-ce qu'il y a *(ma chère)* ?

Angeliki : J'ai une leçon de conduite et je dois partir maintenant pour ne pas être en retard. Mais après, nous pourrons déjeuner ensemble si tu veux.

Kostas : C'est aujourd'hui la leçon ? Combien de temp dure *(est)* la leçon ?

Angeliki : Je suis pressée, je te dis ! Cela prend environ une heure.

Kostas : Bon, d'accord, dans ce cas, je pense que je vais préparer autre chose à manger. Que dirais-tu d'un gratin de pommes de terre et des morceaux de poulet ?

Angeliki : Mmmm… Je salive déjà… Il faut que j'y aille quand même ! J'ai hâte de manger !

Kostas : Oui, oui, désolé, très bien, je vais préparer le repas alors et t'attendre. Oh, et nous pouvons prendre un peu de vin de Bordeaux que j'ai.

Angeliki : Super, à plus tard ! Je t'envoie un texto ou je t'appelle quand j'ai fini.

Kostas : Très bien, bisous, bonne leçon ! Hé…

Angeliki : Qu'est-ce qu'il y a encore ?

Kostas :… tu es vraiment mignonne dans cette robe !

Angeliki : Merci.

12 Βιάζομαι

Η Αγγελική: Ωχ, τώρα είδα την ώρα! Πω, πω!

Ο Κώστας: Πού πας; Δεν θέλεις να φάμε;

Η Αγγελική: Όχι συγγνώμη, βιάζομαι! Πού είναι τα κλειδιά και τα γυαλιά μου;

Ο Κώστας: Τα κλειδιά είναι στην καρέκλα και τα γυαλιά δίπλα στον υπολογιστή, νομίζω. Εάν ψάχνεις για την κρέμα για τα χέρια, είναι στο μπάνιο. Τι έγινε καλέ;

Η Αγγελική: Έχω μάθημα οδήγησης και πρέπει να φύγω τώρα για να μην αργήσω. Μετά όμως μπορούμε να φάμε μαζί εάν θέλεις.

Ο Κώστας: Σήμερα είναι το μάθημα; Πόση ώρα είναι το μάθημα;

Η Αγγελική: Βιάζομαι σου λέω! Κρατάει περίπου μια ωρίτσα.

Ο Κώστας: Ωραία, εντάξει, σε αυτήν την περίπτωση λέω να ετοιμάσω και κάτι άλλο ακόμα να φάμε. Τι λες για πατάτες ογκρατέν και κοτοπουλάκι;

Η Αγγελική: Μμμμ... Μού τρέχουν τα σάλια ήδη... Πρέπει να φύγω όμως! Ανυπομονώ να φάω!

Ο Κώστας: Ναι, ναι, συγγνώμη, ωραία, ετοιμάζω εγώ το φαγητό τότε και σε περιμένω. Α, και μπορούμε να πιούμε και ένα κρασάκι που έχω από το Μπορντό.

Η Αγγελική: Τέλεια, τα λέμε μετά! Θα σου στείλω ένα μήνυμα ή θα σου τηλεφωνήσω όταν τελειώσω.

Ο Κώστας: Έγινε, φιλάκια, καλό μάθημα! Εεε...

Η Αγγελική: Τι είναι τώρα;

Ο Κώστας: ... είσαι πολύ κουκλάρα μ' αυτό το φόρεμα!

Η Αγγελική: Ευχαριστώ.

COMPRENDRE LE DIALOGUE
QUELQUES FORMULES ET EXPRESSIONS

→ **Να πας στο καλό!** ou parfois simplement **Στο καλό!** *Au revoir !* (litt. "portez-vous bien !" ou "Porte-toi bien !"). L'expression n'a pas d'équivalent courant en français. Elle est employée pour prendre congé en souhaitant implicitement bonne chance pour la suite.

→ **λέω να ετοιμάσω** *j'ai l'intention de préparer* (litt. "je dis que je prépare"). L'expression **λέω** + **να** *je dis que…* suivie du subjonctif, à la première personne (*je* ou *nous*), équivaut à "avoir l'intention de" : **λέω να πάω**, *j'ai l'intention d'aller* ou *je compte aller*. Lorsque cette construction est à une autre personne que la 1re, elle équivaut à penser ou croire : **Λες να είναι έτοιμο;** *Tu penses/crois que c'est prêt ?* (litt. "tu dis qu'il soit prêt").

→ **πρέπει να φύγω** *je dois partir*. À l'expression française *je dois* correspond en grec la construction impersonnelle **πρέπει να** + subj. équivalente à *il faut que je*. S'il s'agit d'une action ponctuelle (momentanée) on emploiera le thème aoriste (momentané) du verbe : **Πρέπει να σου πω κάτι.** *Il faut que je te dise quelque chose.* Vous connaissez maintenant le couple verbal **λέω/πω** *je dis*.

→ **Ανυπομονώ να φάω.** *J'ai hâte de manger.* Le verbe **ανυπομονώ** (litt. "je suis impatient"), verbe de Type 2 (**B2** en **-ώ -είς -εί**), est suivi du subjonctif (en **να**) pour exprimer l'idée d'avoir hâte ou d'être impatient de faire quelque chose.

→ **φιλάκια** *bisous*. Il s'agit du diminutif en **-άκι** de **το φιλί** *le baiser* à connotation affective.

→ **σε αυτήν την περίπτωση** ou **σ᾽ αυτήν την περίπτωση** *dans ce cas*. La plupart du temps, la préposition **σε** s'élide devant un mot commençant par une voyelle : **σε αυτήν** → **σ'αυτήν** *dans/en cette*.

→ **Τι έγινε καλέ;** *Que se passe-t-il mon vieux ?* L'expression **Τι έγινε;** est au passé : *Que s'est-il passé ?* On peut rendre en français au présent *Qu'est-ce qui se passe ? Qu'est-ce qu'il y a ?* Le même verbe au passé **Έγινε**, sert à marquer son accord : *Entendu ! / D'accord !* ou *OK !* L'expression est synonyme de **Εντάξει**.

→ **Θα σου στείλω (…) θα σου τηλεφωνήσω.** *Je t'enverrai (…) je te téléphonerai.* La particule **θα** est la marque du futur comme **να** est celle du subjonctif. Nous verrons ce point ultérieurement.

→ **Πω, πω!** *Oh là là !* Expression populaire fréquente pour manifester son étonnement ou sa surprise. Voici quelques exclamations courantes : **γρήγορα!** *vite !* ; **βέβαια!** *bien sûr !* ; **ευτυχώς!** *heureusement* ; **δυστυχώς!** *Malheureu-sement !* ; **ωραία!** *parfait !* ; **σοβαρά;** *c'est vrai ? / sérieux ?*

→ **Έχω όρεξη για χωριάτικη σαλάτα.** *J'ai envie d'une salade grecque* (litt. " paysanne salade "). L'expression **έχω όρεξη για** permet d'exprimer le désir ou l'envie de manger ou boire quelque chose. **Μού τρέχουν τα σάλια** *J'en ai l'eau à la bouche.*

L'expression est construite avec le pluriel de **το σάλιο** *la salive*, litt. *le salives m'[en] coulent*. Pour exprimer la faim ou la soif : **πεινάω**, *j'ai faim* ; **διψάω** (ou **διψώ**) *j'ai soif*.

→ Demander et indiquer la durée : **Κρατάει περίπου μία ωρίτσα**. *Cela dure environ une (petite) heure*. Le verbe **κρατάει** (ou **κρατά**) *il/elle tient*, sert à exprimer l'idée de durer. L'adjectif interrogatif **πόσος**, **πόση**, **πόσο** *combien de* sert à interroger sur la durée et s'accorde avec **ο καιρός** *le temps*, **η ώρα** *l'heure* ou **ο μήνας** *le mois* (nous verrons l'année plus loin) : **Πόσον καιρό...; Πόση ώρα...;** Les deux se rendent en français par *Combien de temps… ?* ou *Depuis combien de temps… ?* selon le contexte : **Πόσον καιρό δουλεύεις σ' αυτό το γραφείο;** *[Depuis] combien de temps travailles-tu dans ce bureau ?* ; **Πόσον καιρό έχεις/είσαι στην Ελλάδα;** *[Depuis] combien de temps es-tu en Grèce ?* (litt. "as-tu"). Exemple de réponse : **έχω τρεις μήνες** *ça fait trois mois*. **Πόση ώρα κρατάει το ταξίδι;** *Combien de temps dure le voyage ?* Exemple réponse : **κρατάει δυο ώρες** *il dure deux heures* ; **Πόση ώρα περιμένεις εδώ;** *Depuis combien de temps attendez-vous ici ?* / **Πόση ώρα θέλει;** *Combien de temps faut-il ?*

NOTE CULTURELLE

La cuisine grecque, à l'intersection de l'Orient et de l'Occident, est une part primordiale de la vie et la culture du pays. Dans ce dialogue, notre protagoniste prépare des **Πατάτες ογκρατέν**, *un gratin de pommes de terre*, où le terme **ογκρατέν** peut désigner le type de préparation ou le plat lui-même. La gastronomie grecque intègre des influences variées, avec des termes empruntés à différentes langues. **Le baklava** (**ο μπακλαβάς**), dessert sucré à base de pâte phyllo, noix hachées et sirop ou miel, tire son nom du turc. **La moussaka** (**ο μουσακάς**), plat emblématique d'aubergines, viande hachée et sauce béchamel, vient de l'arabe ***musaqqa'a***. L'influence italienne se retrouve dans **le pastitsio** (**το παστίτσιο**), plat de pâtes au four avec viande hachée et sauce béchamel, et **la féta** (**η φέτα**), fromage blanc en tranche, les deux termes étant d'origine italienne. La **bougatsa** (**η μπουγάτσα**), dessert à base de pâte phyllo et crème, doit son nom à un terme turc issu de l'italien ***focaccia***. Enfin, **le(s) dolma(s)** (**ο ντολμάς / οι ντολμάδες**), préparation typique de feuilles de vigne farcies, vient du turc ***dolma*** *(rempli)*. Chacun de ces plats, porteur de son héritage linguistique, est devenu indissociable de l'identité culinaire grecque.

◆ GRAMMAIRE
FORMATION DU THÈME AORISTE

Vous avez noté certainement la différence de radical entre **ετοιμάζω** *je prépare* (thème présent/continu) et le subjonctif (**να**) **ετοιμάσω** (thème aoriste/momentané) est un exemple de la formation du radical (ou thème) aoriste : **ετοιμάζ- /ετοιμάσ-** sont les deux radicaux présent/aoriste de ce verbe.

– Pour former le thème aoriste (momentané) des verbes réguliers actifs de Type 1 (**A**) on ajoute un **σ** à la fin du radical présent. Le suffixe **σ** suit la voyelle finale : **ακούω** (j'écoute) → **ακούσω**.

Le suffixe **σ** peut fusionner avec la consonne finale du radical :
– **ζ + σ → σ** : **αδειάζω** je vide → **αδεια[ζ +σ]ω → αδειάσω**
– **ν + σ → σ** : **τελειώνω** je termine → **τελειω[ν +σ]ω → τελειώσω**.
– **φ /β /π + σ → ψ** : **δουλεύω** je travaille [ευ/εβ] → **δουλε[β +σ]ω → δουλέψω**
– **κ /γ /χ + σ → ξ** : **ανοίγω** j'ouvre → **ανοί[γ +σ]ω → ανοίξω**

– Pour les verbes irréguliers, la transformation est presque impossible à prédire, car le thème aoriste diffère du thème présent au point d'être construit sur un radical totalement différent. Parmi les verbes déjà abordés il y a : **φεύγω → φύγω** je pars ; **πίνω → πιω** je bois ; **τρώω → φάω** je mange ; **βλέπω → δω** je vois ; **στέλνω → στείλω** j'envoie .

– Certains verbes courants comme **έχω** j'ai, **είμαι** je suis, **κάνω** je fais et **ξέρω** je sais ne changent pas de radical à l'aoriste : **Για να είμαι στην ώρα μου.** Pour que je sois à l'heure.

▲ CONJUGAISON
LA CONJUGAISON RÉDUITE

Comme **λέω** je dis ; **πάω** je vais, les verbes **ακούω** j'écoute / j'entends et **φάω** je mange, suivent le modèle de conjugaison réduite au présent réduites : **-ω, -ς, -ει, -με, -τε, -νε**.

Le verbe **ακούω** j'écoute / j'entends :

Conjugaison	Singulier	Pluriel
Type 1/2 (**AB**)	**ακούω** [j']entends	**ακούμε** [nous] entendons
	ακούς [tu] entends	**ακούτε** [vous] entendez
	ακούει [il/elle] entend	**ακούνε** [ils/elles] entendent

LA NÉGATION DU SUBJONCTIF

La particule **δε(ν)** ne... pas est utilisée par la négation au mode indicatif.
Au subjonctif, **μη(ν)** ne... pas remplace **δεν** après **να** : **Πώς να μην τον σκέφτομαι;** Comment ne pas y penser ("que je n'y pense pas") ? Souvenez vous que **να** + subjonctif peut remplacer l'infinitif : **δεν αργώ** je ne traîne/tarde pas, je ne suis pas en retard → **να μην αργήσω** que je ne tarde pas, etc. Le radical **αργήσ-** correspond au thème aoriste de Type 2 (**B1** et **B2**) que nous verrons plus loin.

VOCABULAIRE

είδα *j'ai vu*
να φάμε *que nous mangions*
βιάζομαι *je me presse*
καρέκλα (η) *chaise*
γυαλιά (τα) *lunettes*
υπολογιστής (ο) *ordinateur*
νομίζω *je pense*
κρέμα (η) *crème*
χέρι (το) *main*
μπάνιο (το) *bain / salle de bain*
μάθημα (το) *leçon*
οδήγηση (η) *conduite*
πρέπει (να) *il faut que / je dois*
φύγω (φεύγω) *je pars*
αργώ *je suis en retard*
καταλαβαίνω *je comprends*
πόσος -η -ο *combien de*
κρατάει *il/elle dure*
περίπου *environ*
ωρίτσα (η) *(petite) heure*
περίπτωση (η) *cas / occasion*
κάτι *quelque chose*
πατάτα (η) *pomme de terre*
ογκρατέν (το) *gratin (de pommes de terre)*
κοτόπουλο/κοτοπουλάκι (το) *(petit) poulet*
τρέχω *je cours*
σάλιο (το) *salive*
τότε *alors*
περιμένω *j'attends*
ανυπομονώ *j'ai hâte*
φάω (τρώω) *je mange*
πίνω *je bois*
κρασί/κρασάκι (το) *(petit) vin*
τέλεια (adverbe) *parfait*
στείλω (στέλνω) *j'envoie*
τηλεφωνώ *j'appelle (au téléphone)*
όταν *quand*
τελειώνω *je finis*
φιλί/φιλάκι (το) *baiser / bise (bisou)*
κουκλάρα (η) *jolie fille (diminutif de η κούκλα poupée)*
φόρεμα (το) *robe*
έτοιμος -η -ο *prêt(e)*

◆ EXERCICES

01. ÉCOUTEZ L'ENREGISTREMENT, PUIS COMPLÉTEZ LES PHRASES.

a. _____ τα γυαλιά μου. Μήπως _____ ;

b. Μετά _____, μπορούμε_____ .

c. _____ να μας στείλει _____ .

d. _____γιατί _____ το φαγητό.

e. _____ , συνήθως _____ στην πισίνα της γειτονιάς.

02. INSÉREZ ET CONJUGUEZ LES VERBES *ΛΕΩ, ΠΑΩ, ΑΚΟΥΩ*, ET *ΦΑΩ* DANS LA PHRASE QUI CONVIENT.

a. Τι _____ για μια μπύρα μετά τη(ν) δουλειά;

b. Δεν _____ το θόρυβο των αυτοκινήτων από εδώ.

c. Θέλει να _____ στη θάλασσα σήμερα το απόγευμα.

d. Γιατί νιαουρίζουν οι γάτες; Θέλουν να _____.

03. FORMULEZ LES QUESTIONS ET LES RÉPONSES SUR LA DURÉE AVEC LES MOTS PROPOSÉS.

a. θα μείνεις – εδώ / 2 – εβδομάδα
→_____;_____ .

b. έχεις – Αθήνα / 3 – μήνας
→_____;_____ .

c. κρατάει – το μάθημα / 2 ώρες – περίπου
→_____;_____ .

d. περιμένει – έξω – η πόρτα; / 1 – ώρα τώρα – περίπου
→_____;_____ .

04. METTEZ LA NÉGATION *ΔΕΝ* OU *ΜΗΝ* QUI CONVIENT.

a. Βιάζομαι για να _____ αργήσω.

b. _____ πίνω γιατί έχω μάθημα οδήγησης.

c. Πηγαίνω για τρέξιμο για να _____ κάθομαι όλη μέρα.

11.
LE PETIT-DÉJEUNER

Το πρωινό

OBJECTIFS	NOTIONS
• LE CONFORT DE VIE	• L'EXHORTATION
• ENVIRONNEMENT RÉSIDENTIEL	• L'EXPRESSION DU PASSÉ
• LES REPAS DE LA JOURNÉE	• L'IMPÉRATIF ET L'ASPECT
• DÉBATTRE SUR LES CHOIX	
• COMMENT EXPRIMER AVOIR RAISON OU TORT	
• COMPARER LES PRIX	
• LES ACTIVITÉS DE LOISIRS	

ALLONS PRENDRE LE PETIT DÉJEUNER !

Angeliki : Bonjour, tu as bien dormi ?

Yorgos : Bonjour, très bien. Le nouveau matelas rend le lit très confortable ! Le matelas de la maison de mes parents est très mauvais. J'ai mal au dos tous les matins.

Angeliki : Super, je suis très contente ! Ils devraient le changer à la première occasion.

Yorgos : En plus, la chambre ici est du côté calme de la rue.

Angeliki : Oui, la cour intérieure est très calme. Il n'y a pas de vue, mais on dort mieux quand même. Je prépare le petit déjeuner ? Tu veux du café au lait ? Un verre de jus d'orange ?

Yorgos : Ah, oui, c'est ce que je prends *(mange)* toujours. Mais, regarde dehors *(jette un coup d'œil)*, quel beau soleil *(c'est celui-ci)* ! On ne pourrait pas prendre un café dehors, au soleil ?

Angeliki : Oh, tu as raison, Yorgos. C'est un temps parfait. Tu es aussi difficile parce maintenant tu fais un régime en même temps que ta salle de sport.

Yorgos : Je suis content, pour une fois nous sommes d'accord. On va au "Dyo Matia" *(Deux Yeux)* ? Celui qui fait un petit-déjeuner parfait à base d'avocat ? Tu t'en souviens ? Ton chien, Azor, s'était jeté sur *(couru pour manger)* le petit déjeuner des voisins !

Angélique : C'est parce qu'ils sont délicieux [justement]… Mais, [il n'y a] rien de nouveau là-bas ! Que dirais-tu d'aller plutôt dans ce café français qui a ouvert à côté de la place de la Constitution ?

Yorgos : Tu veux parler du *(dire)* "Fournil" ?

Angeliki : Oui ! Certaines mauvaises langues disent que c'est cher. Moi, je trouve que ce n'est pas cher, surtout par rapport aux cafés du centre ville.

Yorgos : Après nous pourrons aller aussi nous promener au jardin national avec Azor.

Angeliki : C'est vrai. Tu peux même y faire [ton] jogging.

13   Πάμε για πρωινό!

Η Αγγελική: Καλημέρα, πώς κοιμήθηκες;

Ο Γιώργος: Καλημέρα, πάρα πολύ καλά. Το καινούριο στρώμα κάνει το κρεβάτι πολύ άνετο! Το στρώμα στους γονείς μου είναι πολύ κακό. Η πλάτη μου πονάει κάθε πρωί.

Η Αγγελική: Μπράβο, χαίρομαι πολύ. Πρέπει να το αλλάξουν με την πρώτη ευκαιρία.

Ο Γιώργος: Επιπλέον, το δωμάτιο εδώ βρίσκεται στην ήσυχη πλευρά του δρόμου.

Η Αγγελική: Ναι, η αυλή είναι πολύ ήσυχη. Δεν έχει θέα, αλλά κοιμάσαι καλύτερα όμως. Να ετοιμάσω πρωινό; Θέλεις καφέ με γάλα; Ένα ποτήρι χυμό πορτοκάλι;

Ο Γιώργος: Αχ, ναι, αυτό τρώω πάντα. Αλλά, ρίξε μια ματιά έξω, τι ωραίος ήλιος είναι αυτός! Δε(ν) θα μπορούσαμε να πιούμε καφέ έξω στον ήλιο;

Η Αγγελική: Πω πω, Γιώργο, έχεις δίκιο. Έχει τέλειο καιρό. Είσαι και δύσκολος γιατί κάνεις δίαιτα μαζί με τη(ν) γυμναστική πια.

Ο Γιώργος: Χαίρομαι που συμφωνούμε για μια φορά, λοιπόν. Πάμε στα «Δύο Μάτια»; Εκείνο που κάνουν τέλειο πρωινό με αβοκάντο; Το θυμάσαι αυτό; Ο σκύλος σου, ο Αζόρ, έτρεξε να φάει το πρωινό των διπλανών;

Η Αγγελική: Αφού είναι πολύ νόστιμα... Αλλά όχι πάλι εκεί! Πάμε σε αυτό το Γαλλικό που άνοιξε δίπλα από το Σύνταγμα;

Ο Γιώργος: Το Φουρνίλ (Fournil) λες ;

Η Αγγελική: Ναι! Κάποιες κακές γλώσσες λένε ότι είναι ακριβό. Εγώ το βρίσκω φτηνό, ειδικά σε σχέση με τις καφετέριες στο κέντρο της πόλης.

Ο Γιώργος: Μετά μπορούμε να πάμε και για βόλτα στον Εθνικό Κήπο με τον Αζόρ.

Η Αγγελική: Σωστά! Εκεί μπορείς να κάνεις ακόμη και τζόκινγκ.

COMPRENDRE LE DIALOGUE
QUELQUES FORMULES ET EXPRESSIONS

→ **στους γονείς μου** *chez mes parents*. Le terme **οι γονείς** fait partie des mots qui sont principalement utilisés au pluriel en grec ; il désigne les parents (père et mère) : **το σπίτι των γονέων** *la maison des parents*. L'équivalent du substantif dérivé de l'adjectif le/la parent(e), membre de la famille au sens large, est **ο/η συγγενής** *le/la parent(e)* : **Η Μαρία είναι μια στενή συγγενής**. *Maria est une proche parente*.

→ **Δεν έχει θέα** *il n'y a pas de vue*. Attention à ne pas confondre **η θέα** *la vue* avec **η θεά** *la déesse*, féminin de **ο θεός** *le dieu*.

→ **καλύτερα** *mieux*. L'adverbe **καλύτερα** est le comparatif irrégulier de **καλά** *bien*.

→ **αυτό τρώω πάντα** *[c'est] ce que je mange toujours*. Le verbe **τρώω** *je mange*, avec thème présent (action répétée) a pour thème aoriste (momentané) correspondant **φα(γ)-** : **να φάω**. L'emploi du thème présent est particulièrement justifié par la présence de l'adverbe **πάντα** *toujours*. Les deux verbes suivent la conjugaison réduite en **-ω, -ς, -ει, -με, -τε, -νε**.

→ **συμφωνούμε** *nous sommes d'accord*. Le verbe **συμφωνώ** est de Type 2 (**B2** en **-ώ -είς -εί**).

→ **(…) τώρα που κάνεις δίαιτα με τη(ν) γυμναστική πια (…)** *maintenant que tu fais un régime et de la gym*. L'adverbe **πια**, renforce le sens du verbe et peut traduire différentes expressions selon le contexte. Construit avec **τώρα**, comme ici, l'expression **τώρα πια** signifie *désormais / maintenant*.

→ **Το Φουρνίλ λες;** *Tu penses à… / Tu veux dire… ?* Il s'agit là encore du second sens de **λέω** *vouloir dire*, employé à la 2e ou la 3e personne.

→ **Πάμε για πρωινό!** *Allons prendre le petit-déjeuner !* (litt. "allons pour [le] petit-déjeuner"). Pour chaque repas, on fait précéder le nom du repas du verbe **τρώω** *manger* : **τρώω το πρωινό** *prendre* ("manger") *le petit déjeuner* ; **τρώω το μεσημεριανό** *prendre* ("manger") *le déjeuner* ; **τρώω το βραδινό** *prendre* ("manger") *le dîner*.

→ L'exortation : **Για ρίξε μια ματιά!** *Jette donc un coup d'œil !* Ici **για** n'est pas une préposition, mais une particule incitative **για** qui, placée devant un impératif traduit un encouragement : **Για πες μου!** *Dis-moi donc !* D'autres expressions sont couramment utilisées pour l'exhortation, comme l'impératif **έλα** (litt. "viens") exprimant l'encouragement, la surprise ou encore le désaccord teinté d'agacement : **έλα τώρα!** *Allons, ça suffit !* Pour l'expression **άιντε** *allons / en avant*, voir la "note culturelle".

→ Avoir raison ou tort : **έχεις δίκιο** *tu as raison*. Pour exprimer le contraire : **έχω άδικο** *j'ai tort* ou encore **κάνω λάθος** *je me trompe* (litt. " je-fais [une] erreur").

NOTE CULTURELLE

D'une richesse culturelle et historique incomparable, le centre d'Athènes est un labyrinthe urbain, une curieuse mosaïque de monuments et de vestiges antiques, de bâtiments néo-classiques du XIXe siècle et de constructions modernes ; une grande partie de la ville témoigne de son essor phénoménal dans les années 1960. En venant de l'aéroport, le métro vous amène en seulement 45 minutes à *la place Syntagma* (**η πλατεία Συντάγματος / το Σύνταγμα**), véritable cœur battant de la ville. Ici, le bâtiment historique du *Parlement grec* (**η Βουλή**) se dresse à côté du *Jardin national* (**Ο Εθνικός Κήπος**), une véritable oasis de tranquillité. La station *Syntagma* (**Σύνταγμα**), ainsi que celles *d'Omonia* (**η Ομόνοια**) et de *Monastiraki* (**το Μοναστηράκι**), sont les points de convergence des principales lignes de métro qui parcourent la ville jusqu'au *port du Pirée* (**το Λιμάνι του Πειραιά**). N'hésitez pas à vous promener dans le jardin, qui abrite de nombreuses plantes rares, avec à la main une tasse de freddo espresso (**ο παγωμένος καφές / φραπέ**), ce café glacé que les Grecs consomment en abondance pendant l'été. Et n'oubliez pas de visiter les rues pittoresques des quartiers de *Plaka* (**η Πλάκα**) et de *Thissio / Thesséion* (**το Θησείο**) !

▲ CONJUGAISON
INTRODUCTION À L'EXPRESSION DU PASSÉ : L'AORISTE

Το Γαλλικό που άνοιξε δίπλα από το Σύνταγμα. *Le [café] français qui [s']est ouvert à côté de [la place] Syntagma.* Il existe deux temps du passé en grec moderne et ils correspondent aux deux aspects : l'imparfait pour le passé continu ou qui se répète et l'aoriste pour le passé momentané, ponctuel (ici **άνοιξε** *[s']est ouvert*). Ces deux formes du passé ont plusieurs points communs dans leur construction :

– la présence d'un préfixe caractéristique du passé, appelé augment, **ε** - ou **η** - (parfois aussi **ει** comme dans **είδες** *tu as vu*) devant le thème présent/continu pour l'imparfait ou devant le thème aoriste/momentané pour le (temps) aoriste ;

– un jeu de terminaisons caractéristique du passé : **-α -ες -ε -αμε -ατε -αν (ε)** ;

– le déplacement de l'accent tonique jusqu'à la 3e syllabe en partant de la fin : **έτρεξε**, *il/elle courut* ou *il/elle a couru*.

Voici la conjugaison de **τρέχω /τρέξω** (thème présent/thème aoriste), verbe en **-ω,** de Type 1 (**A**) :

	Singulier	Pluriel
1ʳᵉ personne	έτρεξα j'ai couru	(ε)τρέξαμε nous avons couru
2ᵉ personne	έτρεξες tu as couru	(ε)τρέξατε vous avez couru
3ᵉ personne	έτρεξε il/elle a couru	έτρεξαν ils/elles ont couru

Si l'augment (**ε-**) n'est pas accentué, parce qu'il est situé au-delà de la 3ᵉ syllabe en partant de la fin, il a tendance à disparaître : **ε-τρέξ-αμε → (ε)τρέξαμε → τρέξαμε** *nous courions, nous avons couru*.

Voici quelques exemples de verbes réguliers de Type 1 (**A**). Notez que l'augment **ε-** fusionne avec **α-** initial :
ακού+σ → [ε-]ακούσ- → **άκουσα** *j'entendis / j'ai entendu* ;
δουλεύ+σ → [ε-]δούλε[β-σ]- → **δούλεψ-** → **δούλεψα** *je travaillai / j'ai travaillé*.
ανοίγ+σ → [ε-]άνοι[γ-σ]- → **άνοιξ-** → **άνοιξα** *j'ouvrai / j'ai ouvert*.

Certains verbes modifient leur radical aoriste ou son basés sur un radical tout à fait différent, comme **παίρνω /πάρω, βλέπω /δω** et **λέγω /πω** :
παίρνω /πάρω → π [ή]ρ - → **πήρα** *j'ai pris*
βλέπω /δω → ε [ί]δ - → **είδα** *j'ai vu*
λέγω /πω → ε [ί]π - → **είπα** *j'ai dit*

Le verbe **έχω** *j'ai*, n'a qu'un seul temps du passé. L'augment **ε-** fusionne ave le **ε** initial et le radical devient **είχ-**: **είχα, είχες, είχε, είχαμε, είχατε, είχαν (ε)**.

Certains verbes prennent pour augment un **η-** (vestige de la formation en grec ancien) : **ήρθα** *je vins* de **έρχομαι** *je viens* ; **ήξερα** *je sus / je savais* de **ξέρω** *je sais*.

L'aoriste (temps passé) des verbes en **-ώ** de Type 2 (**B1** et **B2**) et médio-passif (comme **κοιμήθηκες** *tu as dormi*) sera vu ultérieurement.

L'IMPÉRATIF ET L'ASPECT

Nous avons rencontré plusieurs impératifs comme par exemple l'expression **Ορίστε!** utilisée pour accueillir les clients (*Entrez / Prenez place / Tenez*, etc.). Il s'agit de l'impératif de **ορίζω** *fixer / déterminer / indiquer / désigner*. Notez que l'expression **Χαίρετε!** *Bonjour !* est aussi un impératif, lit. *Soyez heureux ! / Réjouissez-vous !*

Lorsque l'on veut donner une instruction, encourager ou interdire, on utilise l'impératif. En grec, le subjonctif est également utilisé dans certaines constructions. L'impératif, comme le subjonctif, repose sur la distinction entre l'aspect continu/répétitif ou instantané/ponctuel de l'action verbale. L'impératif ne se conjugue qu'à la 2ᵉ personne du singulier et du pluriel : **Λέγε!** *Dis ! / Parle !* (au sens de *raconte* !) **Πες!** *Dis !*

L'IMPÉRATIF DES VERBES EN -Ω

Les terminaisons ajoutées aux thèmes présent ou aoriste sont principalement **-ε** et **-(ε)τε** pour les verbes de Type 1 (**A**), mais l'accent remonte, si possible, jusqu'à la 3ᵉ syllabe en partant de la fin. Voici l'impératif de **τρέχω** / **τρέξω** (thème présent/thème aoriste), verbe en **-ω** de Type 1 (**A**) :

Impératif continu (radical présent)	Singulier	Pluriel
2ᵉ personne	**Τρέξε!** *Cours !*	**Τρέξετε!** *Courez !*

Impératif momentané (thème aoriste)	Singulier	Pluriel
2ᵉ personne	**Τρέξε!** *Cours !*	**Τρέξετε!** *Courez !*

Quelques exemples :

	Singulier	Pluriel
λέγω/πω *je dis*	**Λέγε! Πες!** *Dis !*	**Λέγετε! Πείτε!** *Dites !*
παίζω/παίξω *je joue*	**Παίζε! Παίξε!** *Joue !*	**Παίζετε! Παίξτε!** *Jouez !*
φεύγω/φύγω *je pars (je fuis)*	**Φεύγε! Φύγε!** *Fuis ! Pars !*	**Φεύγετε! Φύγετε!** *Fuyez ! Partez !*

Les verbes comme **κάνω** *je fais* et **περιμένω** *j'attends* ont un thème présent et aoriste identiques :

	Singulier	Pluriel
κάνω *je fais*	**Κάνε!** *Fais !*	**Κάνετε!** *Faites !*
περιμένω *j'attends*	**Περίμενε!** *Attends !*	**Περιμένετε!** *Attendez !*

Cas particuliers : Retenez pour le moment l'impératif irrégulier, mais très courant, de **έρχομαι** *venir* : **Έλα!** *Viens !* **Ελάτε!** *Venez !* Dans l'usage, certains verbes utilisent plutôt un radical présent-continu même pour un ordre ponctuel : **Πήγαινε!** *Va-t'en !*

L'impératif négatif utilise le subjonctif précédé de **να μην** (parfois **να** est sous-entendu) :

Λέγε! / Πες! *Dis !* → **(να) Μη(ν) λέγεις! / Μην πεις!** *Ne dis pas !*
Λέγετε! / Πείτε! *Dites !* → **(να) Μη(ν) λέγετε! / Μην πείτε!**
Παίζε! / Παίξε! *Joue !* → **(να) Μην παίζεις! / Μην παίξεις!**
Παίζετε! / Παίξτε! *Jouez !* → **(να) Μην παίζετε! / Μην παίξετε!**
Κάνε! *Fais !* → **(να) Μην κάνεις!**
Κάνετε! *Faites !* → **(να) Μην κάνετε!**
Περίμενε! *Attends !* → **(να) Μην περιμένεις!**
Περιμένετε! *Attendez !* → **(να) Μην περιμένετε!**

Pour les personnes autres que la 2e (sing. et pl.), on utilise la construction **ας** + subj. qui équivaut au français *que* + subj. (la particule **ας** est parfois sous entendue) :

πάμε → **αν πάμε** (subj.) → **(ας) πάμε : (ας) πάμε για πρωινό.** *Allons [prendre] le petit déjeuner !*

VOCABULAIRE

πρωινός -η -ο matinal(e)
κοιμήθηκα j'ai endormi
πάρα très
καινούριο -η -ο nouveau(-elle)
στρώμα (το) matelas
κρεβάτι (το) lit
άνετος -η -ο confortable
γονείς (οι) parents
κακός -ή/-ιά -ό mauvais
πλάτη (η) dos
πονάω/ώ je fais mal
αλλάζω je change
ευκαιρία (η) opportunité
επιπλέον supplémentaire
δωμάτιο (το) de chambre
πλευρά (η) côté
αυλή (η) cour
θέα (η) vue
κοιμάσαι tu dors
γάλα (το) lait
ποτήρι (το) verre
χυμός (ο) jus
πορτοκάλι (το) orange (fruit)
πάντα toujours
ήλιος (ο) soleil
δίκιο (το) raison
συμφωνώ je suis d'accord
δύσκολος -η -ο difficile
δίαιτα (η) régime
τώρα... πια désormais / maintenant
εκείνος -η -ο celui-ci / celle-ci
αβοκάντο (το) avocat (fruit)
σκύλος (ο) chien
διπλανός -η -ο (adj.) voisin(e)
νόστιμα délicieux
πάλι encore
άνοιξε il/elle a ouvert
σύνταγμα (το) constitution
κάποιος -α -ο quelqu'un / quelque
γλώσσα (η) langue
ότι que
ακριβός -η -ο cher(ère)
φτηνός -η -ο bon marché
ειδικά spécialement
σχέση (η) relation
καφετέρια (η) café (lieu)
κέντρο (το) centre
πόλη (η) ville
εθνικός -η -ο national(e)
κήπος (ο) jardin
συγγενής (ο/η) parent(e)
στενή -ο étroit(e)
θεά (η) déesse
ρίξε μια ματιά jette un coup d'œil

● EXERCICES

🔊 01. ÉCOUTEZ L'ENREGISTREMENT, PUIS COMPLÉTEZ LES PHRASES.
13
a. _ _ _ _ _ _ _ _ _ _ _ στο νέο καφενείο στη(ν) _ _ _ _ _ _ _ _ _ _ ;

b. Πρέπει να αλλάξεις _ _ _ _ _ _ _ _ _ _ _, _ _ _ _ _ _ _ _ _ _ μου κάθε πρωί.

c. _ _ _ _ _ _ _ _ _ _ την γυμναστική σου _ _ _ _ _ _ _ _ _ _ .

d. Το δωμάτιο _ _ _ _ _ _ _ _ _ , δεν έχει θέα, αλλά _ _ _ _ _ _ _ _ _ για ύπνο.

e. Ναι, είσαι λίγο _ _ _ _ _ _ _ _ _ _ _, αλλά _ _ _ _ _ _ _ _ _ _ σε αυτό.

02. COMPLÉTEZ LES TRADUCTIONS.

a. Ne prépare pas le petit déjeuner ce matin, allons au centre-ville.
→ _ _ _ _ _ _ _ _ _ _ πρωινό σήμερα το πρωί, ας πάμε _ _ _ _ _ _ _ _ _ _ .

b. Attends, ne te précipite pas ! Je me prépare maintenant.
→ Περίμενε, _ _ _ _ _ _ _ _ _ _ _ ! Τώρα ετοιμάζομαι.

c. Tu es très belle dans cette nouvelle robe !
→ Είσαι κουκλάρα με _ _ _ _ _ _ _ _ _ _ _ !

d. Ce n'est pas une nouvelle robe, mais c'est la première fois que tu la vois.
→ _ _ _ _ _ _ _ _ _ _ _ _, αλλά είναι _ _ _ _ _ _ _ _ _ _ _ που το βλέπεις.

e. Ensuite, nous emmènerons le chien dans le jardin près de la Constitution.
→ _ _ _ _ _ _ _ _ _ _ θα πάμε με τον σκύλο _ _ _ _ _ _ _ _ _ _ _ _ _ _ _ _ .

03. CONJUGUEZ LES VERBES À L'AORISTE.

a. Ανοίγουμε την πόρτα και η γάτα τρέχει έξω.
→ _ _ _ _ _ _ _ _ _ _ την πόρτα και η γάτα έτρεξε έξω.

b. Η γιαγιά δεν ακούει το τηλέφωνο.
→ Η γιαγιά δεν _ _ _ _ _ _ _ _ _ _ _ το τηλέφωνο.

c. Δεν έχετε τα γυαλιά σας και δεν βλέπετε τα κλειδιά.
→ Δεν _ _ _ _ _ _ _ _ _ τα γυαλιά σας και δεν είδατε τα κλειδιά.

d. Δεν ξέρω τι θέλει να κάνει.
→ Δεν _ _ _ _ _ _ _ _ _ _ τι ήθελε να κάνει.

e. Είναι κουρασμένοι και δεν κοιμούνται καλά.
→ _ _ _ _ _ _ _ _ _ κουρασμένοι και δεν _ _ _ _ _ _ _ _ _ _ καλά.

12.
À LA TAVERNE

Στην ταβέρνα

OBJECTIFS

- RÉSERVATION DANS UN RESTAURANT
- EXPLIQUER UN RETARD
- PASSER UNE COMMANDE

NOTIONS

- L'ADJECTIF *ΠΟΛΥΣ*
- LES NEUTRES EN *-ΟΣ* ET *-ΜΑ*
- THÈME AORISTE
- L'IMPÉRATIF
- LES ADVERBES
- LE PARTICIPE EN *-ΟΝΤΑΣ*

NOUS AVONS UNE RÉSERVATION

Georgianna : Bonjour, nous avons une réservation pour dîner *(un repas)* pour deux personnes.

Le patron : Pour quelle heure avez-vous réservé *(la réservation)* ?

Georgianna : Huit heures et demie, si je ne me trompe pas.

Le patron : Laissez-moi vérifier un instant *(demi-minute)*, à quel nom est la réservation ?

Georgianna : Georgianna Papadopoulou.

Le patron : Vous êtes en retard… un peu [à ce que] je vois, il est déjà dix heures !

Georgianna : Oui je sais, désolée, il y avait beaucoup de voitures sur la route.

Le patron : Je pensais que vous étiez venus à pied !

Georgianna : Il y avait un marathon de nuit, c'est pour ça, donc beaucoup de routes sont fermées.

Le patron : Je vois, je vois. Il est assez tard, nous pouvons vous servir mais la cuisine ferme dans une heure.

Georgianna : D'accord, super !

Le patron : Bienvenue, alors. Suivez-moi.

Georgianna : Merci beaucoup.

Le patron : Que souhaiteriez-vous commander ?

Georgianna : Nous voulons essayer des plats grecs authentiques. Que nous recommandez-vous ?

Le patron : Je recommande notre yaourt maison *(de notre production)*, un délicieux assortiment traditionnel [de hors-d'œuvre] et les tomates de notre jardin.

Georgianna : Parfait, ça nous plaît beaucoup, merci.

Le patron : J'ai une table pour deux personnes ici ou là. Si le ventilateur vous dérange, je peux l'éteindre. Le serveur arrive au pas de **course** *(en courant)*, **rassurez-vous** *(ne vous inquiétez pas)* !

14 Έχουμε μια κράτηση

Η Γεωργιάννα: Γεια σας, έχουμε μια κράτηση για ένα γεύμα για δύο άτομα.

Το αφεντικό: Για τι ώρα έχετε την κράτηση;

Η Γεωργιάννα: Οκτώ και μισή, εάν δεν κάνω λάθος.

Το αφεντικό: Μισό λεπτό να κοιτάξω, σε τι όνομα είναι η κράτηση;

Η Γεωργιάννα: Γεωργιάννα Παπαδοπούλου.

Το αφεντικό: Έχετε αργήσει... λιγάκι βλέπω, είναι ήδη δέκα!

Η Γεωργιάννα: Ναι το ξέρω, συγγνώμη, είχε πολλά αμάξια στο(ν) δρόμο.

Το αφεντικό: Πίστευα ότι ήρθατε με τα πόδια!

Η Γεωργιάννα: Είχε νυχτερινό μαραθώνιο αγώνα, γι' αυτό, οπότε πολλοί δρόμοι είναι κλειστοί.

Το αφεντικό: Κατάλαβα, κατάλαβα. Είναι αρκετά αργά, μπορούμε να σας εξυπηρετήσουμε αλλά η κουζίνα κλείνει σε μια ώρα.

Η Γεωργιάννα: Εντάξει, ωραία!

Το αφεντικό: Καλώς ήρθατε, λοιπόν. Ακολουθήστε με.

Η Γεωργιάννα: Σας ευχαριστούμε πολύ.

Το αφεντικό: Τι θα θέλατε να παραγγείλετε;

Η Γεωργιάννα: Θέλουμε να δοκιμάσουμε γνήσια Ελληνικά πιάτα. Τι μας προτείνετε;

Το αφεντικό: Προτείνω γιαούρτι παραγωγής μας, μια νόστιμη παραδοσιακή ποικιλία και ντομάτες του κήπου μας.

Η Γεωργιάννα: Τέλεια, μας αρέσει πολύ, σας ευχαριστώ.

Το αφεντικό: Έχω ένα τραπέζι για δυο άτομα εδώ ή εκεί. Αν σας ενοχλεί ο ανεμιστήρας, θα τον κλείσω. Ο σερβιτόρος τα φέρνει τρέχοντας, μην ανησυχείτε!

COMPRENDRE LE DIALOGUE
QUELQUES FORMULES ET EXPRESSIONS

→ **κράτηση για γεύμα** *réservation pour dîner/déjeuner*. Le terme **το γεύμα** est un neutre en **-μα** qui se décline comme **το όνομα** *le nom*. Voir la section Déclinaisons.

→ **κάνω λάθος** *je fais erreur / je me trompe*. Malgré la terminaison en **-ος**, le mot **το λάθος** est neutre et l'accusatif (**το λάθος**) est identique au nominatif (**το λάθος**).

→ **Μισό λεπτό…** pour **(Ένα) μισό λεπτό** *[Une] minute / [un] instant* (litt. "demi-minute"). L'adjectif **μισός -ή -ό** s'accorde en genre et nombre et permet d'exprimer la moitié ou demi (invariable en français est invariable dans les noms composés) : **Μια μισή ώρα** *une demi-heure* (f.) ; **Ένα μισό κιλό** *un demi-kilo* (n.). Le substantif neutre **το μισό** exprime *la moitié* d'un tout : **Θέλεις το άλλο μισό;** *Tu veux l'autre moitié ?*

→ **σε τι όνομα;** *à quel nom ?* Rappelons que adjectif invariable **τι** s'emploie avec un substantif pour interroger sur la qualité indéterminée quel genre ? La construction est synonyme de **σε ποιο όνομα;**

→ **Έχετε αργήσει** *vous êtes en retard* (litt. "vous avez tardé"). Cette forme verbale est celle du parfait qui correspond assez bien au passé composé français : résultat présent (qui dure toujours) d'une action réalisée dans le passé. Le parfait est formé de l'auxiliaire **έχω** *avoir* conjugué au présent de l'indicatif, suivi du participe passé (même forme que la 3ᵉ personne du singulier du subjonctif aoriste) : **Έχω ετοιμάσει.** *J'ai préparé (maintenant c'est prêt).*

→ **είχε πολλά αμάξια** *il [y] avait beaucoup de véhicules*. Rappelons que **έχω** *j'ai* n'a qu'un temps du passé.

→ **μπορούμε να σας εξυπηρετήσουμε** *nous pouvons vous servir*. Le verbe **εξυπηρετώ**, de Type 2 (**B** en **-ώ -είς -εί**), est ici au subjonctif aoriste. Le thème aoriste (**εξυπηρετ-ήσ-**) est marqué par le suffixe **-ήσ-**.

→ **Ακολουθήστε με** *Suivez-moi*. Le verbe **ακολουθώ**, de Type 2 (**B** en **-ώ -είς -εί**), est ici à l'impératif aoriste. Le radical aoriste est marqué par le suffixe **-ήσ-**.

→ **ποικιλία (η)** *[un] assortiment*. Ce terme désigne un assortiment de plats, généralement des entrées ou des hors-d'œuvre, ou encore des amuse-gueules pour accompagner de *l'ouzo* (**το ούζο**) (voir la section Note Culturelle).

→ **Ο σερβιτόρος τα φέρνει τρέχοντας**. *Le serveur les apporte en courant.* La terminaison **-οντας** est la marque du participe présent actif des verbes de Type 1 (**A**). La terminaison est invariable.

→ Le grec a des termes spécifiques pour les repas quotidiens mais aussi des termes génériques comme **το φαγητό** *le repas / le "manger"*. Le *petit déjeuner* est appelé couramment **το πρωινό**, un mot qui vient de **πρωινός -ή -ό** *matinal(e) / du matin*. L'autre terme équivalent est **το πρόγευμα** comme dans **πρόγευμα εργασίας** *petit* *déjeuner de travail*. Le déjeuner est désigné par **το μεσημεριανό** qui a la même racine que **το μεσημέρι** *le midi*. *Le dîner*, quant à lui, est appelé **το δείπνο** : **μια πρόσκληση σε δείπνο**, *une invitation à dîner*. On emploie aussi l'expression **κάνω (το) τραπέζι** pour dire *je reçois à dîner* ("manger").

→ L'assortiment dit "**pikilia" (ποικιλία)** consiste généralement en un large éventail de plats dont la composition dépendant du type de cuisine proposé. Cela va des *mézés* (**οι μεζέδες** assortiment de petites bouchées caractéristiques de la cuisine orientale), *les salades* (**οι σαλάτες**), *les soupes* (**οι σούπες**), les "verdures" **(τα χορταρικά)** ou *légumes* (**τα λαχανικά**), etc. Les plats traditionnels comprennent du *tzatziki* (**το τζατζίκι** sauce au yaourt et concombre), des *dolmades* (**οι ντολμάδες** feuilles de vigne farcies), ou des *souvlaki* (**τα σουβλάκια** brochettes de viande grillée). Les assortiments "pikilia" symbolisent la richesse et la diversité de la cuisine grecque.

→ Jusque dans les années 70 encore les Grecs préparaient eux-mêmes un petit déjeuner composé de produits frais et certains étaient faits maison. Cela pouvait comprendre du pain, du fromage, des tomates, parfois du riz au lait, et du "trakhana" (**ο τραχανάς**), sorte de petites pâtes alimentaires. Peu à peu les habitudes ont changé. Les générations plus jeunes, souvent pressées par le temps, ont tendance à sauter le petit déjeuner ou à ne prendre qu'un simple café. Certains prennent un fruit ou un sandwich sur le chemin du travail.

→ Au restaurant : Pour réserver une table dans *un restaurant* (**το εστιατόριο**) on dira couramment **κλείνω τραπέζι** *je réserve [une] table* (litt. "je ferme [une] table"). Le terme **η κράτηση** désigne *la réservation* (table ou place) : **Θα ήθελα να κάνω κράτηση για τραπέζι**. *Je voudrais réserver* ("que je-fasse [une] réservation pour") *une table*. On vous accueillera souvent par un **Καλώς ήρθατε!** *Bienvenue !* ou **Καθίστε! Prenez place !** ou encore un **Ορίστε!** en vous montrant la place. Puis *le serveur* (**ο σερβιτόρος**) vous tendra *le menu* (**ο κατάλογος**) pour *le repas* (**το φαγητό**) et *les boissons* (on peut distinguer *les boissons générales* des *boissons non alcoolisées*) (**τα ποτά ή τα αναψυκτικά**). En Grèce, on lève son verre en disant **Στην υγειά σου/σας/μας!** *À ta/votre/notre santé !* Avant même votre *commande* (**η παραγγελία**) on vous apportera toujours un verre d'eau par personne. Après avoir réglé (**πληρώνω** *je paie*) *l'addition* (**ο λογαριασμός**) il est courant de laisser un *pourboire* (**το πουρμπουάρ**) en guise de satisfaction pour le service.

NOTE CULTURELLE

La taverne grecque (**η ταβέρνα,** ou plus familièrement **το ταβερνάκι**) est un type de *restaurant* (**το εστιατόριο**) typiquement grec. C'est une étape presque incontournable si vous séjournez en Grèce, où vous vous rendrez probablement pour dîner. Ces établissements sont souvent tenus par des familles, dont les membres se partagent les différentes tâches et rôles. Ils proposent une cuisine traditionnelle, authentique, qui oscille entre des recettes simples et familiales et des créations gastronomiques innovantes. Les ingrédients sont frais, locaux et de saison, avec une utilisation généreuse de *l'huile d'olive* (**το ελαιόλαδο**), qui met en valeur les saveurs de la Méditerranée, que la taverne soit au *bord de la mer* (**η παραλία**) ou dans un *village de montagne* (**ένα χωριό στο βουνό**). En plus de savourer une *cuisine* (**η κουζίνα**) délicieuse et *des vins* (**τα κρασιά**) parfaitement assortis, vous pourrez parfois également profiter de la *musique grecque* (**η ελληνική μουσική**). Ces musiciens professionnels interprètent et chantent des *morceaux traditionnels* (**τα λαϊκά,** litt. "mélodies populaires"). N'oubliez pas de commencer votre repas par un verre d'*ouzo* (**το ούζο**) et par un... **στην υγειά μας ρε παιδιά!** " (*... à notre santé !*).

◆ GRAMMAIRE
DÉCLINAISONS : L'ADJECTIF *ΠΟΛΥΣ*

L'adjectif **πολύς πολλή πολύ** *nombreux* présente une alternance de radical **πολ-/πολλ-** :

	Singulier			Pluriel		
	m.	f.	n.	m.	f.	n.
Nom.	πολύς	πολλή	πολύ*	πολλοί	πολλές	πολλά
Acc.	πολύ(ν)	πολλή	πολύ	πολλούς	πολλές	πολλά
Gén.	(πολλού)	πολλής	(πολλού)	πολλών	πολλών	πολλών

* La forme neutre singulier **πολύ** sert d'adverbe : **Αυτό μου αρέσει πολύ.** *Cela me plaît beaucoup.*

LES NEUTRES EN *-ΟΣ* ET *-ΜΑ*

Certains substantifs neutres ont une terminaison au nominatif singulier en **-ος.** Il ne faut pas les confondre avec les masculins en **-ος** (2ᵉ déclinaison). La présence de l'article **το** est un indice pour déduire le genre.

Singulier		Pluriel	
nom./acc. **-ος**	gén. **-ους**	nom./acc. **-η**	gén. **-ών**
το λάθος	του λάθους	τα λάθη	των λαθών

12. À la Taverne

Les substantifs neutres en **-μα** comme **το όνομα** *le nom*, ajoutent une syllabe au cours de la déclinaison au génitif singulier et au pluriel :

Singulier		Pluriel	
nom./acc. **-μα**	gén. **-ματος**	nom./acc. **-ματα**	gén. **-μάτων**
το όνομα	του ονόματος	τα ονόματα	των ονομάτων
το μάθημα	του μαθήματος	τα μαθήματα	των μαθημάτων
το μηχάνημα	του μηχανήματος	τα μηχανήματα	των μηχανημάτων

LES ADVERBES DÉRIVÉS D'ADJECTIFS

Parmi les adverbes dérivés d'adjectifs, il y en a quelques-uns qui sont terminé en **-ως** comme : **ακριβώς**, *exactement* ; **ευτυχώς**, *heureusement* ou encore **δυστυχώς**, *malheureusement*. Ils ont une forme classique héritée du grec ancien. La forme "moderne" est construite à partir du neutre singulier (**-ο**) ou pluriel (**-α**):

Adjectif	Neutre sing.	Neutre pl.	Adverbe
πολύς πολλή πολύ *nombreux*	πολύ		πολύ *beaucoup*
τέλειος -α -ο *parfait*		τέλεια	τέλεια *parfaitement*
ωραίος -α -ο *beau*		ωραία	ωραία *bien*

Attention de bien distinguer les deux adverbes **ακριβώς** et **ακριβά**. Le premier, **ακριβώς** *précisément*, est dérivé de **ακριβής -ής -ές** *exact / précis* tandis que **ακριβά** *cher* vient de **ακριβός -ή -ό** *cher, coûteux* : **είναι πολύ ακριβά** *c'est très coûteux/cher*.

LE PARTICIPE ACTIF EN *-ΟΝΤΑΣ / -ΏΝΤΑΣ*

Les participes (actifs et médio-passifs) sont issus des verbes et combinent à la fois les caractéristiques de celui-ci (temps et mode) et celles de l'adjectif, mais le participe actif, aussi appelé gérondif, n'est pas décliné : **έρχεται τρέχοντας** *il/elle arrive en courant*.

Le participe actif est construit sur le thème présent continu suivi de la terminaison **-οντας /-ώντας**. La terminaison dépend du type de verbe :

Type	Terminaison	Exemple
Type 1 (**A** en **-ω**)	**-όντας**	**λέγοντας** *en disant*
Type 2 (**B1/B2** en **-άω/ώ**)	**-ώντας**	**μιλώντας** *en parlant*

La négation des participes est **μην** *ne… pas* : **μην τρέχοντας** *en ne courant pas.*

Avec l'auxiliaire **έχω** *j'ai* on peut former un participe actif (gérondif) au parfait : **Έχοντας μιλήσει όλο το βράδυ, μπόρεσα να πω αυτό που νόμιζα**. *Ayant parlé toute la soirée, j'ai pu dire ce que je pensais.*

▲ CONJUGAISON
FORMATION DU THÈME AORISTE (TYPES 2, *B1/B2*)

Le radical des verbes en **-άω/-ώ** (**B1**) comme **μιλάω/ώ** *je parle* et en **-ώ** comme **αργώ** *je tarde*, reçoivent un suffixe **-ησ** - avant la terminaison de la conjugaison. Exemples au subjonctif aoriste : **μιλάω/ώ** *je parle* → **να μιλήσω** *que je parle*. Pour certains verbes le suffixe est **-ασ-** ou **-εσ-** : **να χαλάσω** *que je casse* et **να μπορέσω** *que je puisse*.

Voici les différents sous-groupes du type 1 (**B**) accompagnés du thème aoriste :

Type	Verbe présent	Thème aoriste	Subjonctif aoriste
Type 2 (**B1**)	**μιλάω/ώ** *je parle*	-άω/ώ → -ησω	να μιλήσω
	αργώ *je tarde*		να αργήσω
	χαλάω/ώ *je casse*	-ώ → -ασω	να χαλάσω
Type 2 (**B2**)	**ακολουθώ** *je suis (suivre)*	-ώ → -η/ε/σω	να ακολουθήσω
	ανησυχώ *je suis inquiet*		να ανησυχήσω
	εξυπηρετώ *je sers*		να εξυπηρετήσω
	μπορώ *je peux*		να μπορέσω

Rappel des terminaisons par type : Type 2 (B1 **-άω/-ώ** ; B2 **-ώ**)

LE VERBE *EPXOMAI*

Le verbe médio-passif **έρχομαι** *je viens* a un thème aoriste irrégulier (**να**) **έρθω** et se conjugue avec les désinences de la voix active de Type 1 (**A**) : **-ω, -εις, -ει, -ουμε, -ειτε, -ουν** (**ε**) : **Πρέπει να έρθεις.** *Il faut que tu viennes.* C'est sur ce radical que se conjugue le temps aoriste (passé), toujours à la voix active : **Ήρθατε με τα πόδια.** *Vous êtes venu(s) à pied* (litt. "avec les pieds").

L'IMPÉRATIF DES VERBES EN -ΑΩ/-Ω (TYPE 2)

Les verbes des groupes en **-άω, -ας -α** comme **κρατάω** *je tiens* et en **-ώ -είς -εί** comme **ακολουθώ** *je suis* (verbe suivre) ont quelques particularités. Les terminaisons ajoutées au thème présent sont principalement **-α** et **-ατε** pour les verbes en **άω**. Les verbes en **ώ -είς -εί** utilisent le subjonctif au singulier :

Impératif continu (thème présent)	Singulier	Pluriel
2ᵉ personne (**B1** en **-άω**)	**Κράτα!** *Tiens !*	**Κρατάτε!** *Tenez !*
2ᵉ personne (**B2** en **-ώ**)	**Να ακολουθείς!** *Suis !*	**Ακολουθείτε!** *Suivez !*

L'ordre et la défense ponctuels (momentanés) de ces verbes (**-άω /ώ** ou **-ώ**), on utilise le thème aoriste (**-ησ /-εσ /-ασ**) suivi des terminaisons **-ε** et **-(ε)τε** :

Impératif momentané (thème aoriste)	Singulier	Pluriel
2ᵉ personne (B1 en **-άω**)	**Κράτησε!** *Tiens !*	**Κρατήστε!** *Tenez !*
2ᵉ personne (B2 en **-ώ**)	**Ακολούθησε!** *Suis !*	**Ακολουθήστε!** *Suivez !*

La défense (impératif négatif) suit la conjugaison du subjonctif présent continu ou aoriste momentané précédée de **να μην** :

Κράτα! *Tiens !* → **Να μην κρατάς!** *Ne tiens pas !* (tous les jours)

Να ακολουθείς! *Suis !* → **Να μην ακολουθείς!** *Ne suis pas !* (tous les jours)

Κράτησε! *Tiens !* → **Να μην κρατήσεις!** *Ne tiens pas !* (maintenant)

Ακολούθησε! *Suis !* → **Να μην ακολουθήσεις!** *Ne suis pas !* (maintenant)

L'IMPÉRATIF DES VERBES COMME *ΠΕΣ, ΔΕΣ, ΒΡΕΣ*

Pour ces verbes à conjugaison réduite les terminaisons sont **-ες** et **-είτε** (**-έστε** est plus rare). Nous avions vu **να πεις** *que tu dises* → **Πες!** *Dis !* **Πείτε!** *Dites !*

να δω → **δες!** *vois !* **δείτε!** *voyez !*

να βρω → **βρες!** *trouve !* **βρείτε!** *trouvez !*

να πιω → **πιες!** *bois !* **πιείτε!** *buvez !*

● EXERCICES

🔊 01. ÉCOUTEZ L'ENREGISTREMENT, PUIS COMPLÉTEZ LES PHRASES.
14
a. _____ μέσα από το κέντρο της πόλης.
b. _____, παραγγείλετε _____.
c. Ο κ. Παπαδόπουλος _____ για δύο άτομα στην ταβέρνα.
d. _____ για _____ στις εννέα η ώρα.
e. _____ που _____ παραδοσιακών πιάτων;

02. COMPLÉTEZ LES TRADUCTIONS.
a. Le restaurant ferme dans une heure. Asseyez-vous, je viens chercher votre commande.
→ _____. Καθίστε, θα έρθω να πάρω _____.
b. Le serveur fermera le ventilateur si cela vous dérange.
→ Ο σερβιτόρος θα κλείσει _____.
c. Désolé d'être en retard. Il y avait beaucoup de voitures sur la route.
→ Συγγνώμη, _____. _____ στο δρόμο.
d. Le repas dans notre taverne est très savoureux, en particulier le yaourt de notre production.
→ Το γεύμα _____ είναι πολύ νόστιμο, ειδικά το γιαούρτι _____.
e. Nous avons des tables ici et là, alors où souhaitez-vous vous asseoir ?
→ _____ εδώ και εκεί, οπότε _____;

03. METTEZ LA FORME DE *ΠΟΛΥΣ - ΠΟΛΛΗ - ΠΟΛΥ* QUI CONVIENT.
a. Το γεύμα ήταν _____ νόστιμο.
b. Στον κήπο μας υπάρχουν _____ ντομάτες.
c. Έχει _____ αμάξια στο δρόμο.
d. Υπάρχει νυχτερινός μαραθώνιος, γι' αυτό και έχουν κλείσει _____ δρόμους.
e. Μου αρέσει να κάθομαι δίπλα στη θάλασσα για _____ ώρα.
f. Μην με περιμένεις γιατί έχω _____ να κάνω σήμερα.

04. METTEZ LES PHRASES À L'IMPÉRATIF.
a. (Μου λες) αν το πιάτο είναι νόστιμο.
→ _____
b. (Μου κρατάτε) ένα τραπέζι κάθε βράδυ στο εστιατόριο.
→ _____
c. (Δεν ακολουθείτε) αυτό το αυτοκίνητο. Αυτός ο δρόμος είναι κλειστός.
→ _____
d. (Βρίσκεις) την ταυτότητά μου. Πρέπει να είναι στο τραπέζι δίπλα στα έγγραφα.
→ _____
e. (Κοιτάζεις) τον κατάλογο και (μου λες) τι έχει σήμερα.
→ _____

VOCABULAIRE

κράτηση (η) *réservation*
γεύμα (το) *repas*
άτομο (το) *personne*
λάθος (το) *erreur*
να *pour*
ήδη *déjà*
δέκα *dix*
ναι *oui*
πολύς πολλή πολύ *nombreux*
αμάξι (το) *voiture*
με *avec*
πόδι (το) *pied*
νυχτερινό (το) *nocturne*
μαραθώνιος (ο) *marathon*
οπότε *donc*
κλειστός -η -ο *fermé(e)*
κλείνω *je ferme*
λοιπόν *donc*
τραπέζι (το) *table*
ενοχλώ *je dérange*
παραγγείλω (παραγγέλνω) *je commande*
θέλω *je veux*
πιάτα (τα) *plats*
γιαούρτι (το) *yaourt*
παραγωγή (η) *production*
παραδοσιακός -η -ο *traditionnel(le)*
ποικιλία (η) *variété*
ντομάτα (η) *tomate*
μ' αρέσει / μ' αρέσουν *me plaît / me plaisent*
σερβιτόρος (ο) *serveur (-euse)*
με τα πόδια *à pied* (litt. "avec les pieds")
Εντάξει/ωραία! *parfait !*
μην ανησυχείτε! *Ne t'en fais pas ! Ne t'inquiète pas !*

III

EN

VILLE

13.
TRANSPORTS PUBLICS
Μέσα Μαζικής Μεταφοράς

OBJECTIFS	NOTIONS
• EXPRIMER UNE OPINION • COMPARER LES TRANSPORTS • ADAPTER SES PROJETS • ÉVALUER UNE SITUATION • EXPRIMER UNE INQUIÉTUDE	• L'IMPARFAIT ACTIF ET MÉDIO-PASSIF • LE COMPARATIF • SAVOIR, CROIRE, PENSER QUE…

UN AVION TOUT NEUF

Alekos : Le vol était très calme !

Vassiliki : Oui ! Et l'avion est tout neuf. Tu as vu comment tu avais peur ? Je t'avais dit que tout irait bien.

Alekos : C'est bien *(d'accord)*, comment allons-nous arriver au port pour le ferry ?

Vassiliki : Nous allons sortir de l'aéroport et prendrons le bus, c'est bon marché.

Alekos : Combien de temps faut-il pour se rendre au Pirée ?

Vassiliki : Une heure et quarante minutes.

Alekos : Combien coûte le billet, tu [le] sais ?

Vassiliki : Un peu moins de cinq euros. Nous pouvons payer par carte si tu n'as pas d'argent liquide.

Alekos : Ah parfait ! Bien sûr, je pense que le métro est plus rapide mais aussi plus cher.

Vassiliki : Combien coûte le billet ?

Alekos : Un moment, je regarde sur [leur] site. Neuf euros.

Vassiliki : Peut-être que nous ne sommes pas dans les temps *(pas à notre heure)* et que nous n'attraperons pas le bateau ?

Alekos : Oh, tu crois ? Qu'est-ce qu'on va faire ?

Vassiliki : Peut-être devrions-nous prendre un taxi ? Tu ne préfères pas [ça] ?

Alekos : Combien ça va coûter ?

Vassiliki : Mon application dit environ cinquante euros.

Alekos : D'accord, vaut mieux y aller vite *(allons mieux vite)* !
Oh là là ! Tu as vu la foule dans le hall des arrivées ? J'espère que tous ces gens n'ont pas la même idée pour le taxi.

◀ 15 Ένα ολοκαίνουργιο αεροπλάνο

Ο Αλέκος: Πολύ ήρεμη η πτήση!

Η Βασιλική: Ναι! Και το αεροπλάνο ολοκαίνουργιο. Είδες που φοβόσουν; Όλα καλά θα πάνε, σ' το είπα.

Ο Αλέκος: Ωραία, πώς θα φτάσουμε στο λιμάνι για το καράβι;

Η Βασιλική: Θα βγούμε έξω από το αεροδρόμιο και θα πάρουμε το λεωφορείο, είναι φτηνό.

Ο Αλέκος: Πόση ώρα κάνει μέχρι τον Πειραιά;

Η Βασιλική: Μία ώρα και σαράντα λεπτά.

Ο Αλέκος: Το εισιτήριο πόσο κοστίζει, ξέρεις;

Η Βασιλική: Κάτι λιγότερο από πέντε ευρώ. Μπορούμε να πληρώσουμε και με κάρτα εάν δεν έχεις μετρητά.

Ο Αλέκος: Α τέλεια! Βέβαια, νομίζω ότι το μετρό είναι πιο γρήγορο αλλά και πιο ακριβό.

Η Βασιλική: Πόσο έχει το εισιτήριο;

Ο Αλέκος: Μια στιγμή, κοιτάζω στην ιστοσελίδα. Εννέα ευρώ.

Η Βασιλική: Μήπως όμως δεν είμαστε στην ώρα μας και δε(ν) θα προλάβουμε το πλοίο;

Ο Αλέκος: Ωχ, λες; Τι να κάνουμε;

Η Βασιλική: Μήπως να πάρουμε ταξί; Δεν το προτιμάς αυτό;

Ο Αλέκος: Πόσο θα κοστίσει;

Η Βασιλική: Η εφαρμογή μου λέει γύρω στα πενήντα ευρώ.

Ο Αλέκος: Ωραία, πάμε καλύτερα γρήγορα!
Πω, πω! Είδες τον κόσμο στην αίθουσα αφίξεων; Ελπίζω όλοι αυτοί οι άνθρωποι να μην έχουν την ίδια ιδέα για το ταξί.

■ COMPRENDRE LE DIALOGUE

- → **Είδες που φοβόσουν;** *Tu vois, tu avais peur ?* litt. "tu vois que tu craignais ?". Ici, **φοβόσουν** est l'imparfait médio-passif de **φοβάμαι** *je crains / j'ai peur*.
- → **Όλα καλά θα πάνε, σ' το είπα.** *Ça va aller, je te l'avais dit.* L'expression «**όλα καλά**» *tout va bien*, qui peut être une question ou une affirmation selon l'intonation qu'on lui donne, est très courante en grec. Elle est facile à retenir grâce aux initiales "O.K." Notez la forme élidée et très orale de **σ' το είπα** pour **σου το είπα** *je t'avais [bien] dit.*
- → **Θα φτάσουμε στο λιμάνι** *nous arriverons au port.* Le verbe **φτάνω** *j'arrive / je parviens* a pour thème aoriste **φτασ-** : **θα φτάσω** *j'arriverai*.
- → **Θα βγούμε** *Nous sortirons*, futur momentané (thème aoriste **βγ-**) de **βγαίνω** *je sors* précédé de la particule caractéristique **θα**.
- → **Θα πάρουμε** *nous prendrons*, futur momentané (thème aoriste **παρ-**) de **παίρνω** *je prends* précédé de la particule caractéristique **θα**.
- → **Μήπως ... δε(ν) θα προλάβουμε το πλοίο;** *Peut-être… que nous n'attraperons pas le bateau ?* Le verbe **προλάβουμε** est au futur momentané (thème aoriste **προλαβ-**) précédé de la particule caractéristique **θα** ; **προλαβαίνω** *j'ai le temps de faire (quelques chose) / j'attrape / je parviens à temps*.
- → **θα κοστίσει** *ça coutera*, futur momentané (thème aoriste **κοστισ-**) de **κοστίζει** *il/elle coûte* précédé de la particule caractéristique **θα**.
- → **Ωχ, λες; Τι να κάνουμε;** *Oh, tu crois ? Comment va-t-on faire [alors] ?* (litt. "qu'est-ce…?") Ici encore, **λες** à la 2ᵉ personne signifie *tu penses / tu crois*. Quant à l'expression **Τι να κάνουμε;** elle est très fréquemment utilisée dans une situation où l'on se sent relativement désemparé. En fonction du contexte elle est utilisée pour exprimer aussi une résignation ou un sentiment d'impuissance face à une situation donnée. Elle équivaut à *C'est la vie. Que peut-on faire ?*
- → **στην αίθουσα αφίξεων** *dans le hall (salle) des arrivées.* Le terme **η άφιξη** *l'arrivée* appartient au groupe de féminins en **ση / ψη / ξη** dont le génitif pluriel est en **-εων**. Voir ci-après.
- → Voici quelques termes de base concernant les transport et *l'arrivée* (**η άφιξη**). Tout d'abord : **Καλώς ήλθατε!** *Bienvenue !* Quand on arrive en *avion* (**το αεροπλάνο**) à *l'aéroport* (**το αεροδρόμιο**), on récupère ses *bagages* (**οι αποσκευές**) et l'on sort de *l'aérogare* (**ο τερματικός σταθμός**). On peut se rendre en ville *en métro* (**με το μετρό**), *en taxi* (**με ένα ταξί**) ou en *bus / navette* (**το λεωφορείο**). Il y a parfois une *correspondance* (**η σύνδεση**) dans une *station* (**ο σταθμός**) de métro où l'on change de *ligne* (**η γραμμή**) pour se rendre au *port* (**το λιμάνι**). Les *billets* (**τα εισιτήρια**) se vendent au *comptoir de la compagnie* (**το γκισέ της εταιρείας**) sur le port ou dans *une agence de voyage* (**ένα ταξιδιωτικό γραφείο ή πρακτορείο**). On peut prendre *un aller simple* (**ένα απλό εισιτήριο**) ou *un aller retour* (**ένα εισιτήριο μετ'**

επιστροφής). Le *guichet* (**το εκδοτήριο**) vous indique de quel *quai* (**η αποβάθρα**) part le *bateau* (**το καράβι**) ou *le ferry* (**το φέρι** ou **φέρρυ**). Quelques derniers mots utiles outre **η άφιξη** *l'arrivée* : **αναχώρηση** *départ* ; **διεύθυνση**, *adresse* mais aussi *direction* ; **η είσοδος** *l'entrée*, **η έξοδος** *la sortie*; **η σύνδεση** *la correspondance*. Voilà, prêt(e) pour l'embarquement ? Alors **Καλό ταξίδι! Να πας στο καλό!** *Bon voyage ! Porte-toi bien !*

NOTE CULTURELLE

Le port du Pirée (**το λιμάνι του Πειραιά**) est le premier port de Grèce et le plus fréquenté lors de la saison estivale. La nouvelle extension de la *ligne 3 du métro* athénien (**γραμμή 3 του μετρό**) permet d'accéder au terminus de la ligne, au Pirée, directement depuis l'aéroport international (Eleftherios Venizelos). À votre arrivée au terminus, une fois à la surface, vous vous trouvez à quelques mètres de l'entrée du port et des bateaux. Si c'est votre première visite, sachez que le port est vaste et les quais sont nombreux. Il y a une dizaine de *portes d'accès* (**Πύλη**) et il est très important de savoir par quelle porte et depuis quel quai part votre bateau pour les îles. Soyez rassurés si vous partez pour une de ces destinations très fréquentées des *Cyclades* (**οι Κυκλάδες**) comme *Santorin* (**η Σαντορίνη**) ou *Mykonos* (**η Μύκονος**), la plupart de ces lignes se trouvent directement face au terminus du métro sur le port. À bord, qu'il s'agisse de ferries ou de navettes rapides, vous aurez tout le confort moderne. Prenez une boisson et installez-vous sur le pont pour profiter de la magnifique vue sur *la Mer Égée* (**το Αιγαίο Πέλαγος**) parsemée d'îles.

◆ GRAMMAIRE
DÉCLINAISONS : LES FÉMININS *-H* AVEC UN PLURIEL EN *-ΕΙΣ*

Une catégorie de noms d'origine savante a conservé des terminaisons au pluriel proche du grec ancien. Certains de ces mots sont courants comme **η δύναμη** *la force* ou **η πόλη** *la ville*. La plupart ont une terminaison de base en **-ση -ψη** ou **-ξη**. C'est le cas notamment de **η άφιξη** (de l'ancien **άφιξις**) *l'arrivée* qui, comme les autres de cette catégorie, a une seconde forme au génitif singulier possible en **-εως** :

	Singulier	Pluriel
Nominatif	η άφιξη	οι αφίξεις
Accusatif	την άφιξη	τις αφίξεις
Génitif	της άφιξης/αφίξεως	των αφίξεων

Le génitif singulier comme **της πόλεως** est utilisé essentiellement dans un style formel : **τα τείχη της πόλεως** *les murailles de la* ville. Voici quelques exemples de mots courants : **η θέση** *la place*, **η κίνηση** *le mouvement*, **η μετάφραση** *la traduction*, **η παράσταση** *le spectacle*, **η σκέψη** *la pensée*, **η στάση** *l'arrêt*, etc.

LE COMPARATIF DES ADJECTIFS ET DES ADVERBES

Les comparatifs de supériorité et d'infériorité sont construits à l'aide des adverbes **πιο** *plus* et **λιγότερο** *moins*, suivis de l'adjectif :

γρήγορος -η -ο *rapide* → **πιο γρήγορος -η -ο** *plus rapide*
ακριβός -ή -ό *cher / coûteux* → **πιο ακριβός -ή -ό** *plus cher*

La construction **πιο** + adj. peut être remplacée par l'ajout du suffixe **-τερος -η -ο** à la racine de l'adjectif. Les deux constructions sont équivalentes (**ακριβότερος** = **πιο ακριβός**). La forme neutre (sing. ou pl.) **-τερο/-τερα** permet de construire un comparatif d'adverbe : **λιγότερο** *moins*.

Les comparatifs irréguliers les plus courants sont :

καλός -ή -ό *bon* → **καλύτερος -η -ο** *meilleur*
μεγάλος -η -ο *grand* → **μεγαλύτερος -η -ο** *plus grand*
κακός -ή /-ιά -ό *mauvais* → **χειρότερος -η -ο** *pis/pire*
πολύς πολλή πολύ *nombreux* → **περισσότερος -η -ο** *plus nombreux*
Le comparatif des adverbes **πολύ** *très* et **λίγο** *peu* sont :
πολύ *très* → **περισσότερο** *davantage / plus*
λίγο *peu* → **λιγότερο** *moins*.

Le comparatif de **καλά** (adv.) *bien* est **καλύτερα** *mieux*.

L'EMPLOI DU COMPARATIF

Pour comparer deux entités, on utilise **πιο** (*plus*) suivi de l'adjectif et de **από** (*que*) suivi de l'accusatif : **Το αεροπλάνο είναι πιο γρήγορο / γρηγορότερο από το αυτοκίνητο.** *L'avion est plus rapide que la voiture* ; **Είναι λιγότερο από πέντε ευρώ** *C'est moins de cinq euros*.

La préposition **παρά** *que* peut remplacer **από** : **προτιμώ το κόκκινο κρασί παρά το λευκό** *je préfère le vin rouge au vin blanc*. La préposition **παρά** est obligatoire quand on compare des compléments avec préposition : **Είναι πιο γρήγορα να πας με το ποδήλατο παρά με το αυτοκίνητο.** *Il est plus rapide d'aller à vélo qu'en voiture*.

Le comparatif d'égalité (équivalence des qualités) peut s'exprimer de deux façons : **το ίδιο... με** (+ accusatif) ou **τόσο... όσο (και)** (+ nom) : **Αυτό το ταξί είναι τόσο αργό όσο ένα λεωφορείο.** *Ce taxi est aussi lent qu'un bus* ; **Το εισιτήριο γι' αυτό το πλοίο κοστίζει το ίδιο με αυτό του φέρι.** *Le ticket pour ce bateau coûte le [même] prix que celui pour le ferry.*

EXPRIMER SON AVIS : SAVOIR, PENSER QUE...

Pour exprimer son opinion, faire une déclaration ou dire qu'on apprécie quelque chose, on fait suivre le verbe d'option d'une subordonnée (complétive) introduite la plupart du temps par **ότι** ou **πως** (*que*) :

→ **Νομίζω ότι/πως το μετρό είναι πιο γρήγορο.** *Je pense que le métro est plus rapide.*

→ **Δε(ν) νομίζω ότι/πως καταλαβαίνει καλά τι του λες.** *Je ne pense pas qu'il comprenne bien [ce] que tu lui dis.*

▲ CONJUGAISON
L'IMPARFAIT ACTIF

Le sens de l'imparfait de l'indicatif en grec est assez proche de celui du français dans la mesure où il décrit une action ou un état qui dure ou se répète.

Ce temps du passé (continu ou répété) est composé de 3 éléments : l'augment ou préfixe caractéristique du passé (**ε-**, **η-** ou parfois aussi **ει**), le thème présent (continu) du verbe et les terminaisons du passé, à l'actif **-α -ες -ε -αμε -ατε -αν /ε**. Rappelons que l'augment ne se maintient que sous l'accent. Pour les verbes de Type 1 (**A**), ex. **μένω,** *je reste* ; l'accent remonte jusqu'à la 3ᵉ syllabe en partant de la fin :

δουλεύω *je travaille* → **ε-δουλευ -** → **(ε)δούλευα** *je travaillais*

πηγαίνω *je vais* → **ε-πηγαιν -** → **(ε)πήγαινα** *j'allais*

μένω *je demeure / je reste* → **έ -μεν -** → **έμενα** *je demeurais / je restais*

L'augment **ε-** qui n'est plus sous l'accent, disparaît. C'est donc ce qui se produit si l'on emploie la terminaison longue (**-ανε**) des verbes de Type 1 (**A**) :

έ-μεν-αν → **ε-μέν-ανε** → **(ε)μένανε** *ils restaient*.

Le radical (présent) des verbes de Type 2 (**B1**) ex. **μιλάω/ώ** *je parle*, reçoit un suffixe **-ούσ -**, toujours accentué, avant les terminaisons :

μιλάω *je parle* → ε -μιλουσ - → (ε)μιλούσα *je parlais*
μπορώ *je peux* → ε -μπορουσ - → (ε)μπορούσα *je pouvais*.

Comme pour l'aoriste, certains verbes prennent pour augment un **η**- ou **ει**- (vestige de la formation en grec ancien) : **ήθελα** *je voulais* imparfait de **θέλω** *je veux*. Voici d'autres verbes courants qui ont un imparfait (actif) irrégulier :

είμαι → ήμουν	ξέρω → ήξερα	πρέπει → έπρεπε
έχω → είχα	θέλω → ήθελα	

L'IMPARFAIT MÉDIO-PASSIF

Comme pour l'actif, l'imparfait médio-passif se forme sur le thème présent (continu). Les verbes de Type 3 en **-όμαι** (Γ1) comme **βιάζομαι** *je suis pressé(e)* prennent les terminaisons **-όμουν(α)** :

Singulier		
1ʳᵉ personne	-όμουν(α)	**βιαζόμουν(α)** *j'étais pressé(e)*
2ᵉ personne	-όσουν(α)	**βιαζόσουν(α)** *tu étais pressé(e)*
3ᵉ personne	-όταν(ε)	**βιαζόταν(ε)** *il/elle était pressé(e)*
Pluriel		
1ʳᵉ personne	-όμασταν	**βιαζόμασταν** *nous étions pressé(e)s*
2ᵉ personne	-όσασταν	**βιαζόσασταν** *vous étiez pressé(e)s*
3ᵉ personne	-όντουσαν	**βιαζόντουσαν** *ils/elles étaient pressé(e)s*

Quelques exemples :

έρχομαι *je viens* → **Ερχόμουν κάθε μέρα.** *Je venais chaque jour.*

ξεκουράζομαι *je me repose* → **Ξεκουραζόταν μετά τη(ν) γυμναστική.** *Elle se reposait après la gymnastique.*

Les verbes de Type 3 (Γ2) terminés en **-άμαι** suivent la même conjugaison avec quelques variantes possibles, exemple à la 3ᵉ personne du pluriel :

κοιμάμαι *je dors* → **κοιμόντουσαν/κοιμούνταν** *ils/elles dormaient.*

● VOCABULAIRE

ήρεμη *calme*
πτήση (η) *vol*
αεροπλάνο (το) *avion*
ολοκαίνουργιος -η -ο *tout(e) neuf(-ve)*
είπα *j'ai dit*
ωραία *bien*
φτάνω *j'arrive*
λιμάνι (το) *port*
αεροδρόμιο (το) *aéroport*
να πάρω *que je prenne*
πόση *combien de temps*
μέχρι (+ acc.) *jusqu'à*
Πειραιάς (ο) *le Pirée* (port d'Athènes)
σαράντα *quarante*
πόσο *combien*
βέβαια *bien sûr*
μετρό (το) *métro*
γρήγορος -η -ο *rapide*
πλοίο (το) *bateau*
προτιμάω/ώ *je préfère*
γρήγορα *rapidement*
κόσμος (ο) *monde*
ελπίζω *j'espère*
άνθρωπος (ο) *une personne / un homme*
μη(ν) *(que) ne... pas*
ιδέα (η) *idée*
λες *tu penses / tu crois / tu veux dire*

● EXERCICES

🔊 01. ÉCOUTEZ L'ENREGISTREMENT, PUIS COMPLÉTEZ LES PHRASES.

a. Φοβόταν _ _ _ _ _ _ _ _ _ _ _ όταν ήταν _ _ _ _ _ _ _ _ _ _ _.

b. Η _ _ _ _ _ _ _ _ _ _ _ είναι πιο _ _ _ _ _ _ _ _ _ _ _. Νομίζω ότι _ _ _ _ _ _ _ _ _ _.

c. Συνήθως _ _ _ _ _ _ _ _ _ _ _ νωρίς, ακόμη και αν _ _ _ _ _ _ _ _ _ _ _ _ _ _ _ _ _ _ _.

d. _ _ _ _ _ _ _ _ _ _ δεν πίστευαν ότι _ _ _ _ _ _ _ _ _ _ _ ήταν _ _ _ _ _ _ _ _ _ _.

e. Νόμιζα ότι αργήσαμε, _ _ _ _ _ _ _ _ _ _ _ έφτασε _ _ _ _ _ _ _ _ _ _ _.

02. FORMEZ LES COMPARATIFS DES ADJECTIFS ET FAITES L'ACCORD.

a. Αυτή τη(ν) φορά είχε _ _ _ _ _ _ _ _ _ _ _ κόσμο στο αεροδρόμιο της Αθήνας. (πολύς)

b. Ας πάρουμε το μετρό αυτή τη(ν) φορά, θα είναι _ _ _ _ _ _ _ _ _ _ _. (γρήγορος)

c. Αυτή η πλευρά του δρόμου είναι _ _ _ _ _ _ _ _ _ _ _ από την άλλη. (ήσυχος)

d. Εδώ, οι _ _ _ _ _ _ _ _ _ _ _ ταβέρνες βρίσκονται στο κέντρο της πόλης. (καλός)

e. Τα εστιατόρια στο κέντρο είναι συνήθως _ _ _ _ _ _ _ _ _ _ _. (ακριβός)

🔊 03. TRADUISEZ LES PHRASES ET VÉRIFIEZ VOS RÉPONSES EN ÉCOUTANT L'AUDIO.

a. Savais-tu que cette grand-mère avait l'habitude de faire du vélo avec ses amis une fois par semaine ?
→ _ _ _ _ _ _ _ _ _ _ αυτή η γιαγιά _ _ _ _ _ _ _ _ ποδήλατο _ _ _ _ _ _ _ _ _ _ μια φορά _ _ _ _ _ _ _ _ _ _ _;

b. Les tickets de métro sont moins chers que les tickets de bus pour l'aéroport.
→ Τα εισιτήρια του μετρό _ _ _ _ _ _ _ _ _ τα εισιτήρια _ _ _ _ _ _ _ _ _ για το αεροδρόμιο.

c. Le matin, je me promenais et l'après-midi, j'allais à la plage.
→ _ _ _ _ _ _ _ _ _ μια βόλτα και _ _ _ _ _ _ _ _ _ _ _ _ _ _ _ _ _ στη θάλασσα.

d. Avec mes camarades de classe, nous allions au cinéma une fois par mois.
→ Οι συμμαθητές μου και εγώ _ _ _ _ _ _ _ _ _ _ _ στο σινεμά μια φορά το μήνα.

e. Aujourd'hui, je pars tôt parce que j'ai un cours à huit heures et que je n'ai pas de vélo.
→ Σήμερα _ _ _ _ _ _ _ _ _ _ _ _ _ _ _ _ _ γιατί έχω μάθημα στις οκτώ το πρωί και _ _ _ _ _ _ _ _ _ _ το ποδήλατο.

14.
AU MUSÉE
Στο μουσείο

OBJECTIFS	NOTIONS
• DESTINATION TOURISTIQUE	• LES NEUTRES EN *-ΟΣ / -ΩΣ*
• INFORMATIONS SUR UN LIEU D'INTÉRÊT	• LE THÈME AORISTE MÉDIO-PASSIF (*Θ/ΣΤ*)
• PRENDRE DES DÉCISIONS	• L'IMPÉRATIF CONTINU ET MOMENTANÉ
• COMMENTER UN SITE	• "AVANT (QUE)" OU "APRÈS (QUE)"
• DEMANDER ET INTERROGER	
• CONNAÎTRE LES NOMS DE NATIONALITÉS	

LE MUSÉE DE L'ACROPOLE

Alekos : Je cherche le musée. Il devrait être là, mais je ne le vois pas.

Vassiliki : Eh bien, demande à quelqu'un !

Alekos : Ah, regarde, là ! Tu peux voir *(il apparaît)* le musée.

Vassiliki : Oui, tu as raison, nous y sommes.

Alekos : Par où entrons-nous ?

Vassiliki : Il n'y a pas [de] *(quelque)* panneau.

Alekos : Mais oui *(Allez !)*, c'est là, c'est par là, devant.

Vassiliki : Allons-y, oui !

Alekos : Oh là là, quelle file d'attente !

Vassiliki : De nombreux touristes le visitent tous les jours. Aujourd'hui, c'est dimanche, donc beaucoup de familles viennent.

Alekos : Le musée est aussi très beau de l'extérieur.

Vassiliki : Oui, il est parallèle au Parthénon et il a été conçu *(dessiné)* par Bernard Tschumi.

Alekos : Il ne s'agit pas de [cet] *(le)* architecte franco-suisse célèbre [dans le domaine] du postmodernisme et du modernisme ?

Vassiliki : Bravo oui, tu connais beaucoup de choses finalement !

Alekos : Ha ha, pour qui tu me prends *(tu m'as pris)* ?

Vassiliki : Alors dis-moi, que sais-tu d'autre sur le musée ?

Alekos : J'ai lu que le bâtiment utilisait le ciment comme [matériaux de] fond parce qu'il absorbe la lumière, alors que les sculptures elles-mêmes en émettent.

Vassiliki : Bien, tu m'as convaincue, alors allons-y et attendons !

Alekos : Attends ! Prenons un café avant d'entrer.

Vassiliki : Tu as raison, détendons-nous *(relax)* !

16   Το Μουσείο της Ακρόπολης

Ο Αλέκος: Ψάχνω για το Μουσείο. Θα έπρεπε να είναι εκεί, αλλά δεν το βλέπω.

Η Βασιλική: Λοιπόν, ρώτησε κάποιον!

Ο Αλέκος: Α, κοίτα, εκεί! Φαίνεται το μουσείο.

Η Βασιλική: Ναι, έχεις δίκιο, εδώ είμαστε.

Ο Αλέκος: Από πού μπαίνουμε;

Η Βασιλική: Δεν βλέπω κάποια πινακίδα.

Ο Αλέκος: Έλα, να τη, από εκεί μπροστά είναι.

Η Βασιλική: Πάμε, ναι!

Ο Αλέκος: Πω πω, τι ουρά είναι αυτή!

Η Βασιλική: Το επισκέπτονται καθημερινά πολλοί τουρίστες. Σήμερα είναι Κυριακή, οπότε έρχονται πολλές οικογένειες.

Ο Αλέκος: Το μουσείο είναι πάρα πολύ όμορφο και απ' έξω.

Η Βασιλική: Ναι, είναι παράλληλο με τον Παρθενώνα και έχει σχεδιαστεί από τον Μπερνάρ Τσουμί.

Ο Αλέκος: Αυτός δεν είναι ο γνωστός γαλλοελβετός αρχιτέκτονας του μεταμοντερνισμού και του μοντερνισμού;

Η Βασιλική: Μπράβο ναι, ξέρεις πολλά πράγματα τελικά!

Ο Αλέκος: Χα χα, για ποιον με πέρασες;

Η Βασιλική: Και για πες λοιπόν, τι άλλο ξέρεις για το μουσείο;

Ο Αλέκος: Διάβασα ότι το κτίριο χρησιμοποιεί το τσιμέντο ως βάση διότι απορροφά το φως, ενώ τα ίδια τα γλυπτά το εκπέμπουν.

Η Βασιλική: Ωραία, με έπεισες, πάμε λοιπόν να περιμένουμε.

Ο Αλέκος: Περίμενε! Ας πάρουμε και ένα καφεδάκι πριν μπούμε.

Η Βασιλική: Έχεις δίκιο, χαλαρά!

COMPRENDRE LE DIALOGUE
QUELQUES FORMULES ET EXPRESSIONS

→ **Ψάχνω για το Μουσείο.** *Je cherche le musée.* Le complément d'objet du verbe **Ψάχνω** est normalement précédé de la préposition **για** dans le sens de "je cherche à trouver (quelque chose ou quelqu'un)" : **ψάχνω για παρέα** *je cherche de la compagnie.* Le thème aoriste est **ψαξ-** : **να ψάξω** *que je cherche.*

→ **Θα έπρεπε να είναι εκεί** *Il devrait se trouver là* (litt. "il aurait dû être là"). La particule **θα** est suivie de l'imparfait **έπρεπε** (de **πρέπει** *il faut / il doit*). Cette construction exprime l'hypothèse.

→ **κοίτα, εκεί!** *Regarde, là !* Il existe pour ainsi dire deux impératifs présent/continu de **κοιτάζω** *je regarde / j'examine*, l'un construit sur le thème présent **κοιταζ-** et l'autre sur le thème présent **κοιτάω**, une conjugaison de Type 2 (**B1**) du même verbe. Ici, cet impératif présent/continu à un sens ponctuel (voir la section grammaire).

→ **απ' έξω** *de dehors / de l'extérieur.* La préposition **από** est souvent élidée devant un mot commençant par une voyelle.

→ **είναι παράλληλο με τον Παρθενώνα** *il est parallèle au* ("avec le") *Parthénon.* Le mot **ο Παρθενώνας** *le Parthénon* se décline comme **ο γείτονας** *le voisin* ou **ο αγώνας** *la compétition / le concours.*

→ **έχει σχεδιαστεί από τον Μπερνάρ Τσουμί.** *il a été conçu (dessiné) par Bernard Tschumi.* Ici **έχει σχεδιαστεί** est le parfait de **σχεδιάζομαι** (médio-passif) *je suis conçu(e).*

→ **τελικά** *finalement.* L'adverbe est dérivé de la forme neutre plurielle de l'adjectif : **τελικός ή ό** *final.*

→ **για ποιον με πέρασες;** *pour qui tu m'as pris ?* Le verbe **περνάω/-ώ** (thème aor. **περασ-**) *je passe* a de nombreux sens. Ici, avec la préposition **για**, il signifie *croire* ou *savoir que quelqu'un a une certaine qualité.* Selon qu'il s'agit de l'objet ou du sujet, l'équivalent français est *prendre pour* (objet) ou *passer pour / être considéré comme* (sujet) : **Τον πέρασα για τον γείτονά σου.** *Je l'ai pris pour ton voisin.* **Περνά για καλός.** *Il passe pour être quelqu'un de bien (bon).*

→ **Τι άλλο ξέρεις για το μουσείο;** *Que sais-tu d'autre à propos du musée ?* Parmi les sens de la préposition **για**, il y a celui de *au sujet de.*

→ **με έπεισες** *tu m'as convaincu(e).* Les verbes dont le radical présent se termine par **-δ-** ou **-θ-** changent cette finale par **-σ-** dans le thème aoriste (actif) : **πείθω** *je persuade* ; **έπεισα** *j'ai persuadé.*

→ **ρώτησε κάποιον!** *Demande à quelqu'un !* Pour exprimer l'idée de *demander*, le grec distingue l'interrogation de la requête à l'aide de deux verbes : **ρωτάω** est utilisé pour poser une question à quelqu'un, tandis que **ζητώ** est utilisé pour faire une requête ou demander quelque chose à quelqu'un. Par exemple, **Την ρωτάω τι θέλει** signifie *Je lui demande ce qu'elle veut* (interrogation), et **Της ζητάω ένα ποτήρι νερό** *Je lui demande un verre d'eau* (requête).

→ Notez qu'en grec, **ρωτάω** est transitif direct. L'équivalent des mots *question* ou *demande* dérive des racines correspondantes : du verbe **ρωτάω** nous avons **η ερώτηση** lorsqu'on interroge quelqu'un, tandis que **η ζήτηση** fait plutôt référence à une demande ou à une requête en général, y compris une demande matérielle ou un besoin. Il existe un terme formel pour une demande officielle, **η αίτηση** : **μια αίτηση για υποτροφία** *une demande de bourse*. Quant à *la question* (un sujet ou une problématique) que l'on soulève, on utilise les mots **το ζήτημα** ou **το θέμα**.

LES NOMS DE NATIONALITÉS

Quand il s'agit de personnes, la nationalité en grec est exprimée par des substantifs avec majuscule, généralement terminés en **-ος** pour les hommes et en **-ίδα** pour les femmes : **Ένας Γάλλος μουσικός**. *Un musicien français*. **Μια Γαλλίδα δημοσιογράφος**. *Une journaliste française*. Certains noms de nationalités ont une terminaison différente et parfois des alternatives : **Η κυρία είναι Τουρκάλα**. *La dame est turque*. Pour le féminin *turque* (f.) la terminaison est **-άλα**.

Nationalité	Pour un homme	Pour une femme
Italien(ne)	Ιταλός	Ιταλίδα
Espagnol(e)	Ισπανός	Ισπανίδα
Allemand(e)	Γερμανός	Γερμανίδα
Suisse	Ελβετός	Ελβετίδα
Anglais(e)	Άγγλος	Αγγλίδα
Hollandais(e)	Ολλανδός	Ολλανδή
Américain(e)	Αμερικανός	Αμερικανίδα
Chinois(e)	Κινέζος	Κινέζα
Canadien(ne)	Καναδός	Καναδέζα
Belge	Βέλγος	Βελγίδα

Il faut faire la distinction entre le nom de nationalité (un Grec/une Grecque) et l'adjectif (grec/grecque) qui se rapporte à des objets ou à des notions :

Ο Πλάτωνας ήταν Έλληνας φιλόσοφος. *Platon était un philosophe grec* (litt. "un Grec philosophe"). → **Σπουδάζω ελληνική φιλοσοφία**. *J'étudie la philosophie grecque*.

Dans le cas des doubles nationalités on compose le substantif avec les deux termes que l'on relie avec la voyelle de liaison **-ο-** : **Γαλλ- + ο + ελβετός → Γαλλοελβετός** *franco-suisse*, le premier seul porte la majuscule : **Αυτός ο δημοσιογράφος είναι Γαλλοέλληνας.** *Ce journaliste est franco-grec.*

Les objets ou les concepts sont qualifiés par un adjectif de nationalité en **-ος -η** (ou **-α**) **-ο** : → **η γαλλική κουζίνα** *la cuisine française* → **ο ελληνικός καφές** *le café grec*.

◆ NOTE CULTURELLE

L'Acropole d'Athènes (**Η Ακρόπολη της Αθήνας**), perchée sur une colline escarpée, est une attraction majeure de la ville, tout comme son nouveau *musée* (**το μουσείο**). Elle abrite un ensemble de monuments prestigieux de l'époque classique, dont le plus célèbre est *le Parthénon* (**ο Παρθενώνας**), un temple dédié à *la déesse Athéna* (**η θεά Αθηνά**). D'autres bâtiments notables incluent *l'Érechthéion* (**το Ερέχθειο**) et ses *Caryatides* (**οι Καρυάτιδες**), *le temple d'Athéna Nikè ou "victorieuse"* (**ο ναός της Αθηνάς Νίκης**), et *les Propylées* (**τα Προπύλαια**). Deux théâtres antiques se trouvent sur le versant sud de la colline, dont *l'Odéon d'Hérode Atticus* (**το Ωδείο του Ηρώδη του Αττικού**) qui accueille encore aujourd'hui des spectacles.

Le Musée de l'Acropole, inauguré en 2009, se situe au pied de la colline. Il conserve environ 4 000 objets trouvés sur le site et ses pentes, couvrant une période allant de *l'ère préhistorique* (**η προϊστορική εποχή**) à *l'époque romaine* (**η ρωμαϊκή περίοδος**) tardive. L'exposition principale est une reconstitution du Parthénon avec des *frises* (**οι ζωφόροι**) et des métopes (**οι μετόπες**) originales, bien que la majorité des frises soient actuellement exposées au British Museum à Londres.

◆ GRAMMAIRE
DÉCLINAISON : LES NEUTRES EN *-ΟΣ / -ΩΣ*

Quelques noms neutres comme **το φως** *la lumière* ont un nombre de syllabes différent au nominatif et au génitif singuliers : **του φωτός** *de la lumière*.

Sing.		Pl.	
nom. / acc. **-ς**	gén. **-ός**	nom. / acc. **-α**	gén. **-ων**
το φως	**του φωτός**	**τα φώτα**	**των φώτων**

L'IMPÉRATIF CONTINU ET MOMENTANÉ

Pour certains verbes, l'impératif présent continu peut être utilisé pour exprimer une action qui n'est faite qu'une seule fois, comme à l'impératif ponctuel/momentané :

Verbe présent	Impératif présent ou aoriste (sens ponctuel)
κοιτάω *je regarde*	**Κοίτα (= κοίταξε) το καράβι!** *Regarde le bateau !*
κρατάω *je tiens*	**Κράτα (= κράτησε) τα χρήματα μαζί σου.** *Garde l'argent avec toi !*
λέω *je dis*	**Λέγε (= πες)! Τι έγινε;** *Raconte ! Que s'est-il passé ?*
μιλάω *je parle*	**Μίλα (= μίλησε) πιο αργά, δεν σε καταλαβαίνω.** *Parle plus lentement, je ne te comprends pas.*
περνάω *je passe*	**Πέρνα (= πέρασε) από το σπίτι για να πάρεις τα εισιτήρια.** *Passe prendre les billets à la maison.*
ρωτάω *je demande*	**Αν δεν ξέρεις πού είναι το στάδιο, ρώτα με (ρώτησέ με)!** *Si tu ne sais pas où se trouve le stade, demande-[le-]moi !*

AVANT (QUE) OU APRÈS (QUE)

Les adverbes de temps **πριν** (*avant / plus tôt*) et **μετά** (*après / plus tard*) servent aussi de locutions conjonctives **πριν (να)** *avant que* et **μετά (που)** *après que*, voici quelques exemples :

– **πριν** *avant / plus tôt* : **Σου το είπα πριν.** *Je te l'ai dit avant.*

– **πριν από** + acc. *avant* : **πριν από το μεσημέρι** *avant midi.*

– **πριν να** + subj. *avant que* : **πριν να μπούμε** *avant que nous entrions / avant d'entrer* ; **πριν να έρθω** *avant que je vienne.*

– **μετά** *après* : **Μπορώ να το κάνω μετά;** *Puis-je le faire après ?* ; **μετά (από) το φαγητό** *après le repas* ; **μετά από δύο ή τρία χρόνια** *après deux ou trois ans.*

– Dans une proposition subordonnée, on utilise le mot **αφού** *après que* + subj. aoriste/ momentané : **Πίνουμε έναν καφέ αφού μπούμε στο μουσείο.** *Nous prenons un café après être entrés dans le musée.*

▲ CONJUGAISON
LE THÈME AORISTE MÉDIO-PASSIF (*θ/ΣΤ*)

Le thème aoriste médio-passif diffère du thème actif : le **-σ-** de l'actif est généralement remplacé par **θ** ou **στ.** Les terminaisons sont de Type 2 (**B2**) : **-ώ -είς -εί -ούμε -είτε -ούν(ε).**

Le verbe actif **σχεδιάζω** *je dessine* a pour couple de thèmes présent/aoriste à l'actif **σχεδιάζ-/σχεδιάσ-**. À la forme médio-passive, **σχεδιάζομαι** *je suis dessiné(e)*, le couple de thèmes présent/aoriste est **σχεδιάζ-/σχεδιάστ-**. Ainsi s'explique la forme **έχει σχεδιαστεί** *il/elle a été conçu(e)/dessiné(e)* présente dans le dialogue.

Lorsque le radical se termine par les sons **ζ** le suffixe **-θ** - devient généralement **-τ** - et la consonne précédente (**ζ**) s'adapte ainsi : **ζ + θ → στ** :

– **ξεκουράζομαι** *je me repose* → **(να) ξεκουράζ-θ-ώ** → **(να) ξεκουραστώ**

– **βιάζομαι** *je me dépêche* → **(να) βιάζ-θ-ώ** → **(να) βιαστώ**

VOCABULAIRE

ψάχνω (για) *je cherche (pour)*
μουσείο (το) *musée*
λέγω/λέω *je dis*
ουρά (η) *file d'attente*
καθημερινά *quotidiennement / tous les jours*
Κυριακή (η) *dimanche*
έρχομαι *je viens*
οικογένεια (η) *famille*
όμορφος -η -ο *beau/belle*
σχεδιάζω *je planifie / je dessine*
γνωστός -η -ο *connu(e)*
αρχιτέκτονας (ο) *architecte*
πράγμα (το) *chose*
διαβάζω *je lis*
ρωτάω (-ώ) *je demande*
διότι *parce que*
πριν *avant (que/de)*
να μπούμε (μπαίνω) *nous entrons (j'entre / je rentre)*
μπαίνω *j'entre / je rentre*
πινακίδα (η) *un panneau*
επισκέπτομαι *je visite*
τουρίστας (ο) *touriste*
παράλληλος -η -ο *parallèle*
τελικά! *Finalement !*
κτίριο (το) *bâtiment*
χρησιμοποιώ *j'utilise*
τσιμέντο (το) *ciment*
απορροφώ *j'absorbe*
φως (το) *lumière*
ενώ *tandis que*
γλυπτό (το) *sculpture*
εκπέμπω *j'émets*
πείθω *je persuade*

● EXERCICES

🔊 01. ÉCOUTEZ L'ENREGISTREMENT, PUIS COMPLÉTEZ LES PHRASES.
16
a. _ _ _ _ _ _ _ _ _ της Ελλάδος, αλλά _ _ _ _ _ _ _ _ _. Μπορείτε να _ _ _ _ _ _ _ _ ;

b. _ _ _ _ _ _ _ _ από τον άλλο δρόμο, _ _ _ _ _ _ _ _ _ . Είναι πιο _ _ _ _ _ _ _ _ _ _.

c. _ _ _ _ _ _ _ _ στην Ακρόπολη _ _ _ _ _ _ _ _ _ _, γιατί μετά _ _ _ _ _ _ _ _ _ _.

d. Η Πυραμίδα του Λούβρου (la Pyramide du Louvre) στο Παρίσι (Paris) _ _ _ _ _ _ _ _ _ _ _ έναν σινοαμερικανό _ _ _ _ _ _ _ _ _ _.

e. _ _ _ _ _ _ _ _ _ _ _, Κυριακή, θα υπάρχει _ _ _ _ _ _ _ _ _.

02. DÉCLINEZ (FORMES COURANTES / NON SAVANTES) LES MOTS ENTRE PARENTHÈSES.

a. Από εδώ μπορείς να δεις τα φώτα _ _ _ _ _ _ _ _ _ _ _. (η πόλη)

b. Πού μπορώ να βρω την ώρα _ _ _ _ _ _ _ _ _ _ αυτού του _ _ _ _ _ _ _ _ _ _ στον _ _ _ _ _ _ _ _ _ _; (άφιξη / πλοίο / Πειραιάς)

c. Πάω να δω αν υπάρχουν ακόμα _ _ _ _ _ _ _ _ _ _ _, περιμένετέ με εδώ. (θέση)

d. Αν φοβάσαι να κάνεις _ _ _ _ _ _ _ _ _ _ _ όταν γράφεις, ρώτα με. (λάθος)

e. Είμαι κουρασμένη γιατί μετά τη(ν) δουλειά πηγαίνω σε _ _ _ _ _ _ _ _ μαθήματα. (βραδινός)

🔊 03. COMPLÉTEZ LES TRADUCTIONS ET VÉRIFIEZ VOS RÉPONSES EN ÉCOUTANT L'AUDIO.
16

a. Je suis arrivé(e) en courant au port, mais le bateau était déjà parti.
→ _ _ _ _ _ _ _ _ _ _ _ στο λιμάνι, _ _ _ _ _ _ _ _ _ _ _ είχε ήδη φύγει.

b. Garde mes billets et je passerai dans l'après-midi après le travail.
→ _ _ _ _ _ _ _ _ τα εισιτήρια και _ _ _ _ _ _ _ _ _ το απόγευμα _ _ _ _ _ _ _ _ _ _.

c. Il est trop/très tard, je ne pense pas qu'il y ait encore des (d'autres) places sur ce bateau.
→ Είναι _ _ _ _ _ _ _ _ , δε(ν) νομίζω ότι _ _ _ _ _ _ _ _ _ σε αυτό το πλοίο.

d. Viens, allons voir le tout nouveau musée, je ne l'ai pas encore vu.
→ _ _ _ _ _ _ _ _ _ _, πάμε στο _ _ _ _ _ _ _ _ _ _, δεν το έχω δει _ _ _ _ _ _ _ _ _ _.

e. À Athènes, on ne cherche (tu ne cherches) généralement pas l'Acropole, on la voit de loin.
→ Στην Αθήνα συνήθως _ _ _ _ _ _ _ _ την Ακρόπολη, τη(ν) βλέπεις _ _ _ _ _ _ _ .

14. Au musée

15.
PROMENADE DANS LE CENTRE-VILLE

Βόλτα στο κέντρο

| **OBJECTIFS** | **NOTIONS** |

- PLANIFIER UNE RENCONTRE
- DISCUTER DES ACTIVITÉS POSSIBLES
- ÉVOQUER UN LIEU D'INTÉRÊT
- EXPRIMER UN DÉSACCORD

- LE THÈME AORISTE MÉDIO-PASSIF
- LE FUTUR ACTIF ET MÉDIO-PASSIF
- L'IMPÉRATIF MÉDIO-PASSIF

DU CÔTÉ DE MONASTIRAKI

<u>Dimitri</u> : Salut *(allez)*, comment ça va ? Je me prépare. Et toi ? Es-tu prête ?

<u>Maria</u> : Oui, je me sèche les cheveux et je pars. Où est-ce qu'on va se retrouver ? Nous allons d'abord vers Monastiraki ?

<u>Dimitri</u> : D'accord, nous pouvons nous retrouver là-bas.

<u>Maria</u> : Super ! Je dois aller à la librairie de livres d'occasion. Tu as encore l'adresse de la boutique qui a beaucoup de livres sur l'histoire byzantine ?

<u>Dimitri</u> : Je connais surtout celle qui a des romans policiers. C'est à côté de la pâtisserie, à quelques mètres à gauche de l'entrée. C'est facile à trouver *(que tu trouves)*.

<u>Maria</u> : D'accord, après ça, tu veux aller manger *(qu'on aille pour le repas)* ?

<u>Dimitri</u> : Je ne sais pas, je n'ai pas très faim.

<u>Maria</u> : Tu veux aller boire un verre *(qu'on aille pour une boisson)* ?

<u>Dimitri</u> : Je ne sais pas, je n'ai pas très envie de boire.

<u>Maria</u> : Tu veux aller prendre un café alors ?

<u>Dimitri</u> : Il est probablement un peu tard pour un café.

<u>Maria</u> : Eh bien, qu'est-ce que tu veux ?

<u>Dimitri</u> : Te voir, mon cœur !

<u>Maria</u> : Ha ha, d'accord, je te l'ai dit, je viens ! [Mais] pense à ce que tu veux faire quand même *(cependant)*.

<u>Dimitri</u> : Peut-être que nous pourrions aller au cinéma en plein air *(d'été)* ? Il y a un bon film ce soir.

<u>Maria</u> : Excellente idée, je t'attends et nous y allons. On se voit bientôt *(nous parlerons de près)*.

<u>Dimitri</u> : D'accord, à tout à l'heure *(à bientôt dans peu)*.

<u>Maria</u> : Je te laisse alors, mais ne me pose pas un lapin comme la dernière fois, s'il te plaît.

<u>Dimitri</u> : Désolé, je ne t'entends pas bien, la ligne coupe *(se perd)*.

17 Προς το Μοναστηράκι

Ο Δημήτρης: Έλα, τι κάνεις; Ετοιμάζομαι. Εσύ; Είσαι έτοιμη;

Η Μαρία: Ναι, τώρα, στεγνώνω τα μαλλιά μου και ξεκινάω. Πού θα βρεθούμε; Πάμε προς το Μοναστηράκι αρχικά;

Ο Δημήτρης: Εντάξει, μπορούμε να βρεθούμε εκεί.

Η Μαρία: Ωραία! Πρέπει να πάω στο βιβλιοπωλείο με τα μεταχειρισμένα βιβλία. Έχεις ακόμα τη(ν) διεύθυνση του καταστήματος που έχει πολλά βιβλία για τη(ν) βυζαντινή ιστορία;

Ο Δημήτρης: Ξέρω ειδικά εκείνο που έχει αστυνομικά μυθιστορήματα. Είναι δίπλα στο ζαχαροπλαστείο, λίγα μέτρα αριστερά από την είσοδο. Είναι εύκολο να το βρεις.

Η Μαρία: Έγινε, μετά από αυτό θέλεις να πάμε για φαγητό;

Ο Δημήτρης: Δεν ξέρω, δεν πεινάω πολύ.

Η Μαρία: Θέλεις να πάμε για ποτό;

Ο Δημήτρης: Δεν ξέρω, δεν έχω πολύ όρεξη για ποτό.

Η Μαρία: Θέλεις να πάμε για καφέ τότε;

Ο Δημήτρης: Μάλλον είναι λίγο αργά για καφέ.

Η Μαρία: Ε τότε τι θέλεις;

Ο Δημήτρης: Να σε δω καρδιά μου!

Η Μαρία: Χα χα, ωραία, το είπα ότι έρχομαι! Σκέψου τι θέλεις να κάνουμε όμως.

Ο Δημήτρης: Μήπως να πάμε στο θερινό σινεμά; Παίζει ωραία ταινία απόψε.

Η Μαρία: Τέλεια ιδέα, σε περιμένω και πάμε. Θα τα πούμε από κοντά.

Ο Δημήτρης: Έγινε, τα λέμε σε λίγο.

Η Μαρία: Σε αφήνω τότε, αλλά μη(ν) με στήσεις όπως την άλλη φορά, σε παρακαλώ.

Ο Δημήτρης: Συγγνώμη, δε(ν) σ' ακούω καλά, χάνεται η γραμμή.

■ COMPRENDRE LE DIALOGUE
QUELQUES FORMULES ET EXPRESSIONS

→ **Πού θα βρεθούμε**; *Où allons-nous nous (re)trouver ?* La particule **θα** est la marque du futur et **βρεθ-** est le thème aoriste (momentané) médio-passif de **βρίσκομαι** *je me trouve* (**βρίσκω** *je trouve* à l'actif).

→ **αρχικά** *au tout début* L'adverbe est formé sur l'adjectif **αρχικός -ή -ό** synonyme de **πρώτος -η -ο** *premier(-ère)*.

→ **μπορούμε να βρεθούμε εκεί** *on peut se retrouver là-bas* Vous avez reconnu le subjonctif avec **να** et le thème aoriste (momentané) **βρεθ-** comme précédemment.

→ **Δεν ξέρω, δεν έχω πολύ όρεξη για ποτό**. L'expression **έχω όρεξη για** est composée de **η όρεξη** *l'appétit* et a un sens figuré d'*avoir envie* ou d'*être disposé(e)* à faire quelque chose : **Άλλη όρεξη δεν έχω**. *Je n'ai envie de rien d'autre.*

→ **Μάλλον** *plutôt*. On le trouve aussi dans un contexte négatif : **Μάλλον όχι**. *Probablement pas.*

→ **Να σε δω!** *Pour te voir* (litt. "que je te voie"). Le thème aoriste **δ-** correspond au verbe **βλέπω** *je vois* au présent.

→ **Σκέψου τι θέλεις να κάνουμε όμως**. *Cependant réfléchis à ce que tu veux que nous fassions* (litt. "pense que tu-veux que nous-fassions mais"). Le thème aoriste actif (momentané) **σκεψ-** correspond au verbe **σκέφτομαι** *je pense / je réfléchis*. Voir la rubrique Conjugaison pour la formation de l'impératif médio-passif.

→ **Μην με στήσεις όπως την άλλη φορά!** *Ne me pose pas un lapin comme la dernière fois !* L'impératif négatif (ou défense) est donc au subjonctif momentané (thème aoriste) **στησ-** du verbe **στήνω** *je place / je dispose* (au sens propre).

→ Il existe une série d'expressions très fréquemment utilisées pour conclure un échange par un *D'accord / Entendu / OK…* et *À tout à l'heure* ou *À plus !*. Rien de plus naturellement grec que de les placer dans vos conversations : **Τα λέμε μετά** ou plus brièvement **Τα λέμε**. *On se voit [plus tard]* ; **Θα τα πούμε** *À plus tard* ou *On se tient au courant* ; **Έγινε / Καλά / Εντάξει** correspondent indifféremment à *D'accord /Bien / Entendu / OK*.

NOTE CULTURELLE

Une fois à Athènes, vous traverserez très probablement le quartier de Monastiraki, niché entre les ruelles bordées de boutiques et les sites archéologiques du versant nord de l'Acropole. Le quartier tire son nom, **Μοναστηράκι** (*Petit Monastère*), de l'église située sur la place centrale. Dans les ruelles étroites, une multitude d'objets sont vendus : des antiquités, des vêtements d'occasion, des vieux livres, des souvenirs, des instruments de musique… Flâner dans ce marché coloré et animé est une expérience en soi qui vous transporte dans un autre temps. Vous pourriez y dénicher des trésors cachés. Les prix ne sont généralement pas affichés, il est donc nécessaire de négocier pour obtenir les meilleurs tarifs, une pratique courante dans les pays de l'Orient que vous avez peut-être déjà expérimentée en Afrique ou en Turquie. Ces pratiques témoignent de l'ancienne influence ottomane, encore perceptible dans la culture grecque d'aujourd'hui. Si vous êtes intéressé par l'histoire, vous ne serez pas déçu par le patrimoine culturel de Monastiraki. À proximité se trouvent des sites emblématiques tels que l'Agora antique et la Bibliothèque d'Hadrien. Ce quartier unique vous offre une rencontre avec l'histoire ancienne de la Grèce tout en vous immergeant dans l'animation moderne de la vie du quartier.

▲ CONJUGAISON
LE THÈME AORISTE MÉDIO-PASSIF (Π / Φ / Β / ΠΤ)

Lorsque le radical se termine par les sons **π / φ / β / πτ**, le suffixe -θ - devient -τ - et la consonne précédente s'adapte : **π / φ / β / πτ + θ → φτ** :

– **γράφομαι** *je m'inscris* → **(να) γράφ -θ -ώ → (να) γραφτώ**
– **σκέπτομαι** *je réfléchis* → **(να) σκεπτ -θ -ώ → (να) σκεφτώ**

LE FUTUR ACTIF ET MÉDIO-PASSIF

La formation du futur est très semblable à celle du subjonctif, la seule différence étant que la marque du futur, particule **θα**, remplace celle du subjonctif **να**.

– Le futur actif momentané, plus fréquemment, est formé sur le thème aoriste. Il fait référence à un événement précis et ponctuel dans le futur : **Αν θέλει, θα έρθω.** *Si elle/il veut, je viendrai.* Les "irrégularités" du futur actif sont les mêmes que celle du subjonctif, il suffit de connaître le thème aoriste pour déduire la conjugaison :

Thème	Futur actif momentané	
Aoriste	**αφήνω → θα αφήσω** *je laisserai*	**μπαίνω → θα μπω** *j'entrerai*
	βγαίνω → θα βγω *je sortirai*	**παίρνω → θα πάρω** *je prendrai*
	βλέπω → θα δω *je verrai*	**πηγαίνω/πάω → θα πάω** *j'irai*
	βρίσκω → θα βρω *je trouverai*	**πίνω → θα πιώ** *je boirai*
	λέω → θα πω *je dirai*	

– Le futur continu est formé sur le thème présent. Il est utilisé pour exprimer une action ou un état qui se répète : **Λέει ότι θα γράφει κάθε μέρα.** *Il dit qu'il écrira tous les* *jours*. Les terminaisons du futur sont identiques à celles du présent : **θα είμαι** *je serai*, **θα κάνουμε** *nous ferons*.

Thème	Futur actif continu	
Présent	**βγαίνω → θα βγαίνω** *je sortirai*	**βρίσκω → θα βρίσκω** *je trouverai*
	βλέπω → θα βλέπω *je verrai*	**λέω → θα λέω** *je dirai*

— De manière analogue, la formation du futur médio-passif se fait à l'aide de la particule **θα** et le verbe avec soit le thème présent (continu), soit le thème aoriste (momentané). Les terminaisons sont celles de Type 2 (**B2**) actif : **-ώ, -είς, -εί, -ούμε, -είτε, -ούν**.

Présent médio-passif	Futur continu	Futur momentané
Radical en **-ζ-**		
σχεδιάζομαι *je suis dessiné(e)*	**θα σχεδιάζομαι**	**θα σχεδιαστώ**
ξεκουράζομαι *je me repose*	**θα ξεκουράζομαι**	**θα ξεκουραστώ**
βιάζομαι *je me dépêche*	**θα βιάζομαι**	**θα βιαστώ**
ετοιμάζομαι *je me prépare*	**θα ετοιμάζομαι**	**θα ετοιμαστώ**
Radical en **-π/φ/β/πτ-**		
σκέπτομαι *je pense*	**θα σκέπτομαι**	**θα σκεφτώ**
επισκέπτομαι *je visite*	**θα επισκέπτομαι**	**θα επισκεφτώ**
Thème différent		
έρχομαι *je viens*	**θα έρχομαι**	**θα έρθω**
γίνομαι *je deviens*	**θα γίνομαι**	**θα γίνω**
χαίρομαι *je me réjouis*	**θα χαίρομαι**	**θα χαρώ**

L'IMPÉRATIF MÉDIO-PASSIF

— Pour l'ordre et la défense continus/répétés, on se sert du subjonctif (thème présent) avec les terminaisons des 2ᵉ personnes **-εσαι** et **-εστε** (sing. et pl.) :

σκέπτομαι → να σκέπτεσαι / να σκέπτεστε *réfléchis / réfléchissez (chaque jour)*
ξεκουράζομαι → να ξεκουράζεσαι / να ξεκουράζεστε *repose-toi / reposez-vous* (chaque jour)
βιάζομαι → να βιάζεσαι / να βιάζεστε *hâte-toi / hâtez-vous* (chaque jour)
ετοιμάζομαι → να ετοιμάζεσαι / να ετοιμάζεστε *prépare-toi / préparez-vous* (chaque jour)

– Pour la défense il suffit d'ajouter la négation du subjonctif :

βιάζομαι → (να) Μη(ν) βιάζεσαι τόσο πολύ κάθε μέρα! *Ne te hâte pas tous les jours comme ça !*

– Pour un ordre ponctuel, on ajoute :

→ au singulier, la terminaison **-ου** au thème aoriste actif (**-σ /-ψ /-ξ + ου**) et

→ au pluriel, la terminaison **-είτε** au thème aoriste médio-passif (**-θ /στ + είτε**)

Exemples :

σκέπτομαι → σκέψ - (thème aor. actif) **-ου → σκέψου** *pense / réfléchis*

σκέπτομαι → σκεφτ - (thème aor. médio-passif) **-είτε → σκεφτείτε** *pensez / réfléchissez*

ξεκουράζομαι → ξεκουράσου / ξεκουραστείτε *repose-toi / reposez-vous*

βιάζομαι → βιάσου / βιαστείτε *hâte-toi / hâtez-vous*

ετοιμάζομαι → ετοιμάσου /ετοιμαστείτε *prépare-toi / préparez-vous*

– Quant à la défense ponctuelle, elle utilise toujours **να μην** + subjonctif (thème aoriste) :

βιάζομαι → (να) Μη(ν) βιαστείς έτσι τώρα! Δεν υπάρχει λόγος. *Ne te hâte pas comme ça maintenant. Il n'y a pas de raison.*

EXERCICES

01. ÉCOUTEZ L'ENREGISTREMENT, PUIS COMPLÉTEZ LES PHRASES.

a. _ _ _ _ _ _ _ _ _ _ στο βιβλιοπωλείο _ _ _ _ _ _ _ _ _ _ μεταχειρισμένα βιβλία.

b. _ _ _ _ _ _ _ _ _ _ _ για καφέ. Ώρα για ούζο _ _ _ _ _ _ _ _ _ _ _.

c. Μήπως _ _ _ _ _ _ _ _ _ _ μετά από τη(ν) βόλτα;

d. _ _ _ _ _ _ _ _ _ _ _ _ _ _ _ _ _ απόψε, κάποια _ _ _ _ _ _ _ _ _ _ _.

02. METTEZ LES VERBES À L'IMPÉRATIF OU ENCOURAGEMENT SELON LA PERSONNE.

a. (Έρχεσαι) αφού παίρνεις τα κλειδιά. Θα σε περιμένω στην είσοδο.
→ _ _ _ _ _ _ _

b. Πω πω, τι ουρά είναι αυτή! (Περιμένουμε) λίγο και πάμε μια βόλτα.
→ _ _ _ _ _ _

c. (Στεγνώνεις) τα μαλλιά σου και (ετοιμάζεσαι). Θα σε περιμένω κάτω.
→ _

d. (Ρωτάς) κάποιον πού βρίσκεται το Μουσείο της Ακρόπολης.
→ _ _ _ _ _ _ _ _ _ _ _

e. Σε παρακαλώ, (δεν με αφήνεις) να περιμένω μόνη μου μπροστά στο σινεμά όπως την άλλη φορά.
→ _ _ _ _ _ _ _ _ _ _ _

03. METTEZ LES VERBES AU FUTUR.

a. Έρχομαι αφού κλείσω το κατάστημα και σου φέρνω τα κλειδιά.
→ _ _ _ _ _ _ _ _

b. Πάμε στο θερινό σινεμά για να δούμε μια ωραία ταινία απόψε.
→ _ _ _ _ _ _ _ _

c. Σε λίγο υπάρχουν λιγότεροι άνθρωποι διότι το μουσείο κλείνει σε λιγότερο από δύο ώρες.
→ _ _ _ _ _ _ _ _ _ _

d. Σήμερα, το μόνο πρόγραμμα είναι ότι ξεκουράζομαι.
→ _ _ _ _ _ _ _ _ _ _

e. Μου είπε ότι επισκεπτόμαστε το μουσείο. Ανυπομονούμε.
→ _ _ _ _ _ _ _ _ _

VOCABULAIRE

μαλλιά (τα) *cheveux*
πώς *comment*
μοναστηράκι (το) *Monastiraki* (quartier d'Athènes)
πάω *je vais*
σε *dans le*
βιβλιοπωλείο (το) *librairie*
μεταχειρισμένος -η -ο *d'occasion*
βιβλία (τα) *livres*
έχεις *tu as*
διεύθυνση (η) *adresse*
κατάστημα (το) *magasin*
ιστορία (η) *histoire*
εύκολος -η -ο *facile*
δίπλα *à côté de*
ζαχαροπλαστείο (το) *pâtisserie*
λίγος -η -ο *peu de*
είσοδος (η) *entrée*
μετά *après*
όρεξη (η) *appétit*
καφές (ο) *café* (la boisson)
καφενείο (το) *café* (l'établissement)
μάλλον *probablement*
θερινός -ή -ό *en plein air*
σινεμά (το) *cinéma*
ταινία (η) *film*
απόψε *ce soir*
όπως *comme*

04. COMPLÉTEZ LES TRADUCTIONS ET VÉRIFIEZ VOS RÉPONSES EN ÉCOUTANT L'AUDIO.

a. Je crois que j'ai encore l'adresse de ce magasin du centre-ville.
→ _____ έχω ακόμα τη διεύθυνση _____ στο κέντρο της πόλης.

b. Nous pouvons prendre un café avant d'entrer dans le cinéma d'été.
→ _____ πριν μπούμε _____.

c. Où pouvons-nous trouver une librairie avec des livres grecs ?
→ _____ ένα βιβλιοπωλείο με _____;

d. Savez-vous par hasard s'il y a une cafétéria près de l'entrée du musée ?
→ _____ καφετέρια _____;

e. Retrouvons-nous à Monastiraki et allons ensuite nous promener à Plaka.
→ _____ στο Μοναστηράκι _____ στην Πλάκα.

16.
LES VACANCES
Οι διακοπές

OBJECTIFS

- EXPRIMER UNE PRÉFÉRENCE
- DISCUTER DES VACANCES PASSÉES
- DÉCRIRE UN LIEU
- PRENDRE UNE DÉCISION

NOTIONS

- LES ABRÉVIATIONS DE MESURE
- LES FÉMININS EN *-ΟΣ*
- RADICAL TERMINÉ PAR *-Γ-*

NOUS VOILÀ PARTIS EN VACANCES !

Kostas : Alors, où penses-tu que nous devrions partir en vacances cet été ?

Angeliki : On part dans les Cyclades ?

Kostas : Encore ? Mais nous sommes allés à Tinos l'année dernière !

Angeliki : Ah oui, qu'est-ce qu'on s'est bien amusé *(nous avions passé du bon temps)*. Les plages sont très belles. Tu te souviens que je lisais tout le temps et que tu courais tous les jours 5 à 6 km sur le sable ?

Kostas : Oui, je m'en souviens, et ensuite on mangeait *(nous mangions)* souvent ces délicieux plats que le serveur nous apportait sur les chaises longues en paille. Tu ne veux pas y retourner cette année ? Peut-être devrions-nous aller ailleurs ?

Angeliki : Que penses-tu du Pélion ? Il y a à la fois la mer et la montagne.

Kostas : Bonne idée, mais j'aimerais vraiment une île *(c'est la vérité)*.

Angeliki : Eh bien, où veux-tu aller ?

Kostas : Allons à Zante ? Je n'y suis jamais allé.

Angeliki : Hmm... Je n'ai pas aimé, j'y suis allée en 2020. Allons peut-être plus loin. Quand j'étais petite, nous allions toujours là-bas avec mes parents chaque été.

Kostas : D'accord, alors peut-être devrions-nous aller en Islande ? C'est à la fois une île et [c'est] loin !

Angeliki : Il ne fera pas froid ?

Kostas : Non, en août, les températures sont parfaites et nous pouvons marcher partout dans l'île. J'ai vu quelques photos et j'aimerais vraiment voir ces magnifiques paysages. Il y a aussi des piscines chaudes, comme des lagons de rêve...

Angeliki : D'accord, si tu veux éviter la chaleur, partons [là-bas] alors !

Kostas : Parfait, je suis content que nous soyons d'accord !

Φύγαμε διακοπές!

Ο Κώστας: Λοιπόν, πού λες να πάμε διακοπές φέτος το καλοκαίρι;

Η Αγγελική: Πάμε στις Κυκλάδες;

Ο Κώστας: Πάλι; Αφού πέρσι πήγαμε στην Τήνο.

Η Αγγελική: Αχ ναι, τι ωραία που περάσαμε. Πολύ όμορφες παραλίες. Θυμάσαι που διάβαζα συνέχεια και εσύ έτρεχες κάθε μέρα 5 με 6 χλμ. πάνω στην άμμο;

Ο Κώστας: Ναι θυμάμαι, και μετά τρώγαμε συχνά εκείνα τα τέλεια πιάτα που μας έφερνε ο σερβιτόρος στις ψάθινες ξαπλώστρες. Δε(ν) θες να ξαναπάμε και φέτος; Μήπως να πάμε κάπου αλλού;

Η Αγγελική: Πώς σου φαίνεται το Πήλιο; Εκεί έχει και θάλασσα και βουνό.

Ο Κώστας: Καλή ιδέα, αλλά θα ήθελα ένα νησί είναι η αλήθεια.

Η Αγγελική: Ε ωραία, πού θες να πάμε;

Ο Κώστας: Πάμε στη(ν) Ζάκυνθο; Δεν έχω πάει ποτέ.

Η Αγγελική: Μμμ... δε(ν) μου άρεσε, πήγα το 2020. Πάμε κάπου πιο μακριά ίσως. Όταν ήμουν μικρή πηγαίναμε με τους γονείς μου κάθε καλοκαίρι συνέχεια εκεί.

Ο Κώστας: Ωραία, μήπως τότε να πάμε στην Ισλανδία; Είναι και νησί και μακριά!

Η Αγγελική: Δεν θα έχει κρύο;

Ο Κώστας: Όχι τον Αύγουστο έχει τέλειες θερμοκρασίες και μπορούμε να περπατήσουμε σε όλο το νησί. Έχω δει κάποιες φωτογραφίες και θα ήθελα πολύ να δω αυτά τα πανέμορφα τοπία. Υπάρχουν και θερμές πισίνες, σαν λιμνοθάλασσες των ονείρων...

Η Αγγελική: Ωραία, αν θέλεις να αποφύγεις τη(ν) ζέστη, φύγαμε τότε!

Ο Κώστας: Τέλεια, χαίρομαι που συμφωνούμε!

COMPRENDRE LE DIALOGUE
QUELQUES FORMULES ET EXPRESSIONS

→ **Φύγαμε διακοπές** *Nous voilà partis en vacances*. L'aoriste est le plus souvent un temps du passé avec l'aspect indéfini (ponctuel). Mais, à la différence de l'imparfait qui est essentiellement un temps du passé, l'aoriste peut aussi, avec certains verbes, comme ici un verbe de mouvement, avoir un sens de présent accompli pour une action vue comme terminée : **Φύγαμε τότε!** *Alors c'est parti ! C'est parti !* ou encore **Πήγαμε!** *Nous y voilà* ("arrivés") *!*

→ **διάβαζα συνέχεια … έτρεχες κάθε μέρα.. τρώγαμε συχνά … μας έφερνε ο σερβιτόρος** *Je lisais tout le temps… tu courais tous les jours… nous mangions souvent… le serveur nous apportait*. Voici une série de verbes à l'imparfait comme on s'y attend dans un récit qui évoque la répétition ou une habitude.

→ **Δε(ν) θες να ξαναπάμε και φέτος;** *Tu ne veux pas qu'on y aille* ("retourne") *aussi cette année ?* La forme réduite **θες** *tu veux* correspond à la forme orale (emploi familier) du verbe **θέλω** *je veux* à l'indicatif présent : **θες** pour **θέλεις** (forme de loin la plus fréquente), **θέμε** pour **θέλουμε**, **θέτε** pour **θέλετε** et **θένε** pour **θέλουν(ε)**.

→ **να ξαναπάμε** *que nous retournions*. Il s'agit là du subjonctif aoriste (momentané) de **ξαναπηγαίνω** *je retourne (je vais de nouveau)*. Le préfixe **ξανα-**, issu de l'adverbe **ξανά** *à nouveau*, indique la répétition de l'action comme le préverbe français *re-* : **ξαναβλέπω** *je revois*.

→ **καλό μου ακούγεται** *cela me semble bien* (litt. "bien me s'entend" ou "ça sonne bien"). Dans la conjugaison de **ακούω** *j'écoute / j'entends*, un *gamma* (**γ**) apparaît parfois pour séparer deux voyelles de la conjugaison, comme à l'imparfait ou au médio-passif : **ακούγεται** *il/elle est entendu(e)/écouté(e)*.

→ **Έχω δει κάποιες φωτογραφίες** *J'ai vu quelques photos*. La construction **έχω δει** *j'ai vu* est celle du parfait. Cette structure indique une action passée dont l'effet persiste dans le présent.

NOTE CULTURELLE

Située à l'extrémité sud de la péninsule balkanique, *la* Grèce (**η Ελλάδα**) est bordée à l'est par *la mer Égée* (**το Αιγαίο πέλαγος**) et à l'ouest par *la mer Ionienne* (**το Ιόνιο πέλαγος**). Le pays, majoritairement montagneux, est divisé en une dizaine de régions administratives. La portion continentale comprend les trois régions de Macédoine (**Κεντρική Μακεδονία, Δυτική Μακεδονία** et **Ανατολική Μακεδονία** – cette dernière incluant *la Thrace* (**η Θράκη**) –, *l'Épire* (**η Ήπειρος**) au nord-ouest, *la Thessalie* (**η Θεσσαλία**), *la Grèce occidentale* (**η Δυτική Ελλάδα**) qui s'étend de part et d'autre du Golfe de Patras, *la Grèce centrale* (**η Στερεά Ελλάδα** ou *Grèce continentale*) qui englobe également la grande *île d'Eubée* (**η Εύβοια**), et enfin *l'Attique* (**η Αττική**).

La péninsule du *Péloponnèse* (**η Πελοπόννησος**) sépare *les îles Ioniennes* (**τα Νησιά Ιονίου Πελάγους**) de celles de l'Égée (**τα Νησιά Αιγαίου Πελάγους** *les îles de la mer Egée*). *Les Cyclades* (**οι Κυκλάδες**), mentionnées dans le texte, font partie de *la région du sud de l'Égée* (**Περιφέρεια Νοτίου Αιγαίου**). La plus méridionale des îles grecques est *la Crète* (**η Κρήτη**). La côte grecque est extrêmement découpée, et on n'est jamais très loin de la mer. Bien que le pays compte environ trois mille îles, seulement deux cents d'entre elles sont habitées.

◆ **GRAMMAIRE**
DÉCLINAISON : LES FÉMININS EN -*ΟΣ*

Certains noms féminins présentent une terminaison **-ος,** commune aux noms masculins de la 2ᵉ déclinaison. Les articles ou les adjectifs que les accompagnent portent bien la marque du féminin : **η οδός** *la rue*, **η Τήνος** *Tinos* (l'île).

De nombreux noms d'îles, de villes ou de régions utilisent cette déclinaison au singulier (car il n'existe pas de forme au pluriel) : **η Αίγυπτος** (l'*Égypte*), **η Άνδρος** (*Andros*), **η Κύπρος** (*Chypre*), **η Πελοπόννησος** (*le Péloponnèse*), **η Χίος** (*Chios*), **η Ήπειρος** *l'Épire* (dérivé de **η ήπειρος** *le continent*).

Parmi les mots les plus courants, on trouve : **η άμμος** *le sable*, **η Βίβλος** *la Bible*, **η είσοδος** *l'entrée*, **η έξοδος** *la sortie*, **η επέτειος** *l'anniversaire*, **η λεωφόρος** *l'avenue*, **η νήσος** *l'île*, **η μέθοδος** *la méthode* et **η περίοδος** *la période* (ces deux derniers étant dérivé de **η οδός**).

Certains autres substantifs, noms de professions en particulier, ont une forme commune en **-ος** pour les deux genres. L'article et tous les autres qualifiants s'accordent selon le genre réel de la personne : **ένας καλός ηθοποιός** *un bon acteur* et **μια καλή ηθοποιός** *une bonne actrice*. Parmi les plus courants il y a : **ο /η γιατρός** *le docteur/la doctoresse*, **ο /η δικηγόρος** *l'avocat(e)*, **ο /η αρχαιολόγος** *l'archéologue*, **ο /η υπάλληλος** *l'employé(e)*.

LES ABRÉVIATIONS DE MESURE

Les termes des mesures en français sont construits soit sur une racine grecque (hecto-/kilo-) soit sur une racine latine (centi-/mili-) ; le micromètre a même la lettre *mu'* (**μ**) comme symbole. Mais qu'en est-il en grec ? Sur les panneaux routiers grecs, l'indication des *kilomètres* pourra être notée de façon traditionnelle avec l'abréviation **χλμ.** pour **χιλιόμετρο** (litt. "**χίλια μέτρα** *mille mètres*"). Dans la plupart des cas, c'est la notation scientifique qui prévaudra : *mm* pour **χιλιοστόμετρο** (*millimètre*) ; *cm* pour **εκατοστόμετρο** (*centimètre*), etc. On utilise également parfois l'abréviation **τ.μ.** (**τετραγωνικό μέτρο**) pour *m^2*.

▲ CONJUGAISON
LE THÈME AORISTE

Le dialogue comprend plusieurs verbes cités avec un thème aoriste. Il n'y a pas de règle pour déterminer le schéma de formation du thème aoriste ; il y a des groupes de modèles qu'on retient à l'usage. Voici les différents types accompagnés du thème aoriste régulier ou irrégulier :

Type	Verbe présent	Thème aoriste	Subjonctif aoriste
Type 1 (**A**)	**τρέχω** je cours	-ζ → -ξ	να τρέξω
	βλέπω je vois	δ-	να δω
	δίνω je donne	δώσ-	να δώσω
	λέω je dis	π-	να πω
	πηγαίνω je vais	πα-	να πάω
	τρώω je mange	φα-	να φάω
	φέρνω je porte	φερ-	να φέρω
	φεύγω/ώ je pars	φυγ-	να φύγω
Type 2 (**B1**)	**περνάω/ώ** je passe	-άω/ώ → -ασω	να περάσω
	περπατάω/ώ je marche	-άω/ώ → -ησω	να περπατήσω
Type 2 (**B2**)	**συμφωνώ** je suis d'accord	-ώ → -ησω	να συμφωνήσω
Type 3 (**Γ1**)	**ακούγομαι** je semble	-ομαι → -στ-	να ακουστώ
	χαίρομαι je suis heureux	χαρ-	να χαρώ
Type 3 (**Γ2**)	**θυμάμαι** je me souviens	-άμαι → -ηθ-	να θυμηθώ

Rappel des terminaisons par type :

Type 1 : **A -ω** ; Type 2 : **B1 -άω/-ώ** ; **B2 -ώ** ; Type 3 : **Γ1 -ομαι** ; **Γ2 -άμαι**

LA CONJUGAISON RÉDUITE

Le verbe **τρώω** je mange (thème présent) fait partie des sept verbes appartenant à la conjugaison réduite (**AB**) avec, entre autres, **λέω** je dis, **ακούω** j'écoute / j'entends, **πάω** je vais et **φάω** je mange. Les deux derniers sont des formes basées sur le thème aoriste (**να πάω, να φάω**).

Le verbe **τρώω** je mange :

Conjugaison	Singulier	Pluriel
Type 1/2 (**AB**)	**τρώω** [je] mange	**τρώμε** [nous] mangeons
	τρως [tu] manges	**τρώτε** [vous] mangez
	τρώει [il/elle] mange	**τρώνε** [ils/elles] mangent

RADICAL TERMINÉ PAR -Γ-

Certains verbes présentent une particularité dans leur conjugaison. Une ancienne consonne du radical (**γ** gamma) qui était assimilée avec les lettres adjacentes réapparaît à la fin du radical devant certaines terminaisons. Cela s'observe plus spécifiquement avec les verbes à conjugaison réduite, comme **ακού(γ)ω** j'écoute, **λέ(γ)ω** je dis, **τρώ(γ)ω** je mange, etc.

Ce **-γ-** intervocalique apparaît principalement à l'imparfait (**ακούω** → **άκουγα** j'écoutais ; **λέω** → **έλεγα** je disais ; **τρώω** → **έτρωγα** je mangeais et à certaines conjugaisons médio-passives basées sur le thème présent-continu (**ακούω** → **ακούγομαι** je suis entendu(e) ; **ακούω** → **ακούγεται** il/elle est entendu(e)).

EXERCICES

01. ÉCOUTEZ L'ENREGISTREMENT, PUIS COMPLÉTEZ LES PHRASES.

a. Πάμε στη Ζάκυνθο _ _ _ _ _ _ _ _ _ _ _ ; _ _ _ _ _ _ _ _ _ _ εκεί.

b. Το Πήλιο είναι όμορφο, _ _ _ _ _ _ _ _ _ _ _ .

c. _ _ _ _ _ _ _ _ _ _ να επισκεφτούμε _ .

d. _ _ _ _ _ _ _ _ _ _ _ _ _ _ _ στην Ισλανδία _ .

02. DÉCLINEZ LES MOTS ENTRE PARENTHÈSES.

a. Αν θέλετε να αποφύγετε το κρύο, πηγαίνετε (η Ρόδος), (η Κύπρος) ή (η Κρήτη).

b. Πήγαμε πέρσι (η Τήνος) και είδαμε (πανέμορφες παραλίες).

c. Τα καταστήματα σε (αυτή η λεωφόρος) είναι πιο ακριβά από εκείνα (η οδός) μου.

d. Θυμάσαι (η άμμος) στην πανέμορφη παραλία (οι Κυκλάδες);

03. CONJUGUEZ LES VERBES À L'AORISTE.

a. Αυτό είναι το πρώτο μου ταξίδι στην Ισλανδία.
→ _ _ _ _ _ _ _ _ _ _

b. Ο αδελφός μου θα επισκεφτεί τη Ζάκυνθο και θα λατρέψει τις παραλίες και τη θάλασσα εκεί.
→ _

c. Ακούω πολλά καλά λόγια για το Πήλιο και θέλω να το επισκεφτώ μια μέρα.
→ _ _ _ _ _ _ _ _ _ _

d. Τα παιδιά θέλουν να πάνε σε ένα νησί.
→ _ _ _ _ _ _ _ _ _

04. COMPLÉTEZ LES TRADUCTIONS ET VÉRIFIEZ VOS RÉPONSES EN ÉCOUTANT L'AUDIO.

a. Peut-être devrions-nous aller ailleurs, si tu ne veux pas visiter les Cyclades cette année ?
→ _ _ _ _ _ _ _ _ _ _ _ _ _ _ _ _ _ , αν _ _ _ _ _ _ _ _ _ _ _ _ _ _ _ τις Κυκλάδες φέτος;

b. Je me souviens que nous avions l'habitude de courir sur le sable de la plage tous les jours.
→ _ πάνω στην άμμο της παραλίας.

c. Nous avons l'habitude d'aller à Tinos en été, mais cette année j'ai envie de quelque chose de différent.
→ Το καλοκαίρι πάμε συνήθως στην Τήνο, _ _ _ _ _ _ _ _ _ _ _ _ _ _ _ _ _ _ _ .

VOCABULAIRE

διακοπές (οι) *les vacances*
φέτος *cette année*
Κυκλάδες (οι) *les Cyclades (îles grecques)*
πέρσι *l'année dernière*
πήγαμε *nous sommes allé(e)s*
Τήνος (η) *Tinos (île grecque)*
παραλία (η) *plage*
θυμάσαι *tu te souviens*
συνέχεια *constamment*
διαβάζω *je lis*
χιλιόμετρο (το) *kilomètre*
άμμος (η) *sable*
τρώγαμε *nous mangions*
ψάθινη ξαπλώστρα (η) *chaise longue / transat en paille*
έφερνε *il/elle apportait*
ξαναπώ *je répète*
κάπου *quelque part*
αλλού *ailleurs*
Πήλιο (το) *Pélion (région de la Grèce)*
νησί (το) *île*
Ζάκυνθος (η) *Zante (île grecque)*
πήγα *je suis allé(e)*
ίσως *peut-être*
μικρός -ή -ό *jeune*
κάθε *chaque*
καλοκαίρι (το) *été*
Ισλανδία (η) *Islande*
κρύο (το) *froid*
περπατώ *je vais me promener*
φωτογραφία (η) *photographie*
πανέμορφος -η -ο *magnifique*
τοπίο (το) *paysage*
θερμός -ή -ό *chaud*

σαν *comme*
λιμνοθάλασσα (η) *lagune*
όνειρο (το) *rêve*
αποφεύγω *j'évite*
ζέστη (η) *chaleur*

d. Je pense aller dans le Pélion pour une semaine de vacances.
→ Σκέφτομαι να πάω στο Πήλιο _____.

e. L'avion est plus rapide, mais j'aime bien prendre mon temps sur le bateau.
→ Το αεροπλάνο _____, αλλά _____
το χρόνο μου _____.

17.
JE VAIS FAIRE DES COURSES
Πηγαίνω για ψώνια

OBJECTIFS	NOTIONS
• PARLER DES COURSES • LE VOCABULAIRE DES ALIMENTS. • EXPRIMER SES PRÉFÉRENCES • HIER, AUJOURD'HUI, DEMAIN	• LES ADJECTIFS EN -ΟΣ -ΙΑ -Ο • LE POTENTIEL AVEC ΘΑ (CONDITIONNEL) • LES ADERBES EN -ΩΣ • L'ADJECTIF ΛΙΓΟΣ

ON VA AU SUPERMARCHÉ ?

Angeliki : Eh salut, Kostas *(Bien au [Kostas])* ! Qu'est-ce qu'on devrait *(que penses-tu de)* cuisiner aujourd'hui ?

Kostas : Ouf, journée difficile au travail. Veux-tu que nous commandions quelque chose ?

Angeliki : Non, j'ai envie de cuisiner ce soir.

Kostas : Mais le frigo est vide. À la fin de la semaine, c'est toujours comme ça.

Angeliki : Très bien, je vais aller au supermarché alors. Tu penses qu'on devrait faire une pizza ?

Kostas : Non, j'ai envie d'autre chose. Pourquoi pas des crêpes ? Il ne nous faudrait *(faut)* que du lait, des œufs et de la farine pour les crêpes *(alors)*.

Angeliki : Bonne idée ! On peut prendre du jambon, du fromage, si [possible]...

Kostas : Oui ! Et du miel pour faire des crêpes sucrées aussi. Tu peux aussi prendre du pain et du café pour demain matin ?... Oh, et quelques bananes et des oranges.

Angeliki : Autre chose ?

Kostas : Laisse-moi réfléchir *(attends que je réfléchisse)*...

Angeliki : On fait une salade paysanne ?

Kostas : [Oui], très bien *(à merveille)*, il nous faut des tomates, du concombre, de l'oignon et des poivrons verts. Prends des olives, je n'en ai plus *(elles me sont finies)*.

Angeliki : D'accord. Tu oublies quelque chose de très important !

Kostas : Du vin ?

Angeliki : Non, mon chéri, du *(le)* fromage !

Kostas : Ah oui, alors prends de la feta !

Angeliki : Oh mon Dieu, il pleut ! Tu es sûr que nous n'avons rien dans le congélateur ?

19   Πάμε στο σουπερμάρκετ;

Η Αγγελική: Καλώς τον! Τι λες να μαγειρέψουμε σήμερα;

Ο Κώστας: Ούφ, δύσκολη μέρα στη(ν) δουλειά. Θέλεις να παραγγείλουμε κάτι;

Η Αγγελική: Όχι, έχω όρεξη να μαγειρέψω απόψε.

Ο Κώστας: Το ψυγείο είναι άδειο όμως. Στο τέλος της εβδομάδας, πάντα έτσι είναι.

Η Αγγελική: Ωραία, θα πάω στο σουπερμάρκετ τότε. Λες να κάνουμε μια πίτσα;

Ο Κώστας: Μπα, θέλω κάτι άλλο. Τι θα έλεγες για κρέπες; Το μόνο που χρειαζόμαστε είναι γάλα, αυγά και αλεύρι για τις κρέπες τότε.

Η Αγγελική: Τέλεια ιδέα! Να πάρουμε και λίγο ζαμπόν και τυρί εάν είναι.

Ο Κώστας: Ναι! Και λίγο μέλι για να κάνουμε και γλυκές κρέπες. Μπορείς να πάρεις επίσης και ψωμί και καφέ γι' αύριο το πρωί; ... Α, και λίγες μπανάνες και πορτοκάλια.

Η Αγγελική: Τίποτα άλλο;

Ο Κώστας: Κάτσε να σκεφτώ...

Η Αγγελική: Να κάνουμε και μια χωριάτικη σαλάτα;

Ο Κώστας: Μια χαρά, χρειαζόμαστε ντομάτες, αγγούρι, κρεμμύδι και πράσινες πιπεριές. Πάρε μερικές ελιές, μου τελειώσανε.

Η Αγγελική: Εντάξει. Ξεχνάς κάτι πολύ σημαντικό!

Ο Κώστας: Κρασί;

Η Αγγελική: Όχι ρε αγάπη μου, το τυρί!

Ο Κώστας: Α ναι, ωραία πάρε και λίγη φέτα τότε!

Η Αγγελική: Θεέ μου, βρέχει! Είσαι σίγουρος ότι δεν έχουμε τίποτα στην κατάψυξη;

COMPRENDRE LE DIALOGUE
QUELQUES FORMULES ET EXPRESSIONS

→ **Καλώς τον!** *Ah bienvenu à [+ nom] !* ou plus familièrement *Eh, salut !* Ici, le nom est sous-entendu comme souvent dans ce genre d'exclamation. La forme pleine serait **Καλώς τον Κώστα!** Dans cette expression, l'adverbe **καλώς** (litt. "bien à…") est suivi de l'accusatif. Il est l'équivalent de *bienvenu à…* : **Καλώς τα παιδιά!** *Soyez les bienvenus les enfants* ou *les amis !*

→ **έχω όρεξη να μαγειρέψω** *j'ai envie de cuisiner*. Le complément de l'expression **έχω όρεξη** *avoir envie (de)* est précédé de **για** si c'est un substantif ou de **να** si c'est un verbe (il sera au subj.). Compte tenu de l'absence d'infinitif, le grec a tendance à utiliser **για** + nom d'action : **έχω όρεξη να μαγειρέψω** ou **έχω όρεξη για μαγείρεμα** (**το μαγείρεμα** *la cuisine/préparation / la cuisson*).

→ **Τι θα έλεγες για κρέπες;** *ça te dirait de [faire des] crêpes ?* D'une façon un peu analogue au français, *dire* a également un sens figuré synonyme de *penser*, *estimer* (qu'en dis-tu ?). La construction **θα έλεγες** est au conditionnel (voir grammaire).

→ **Να πάρουμε… τυρί εάν είναι [απαραίτητο].** *Prenons… du fromage si besoin.* Ici **απαραίτητος η ο** *nécessaire* est sous-entendu.

→ **γι' αύριο** *pour demain*. L'*alpha* (**α**) de **για** s'élide devant un **α**- initial : **γι' αυτό** *pour ça*.

→ **Κάτσε να σκεφτώ…** *attends que je réfléchisse…* Ici le verbe **κάθομαι** *je m'assois* est à l'impératif momentané (thème aoriste) : **κάτσε** (ou **κάθισε**). Le verbe a plusieurs sens figurés dont celui de *prêter attention à* et est à l'impératif : **Κάτσε να δεις!** *Écoute !* (litt. "assieds-toi pour voir").

→ **Μια χαρά**… *Super !* (litt. "à merveille"). Dans cette expression adverbiale, le verbe **είναι** *[c']est* est sous-entendu.

→ **χρειαζόμαστε γάλα** *nous avons besoin de lait*. Le verbe **χρειάζομαι** (toujours médio-passif) correspond au français *avoir besoin de*. À la 3ᵉ personne, il signifie, la plupart du temps, que quelque chose est nécessaire : **Η υπογραφή δεν χρειάζεται πλέον.** *La signature n'est plus nécessaire.*

→ **βρέχει** *il pleut*. Le verbe **βρέχω** signifie *je mouille*, mais à la 3ᵉ personne du singulier (**βρέχει**), il signifie *il pleut*. C'est un emploi impersonnel et cela correspond à des actions ou des événements qui ne sont pas réalisés par une personne spécifique comme **χιονίζει** *il neige*, ou encore **κάνει ζέστη** *il fait chaud*. Il sont généralement à la 3ᵉ personne du singulier.

→ Voici quelques adverbes pour situer une journée par rapport à la veille ou au lendemain : **σήμερα** *aujourd'hui*, **αύριο** *demain* et **μεθαύριο** *après-demain*. Pour parler de la veille, on utilise **εχθές** (ou **χτες**) pour *hier* et **προχθές** (ou **προχτές**) pour *avant-hier* : **Δουλεύεις σήμερα και αύριο; – Ναι. Σήμερα δουλεύω, αλλά**

χθες είχα άδεια. *Travailles-tu aujourd'hui et demain ? – Oui. Je travaille aujourd'hui, mais hier j'avais un jour de congé.*

→ Pour situer *une semaine* **(μια εβδομάδα)**, *un mois* **(ένας μήνας)** ou *un moment* **(μια φορά** *une fois*) par rapport au présent on utilise les adjectifs : **επόμενος -η -ο** *prochain(e)* et **προηγούμενος -η -ο** *dernier/-ère* ou bien **περασμένος -η -ο** *passé(e)* : **την επόμενη εβδομάδα/φορά** *la semaine/fois prochaine* ; **τον προηγούμενο/περασμένο μήνα** *le mois dernier/passé*.

→ Pour situer un événement dans l'année courante, passée ou prochaine : **πέρσι/πέρυσι** *l'année dernière*, **(ε)φέτος** *cette année*, et **του χρόνου** *l'année prochaine* : **Πέρυσι σπούδαζα στη(ν) Γαλλία, αλλά φέτος θα μείνω στην Ελλάδα.** *L'année dernière j'étudiais en France, mais cette année je reste en Grèce.*

NOTE CULTURELLE

Lorsque l'on évoque la cuisine grecque, l'image de *la salade grecque* **(χωριάτικη σαλάτα)** et de l'indispensable *féta* **(η φέτα)** vient immédiatement à l'esprit, comme c'est le cas dans ce dialogue où un couple amoureux cherche de l'inspiration pour préparer un repas. La **χωριάτικη σαλάτα,** littéralement "salade paysanne" ou "de village", est l'un des symboles culinaires de la Grèce, même si son authenticité peut parfois être sujette à débat. Elle mêle les saveurs des *tomates* **(οι ντομάτες)**, *concombres* **(το αγγουράκι)**, *oignons* **(το κρεμμύδι)**, *poivron vert* **(η πράσινη πιπεριά)**, *feta* **(η φέτα)**, *olives* **(οι ελιές)**, et *origan* **(η ρίγανη)**. L'authenticité des saveurs et la fraîcheur des produits, dont *l'huile d'olive* **(το ελαιόλαδο)**, font sa qualité.

Au-delà de la féta, vous pourrez découvrir *la gravièra* **(η γραβιέρα)**, un fromage à pâte ferme, *le kasséri* **(το κασέρι)**, un fromage crémeux, *le kéfalotiri* **(το κεφαλοτύρι)**, un fromage ferme et salé, et dans les Cyclades, *la kopanisti* **(η κοπανιστή)**, un fromage corsé et épicé qui marquera sans aucun doute votre palais.

◆ GRAMMAIRE
DÉCLINAISON : LES ADJECTIFS EN -ΟΣ -ΙΑ -Ο

Les adjectifs de type **γλυκός** ont une terminaison au féminin singulier en **-ια** plutôt que **-η**. L'accent reste sur la même syllabe dans la déclinaison :

	Singulier			Pluriel		
	m.	f.	n.	m.	f.	n.
Nom.	γλυκός	γλυκιά	γλυκό	γλυκοί	γλυκές	γλυκά
Acc.	γλυκό	γλυκιά	γλυκό	γλυκούς	γλυκές	γλυκά
Gén.	γλυκού	γλυκιάς	γλυκού	γλυκών	γλυκών	γλυκών

LES ADERBES EN -ΩΣ

À partir d'adjectifs qui se terminent en **-ος** on forme également des adverbes en **-ως** (terminaison classique héritée du grec ancien). Certains adverbes existent et sont dans l'usage avec les deux terminaisons comme **βέβαια** et **βεβαίως** *certainement* ; leur sens est tout à fait identique. Parmi les plus courants il y a **ιδίως** *particulièrement*, **κυρίως** *principalement* et, dans le domaine de la poste, **αεροπορικώς** *par avion*.

On utilise l'adverbe **καλώς** *bien* dans certaines expressions consacrées plutôt que **καλά** : **Καλώς ήρθατε!** *Bienvenue !* L'usage a consacré la forme **αμέσως** pour *immédiatement*, et **άμεσα** pour *directement*.

L'ADJECTIF *ΛΙΓΟΣ*

Comme pour **πολύς** *beaucoup / beaucoup [de]* et quelques autres, **λίγος -η -ο** peut être employé soit comme pronom soit comme adjectif ; dans ce cas il s'accorde en genre, en nombre et en cas avec le nom auquel il se rapporte :

λίγο κρασί *un peu de vin*
λίγη φέτα *un peu de féta*
λίγες μπανάνες *quelques (peu de) bananes*.
λίγος fait partie des adjectifs qui forment l'adverbe à partir du neutre singulier (**-ο**) :
λίγο *peu*.

▲ CONJUGAISON
LE THÈME AORISTE

Le dialogue comprend plusieurs verbes cités avec un thème aoriste. Le verbe **παραγγέλνω** *je commande* (*je passe commande*) et quelques verbes ont thème aoriste (momentané) irrégulier :

Type	Verbe présent	Thème aoriste	Subjonctif aoriste
Type 1 (A)	σπουδάζω *j'étudie*	-ζω →-σω	να σπουδάσω
	τελειώνω *je finis*	-νω →-σω	να τελειώσω
	δουλεύω *je travaille*	-ε(υ)ω →-ψω	να δουλέψω
	μαγειρεύω *je cuisine*		να μαγειρέψω
	βρέχει *il pleut*	-χω → -ξω	να βρέξει
	μένω *je reste*	μείν-	να μείνω
	παίρνω *je prends*	πάρ-	να πάρω
	παραγγέλνω *je commande*	παραγγείλ-	να παραγγείλω
Type 3 (Γ1)	χρειάζομαι *j'ai besoin*	-ομαι → -στ-	να χρειαστώ

Rappel des terminaisons par type : Type 1 (**A -ω**) ; Type 3 (**Γ1 -ομαι**)

LE POTENTIEL AVEC *ΘΑ* (CONDITIONNEL)

Il n'existe pas une correspondance stricte entre les modes et les temps en français et en grec moderne. Le potentiel grec est construit avec la particule **θα** + imparfait. Il sert principalement à l'expression d'une possibilité et d'une demande courtoise :

Modalité	Exemples (**θα** + imparfait)
possibilité	**Θα μπορούσα να μιλήσω με την κυρία Άννα;** *Pourrais-je parler avec Mme Anna ?*
	Τι θα έλεγες για έναν καφέ; *Que dirais-tu d'un café ?*
courtoisie	**Θα ήθελα ένα εισιτήριο, παρακαλώ.** *Je voudrais (j'aurais voulu) un billet s'il vous plaît.*

La probabilité ou l'éventualité peuvent aussi être exprimées par la construction **θα** + présent ou **θα** + aoriste de l'indicatif :

Modalité	Exemples (**θα** + présent)
éventualité	**Μάλλον θα κοιμάται τώρα.** *Il est probablement en train de dormir.*
	Exemples (**θα** + aoriste)
	Θα άκουσε έναν θόρυβο. *Il aura entendu (a dû entendre) un bruit.*

Nous verrons plus loin comment formuler une condition (avec **αν/εάν** *si*) ou un souhait (**ας** *si seulement/puisse…*).

L'IMPÉRATIF DE *KAΘOMAI*

Le verbe **κάθομαι** *je m'assieds / je suis assis(e)*, pronominal en français, est à la forme médio-passive (**κάθομαι**) au présent continu et active à l'aoriste (**κάθισα**). À l'impératif momentané singulier (thème aoriste), on trouve deux formes :

Impératif momentané	Singulier	Pluriel
2ᵉ personne	**Κάθισε! / Κάτσε!** *Assieds-toi !*	**Καθίστε!** *Asseyez-vous !*

L'impératif continu (thème présent) suit la règle de l'impératif médio-passif, c'est-à-dire que l'on emploie le subjonctif présent : **Να κάθεσαι!** *Assieds-toi !* ; **Να κάθεστε!** *Asseyez-vous !*

VOCABULAIRE

μαγειρεύω *je cuisine*
ψυγείο (το) *réfrigérateur*
άδειος -η -ο *vide*
τέλος (το) *fin*
σουπερμάρκετ (το) *supermarché*
πίτσα (η) *pizza*
κρέπα (η) *crêpe*
μόνο *seulement*
χρειάζομαι *j'ai besoin de*
αυγό (το) *œuf*
αλεύρι (το) *farine*
ζαμπόν (το) *jambon*
τυρί (το) *fromage*
μέλι (το) *miel*
γλυκός -η -ο *doux/douce*
επίσης *aussi*
ψωμί (το) *pain*
αύριο *demain*
μπανάνα (η) *banane*
τίποτα *rien*
χωριάτικος -η -ο *villageois(e)*
σαλάτα (η) *salade*
αγγούρι (το) *concombre*
κρεμμύδι (το) *oignon*
πράσινος -η -ο *vert(e)*
πιπεριά (η) *poivron*
μερικοί -ες -α (pl.) *quelques*
ελιά (η) *olive*
ξεχνάω/ώ *j'oublie*
σημαντικός -ή -ό *important(e)*
αγάπη (η) *amour*
βρέχει *il pleut*
σίγουρος -η -ο *sûr(e)*
κατάψυξη (η) *congélation*

παραγγέλνω *je commande*
άδεια *permission*
εχθές/χθες *hier*
πέρυσι *l'année dernière*
επόμενος -η -ο *suivant(e) / prochain(e)*
περασμένος -η -ο *passé(e)*
ουφ! (interj.) *oups*
κάτσε! *attends [un peu]!*

● EXERCICES

01. ÉCOUTEZ L'ENREGISTREMENT, PUIS COMPLÉTEZ LES PHRASES.

a. Τι θα έλεγες _____ ;

b. Είμαι κουρασμένη απόψε και _____ .

c. _____ αν παραγγείλουμε _____ ;

d. _____, μην φύγεις ακόμα. _____ .

e. _____ σε αυτό το νησί;

02. UTILISEZ LES ADVERBES DE TEMPS *(ΦΕΤΟΣ, ΑΥΡΙΟ, ΕΧΘΕΣ, ΤΟΥ ΧΡΟΝΟΥ, ΠΕΡΥΣΙ)* QUI CONVIENNENT.

a. _____ θα δουλεύω από τις εννέα το πρωί μέχρι τις πέντε το απόγευμα.

b. _____, έκανα ένα ταξίδι στην Ιταλία.

c. Κάθε χρόνο πηγαίνουμε στην Ιταλία, αλλά _____ θα ήθελα να επισκεφτώ την Ισπανία.

d. _____, πήγα στο γυμναστήριο και έκανα μια ώρα γυμναστικής.

e. _____, θα πάρω μερικές εβδομάδες διακοπών για να επισκεφτώ την οικογένειά μου.

03. TRANSFORMEZ LES PHRASES EN UTILISANT LE POTENTIEL DE COURTOISIE, DE POSSIBILITÉ OU D'ÉVENTUALITÉ.

a. Θέλεις να επισκεφτείς τη(ν) Θεσσαλονίκη (Thessalonique) τον επόμενο μήνα;

b. Θέλω να περάσω από το βιβλιοπωλείο σήμερα το απόγευμα. Είναι ανοιχτό;

c. Δεν απαντάει στο τηλέφωνο. Είναι ακόμα στο αεροπλάνο.

d. Μπορώ να επιστρέψω αργότερα αν είναι καλύτερα για σένα.

04. COMPLÉTEZ LES TRADUCTIONS ET VÉRIFIEZ VOS RÉPONSES EN ÉCOUTANT L'AUDIO.

a. Je vais au supermarché pour acheter ce qu'on a dit. Veux-tu autre chose ?
→ _____ να αγοράσω αυτό που είπαμε. _____ ;

b. Je pourrais apporter mon livre si tu veux le lire.
→ _____ το βιβλίο μου _____ .

c. Que dirais-tu d'une soirée cinéma ? → _____ για μια βραδιά ταινίας;

d. Je pourrais t'aider si tu veux. → _____ αν θες.

e. Il a plu toute la journée d'hier, alors je suis resté à la maison.
→ _____ χθες, οπότε _____ .

17. Je vais faire des courses

18.
À LA PHARMACIE
Στο Φαρμακείο

OBJECTIFS

- **EXPRIMER SES SYMPTÔMES**
- **S'EXPRIMER DANS UNE PHARMACIE**
- **LES ÂGES DE LA VIE**
- **LE CORPS HUMAIN**
- **PARLER DE SES EXPÉRIENCES PERSONNELLES.**

NOTIONS

- **LES MASCULINS EN -ΑΣ**
- **L'HYPOTHÈSE, L'ÉVENTUALITÉ**
- **L'OBLIGATION**

QUE RESSENTEZ-VOUS EXACTEMENT ?

<u>Le pharmacien</u> : Bonsoir !

<u>Manon</u> : Bonjour ! Avez-vous quelque chose pour la toux et le mal de gorge ?

<u>Le pharmacien</u> : Oui, un instant. Pour [un] adulte ou pour [un] enfant ?

<u>Manon</u> : Pour [un] adulte, s'il vous plaît.

<u>Le pharmacien</u> : Nous avons ce sirop contre la toux et ces pastilles pour la gorge. Ils vous aideront beaucoup.

<u>Manon</u> : Oh, super, merci beaucoup. Avez-vous aussi du paracétamol ? J'ai un fort mal de tête.

<u>Le pharmacien</u> : Qu'est-ce que vous ressentez exactement ? Avez-vous de la fièvre ?

<u>Manon</u> : Non, je ne pense pas, mais je n'ai pas de thermomètre. J'ai surtout mal à la tête, devant sur le front et autour des yeux et du nez. J'ai aussi quelques vertiges et mon nez est bouché.

<u>Le pharmacien</u> : vous avez probablement besoin de quelque chose de plus fort, peut-être des antibiotiques. Avez-vous [vu] *(été)* un médecin ?

<u>Manon</u> : Pas encore. Je pense que c'est lié à la climatisation *(l'air conditionné)* dans l'hôtel ou dans l'autocar. Hier, j'ai fait une excursion sur un site archéologique. Il faisait très chaud. Il n'y avait pas d'ombre pendant la visite.

<u>Le pharmacien</u> : Le médecin doit vous donner *(il faut qu'il vous donne)* l'ordonnance pour les antibiotiques. Je ne peux pas vous les donner sans ordonnance.

<u>Manon</u> : Je vois *(j'ai compris)*… Merci beaucoup quand même. J' n'ai pas de chance d'être tombée malade pendant [mes] vacances.

<u>Le pharmacien</u> : Ne vous inquiétez pas, avec les médicaments, ça passera en quelques jours. Remettez-vous vite et prenez le soleil pour faire le plein de vitamine D !

20 Τι ακριβώς αισθάνεστε;

Ο φαρμακοποιός: Καλησπέρα!

Η Μανόν: Γεια σας! Έχετε τίποτα για τον βήχα και τον πονόλαιμο;

Ο φαρμακοποιός: Ναι, μισό λεπτό. Για ενήλικα ή για παιδί;

Η Μανόν: Για ενήλικα παρακαλώ.

Ο φαρμακοποιός: Έχουμε αυτό το σιρόπι για τον βήχα και αυτές τις καραμέλες για τον λαιμό. Θα σας βοηθήσουν πολύ.

Η Μανόν: Α τέλεια, σας ευχαριστώ πολύ. Μήπως έχετε και παρακεταμόλη; Έχω δυνατό πονοκέφαλο.

Ο φαρμακοποιός: Τι ακριβώς αισθάνεστε; Έχετε πυρετό;

Η Μανόν: Όχι, δε(ν) νομίζω, αλλά δεν έχω θερμόμετρο. Κυρίως πονάει το κεφάλι μου, μπροστά στο μέτωπό μου και γύρω από τα μάτια και τη(ν) μύτη μου. Ζαλίζομαι λίγο επίσης και η μύτη μου είναι μπουκωμένη.

Ο φαρμακοποιός: Μάλλον θα χρειαστείτε κάτι πιο δυνατό μου φαίνεται, ίσως χρειάζεστε αντιβίωση. Πήγατε σε γιατρό;

Η Μανόν: Όχι ακόμα. Νομίζω ότι έχει σχέση με τον κλιματισμό στο ξενοδοχείο ή στο πούλμαν. Πήγα χθες σε μια εκδρομή σε έναν αρχαιολογικό χώρο. Έκανε πολύ ζέστη. Δεν υπήρχε σκιά κατά τη(ν) διάρκεια της επίσκεψης.

Ο φαρμακοποιός: Πρέπει να σας δώσει ο γιατρός τη(ν) συνταγή για την αντιβίωση. Δε(ν) μπορώ να σας την δώσω χωρίς.

Η Μανόν: Κατάλαβα... Σας ευχαριστώ πολύ πάντως. Είμαι πολύ άτυχη που αρρώστησα στις διακοπές.

Ο φαρμακοποιός: Μην ανησυχείτε, με τα φάρμακα θα περάσει σίγουρα σε κάνα δυο μέρες. Περαστικά και να σας βλέπει ο ήλιος για να γεμίσετε βιταμίνη D!

■ COMPRENDRE LE DIALOGUE
QUELQUES FORMULES ET EXPRESSIONS

→ **για τον βήχα** *pour la toux*. Le terme est un masculin en **-ας** : **ένας δυνατός βήχας** *une forte toux*.
→ **μισό λεπτό** *une minute / un instant* (litt. "demi-minute"). C'est l'expression courante pour demander de patienter.
→ **Για ενήλικα ή για παιδί;** *Pour adulte ou pour enfant ?* Notez l'accent sur la conjonction **ή** *ou* qui n'est qu'une marque d'orthographe sans valeur phonétique particulière. L'accent permet de distinguer la conjonction de l'article défini féminin nominatif **η** *la*. Le substantif **ενήλικα** est un masculin en **-ας** : **ο ενήλικας** *un adulte* : **Γαλλικά για ενήλικες** (cours de) *Français pour adultes*.
→ **παρακεταμόλη** *paracétamol* est féminin en grec : **η παρακεταμόλη**.
→ **Πονάει το κεφάλι μου** *j'ai mal à la tête* (litt. "fait-souffrir ma tête"). La construction grammaticale pour exprimer la douleur est différente du français. Le verbe **πονάω/ώ** *faire souffrir / faire mal* est employé à la 3e personne du singulier, car *la tête* **το κεφάλι μου** est le sujet. La construction **με πονάει το κεφάλι** (litt. "me fait-souffrir la tête") est synonyme.
→ **Ζαλίζομαι** *j'ai des vertiges* (litt. "je suis étourdi [par des vertiges]"). À l'actif, **ζαλίζω** ignifie *j'étourdis / je donne des vertiges* : **Με ζαλίζει το κρασί**. *Le vin me donne le tournis (vertige)*.
→ **Είμαι ... άτυχος που αρρώστησα στις διακοπές**. *Je n'ai pas de chance de tomber malade pendant les vacances* (litt. "je suis malchanceux que je sois tombé malade dans les vacances"). L'expression *tomber malade* se rend en grec par un verbe : **αρρωσταίνω** *je tombe malade*. La conjonction **που** introduit ici une subordonnée (complétive) en grec.
→ **σε κάνα δυο μέρες** *dans quelques jours*. L'expression familière **κάνα-δυο** (ou parfois **κάνα δυο**) vient de l'abréviation de **κανένα** (neutre) en **κάνα**, utilisée comme épithète. Le composé **κάνα-δυο** (litt. "quelque deux" / "une paire de") marque l'indétermination numérique : **θα μείνουμε εδώ για κάνα δυο εβδομάδες** *Nous resterons ici pendant quelques semaines*.
→ **Περαστικά (σας)** ! *Bon rétablissement (à vous) !* ou *Meilleure santé !* L'expression utilise l'adverbe (forme n. pl.) dérivé de l'adjectif **περαστικός -ή -ό** au sens de *passager/-ère* : **ένας περαστικός πόνος** *un mal passager*.
→ Les âges de la vie : *La vie humaine* (**η ανθρώπινη ζωή**) commence avec *la naissance* (**η γέννηση**), une période de la vie où nous sommes complètement dépendants de nos *parents* (**οι γονείς**) ou de ceux qui *nous élèvent* (**εκείνοι που μας μεγαλώνουν**). C'est alors que commence *l'enfance* (**η παιδική ηλικία**), où nous commençons à explorer et à comprendre *le monde* (**ο κόσμος**) qui nous entoure, à *apprendre*

(**μαθαίνουμε**) et à *jouer* (**παίζουμε**). Ensuite, vient *l'adolescence* (**η εφηβεία**), une période de changements rapides, d'exploration de soi et de développement de *l'indépendance* (**η ανεξαρτησία**). *L'âge adulte* (**η ενηλικίωση**) suit, où nous assumons *des responsabilités* (**οι ευθύνες**), *travaillons* (**δουλεύουμε**) et établissons souvent notre propre *famille* (**η οικογένεια**). Finalement, nous atteignons *la vieillesse* (**η γηρατειά**), où *la retraite* (**η σύνταξη**) est souvent prise, laissant plus de temps pour *le loisir* (**η αναψυχή**) et *la méditation* (**ο διαλογισμός**). C'est une période de la vie où nous pouvons partager notre *sagesse* (**η σοφία**) et *nos expériences* (**η εμπειρία**) avec les générations *plus jeunes* (**οι νεότερες γενιές**).

→ Le corps humain : **Είναι τόσο κακό το στρώμα που πονάει η μέση μου κάθε πρωί**. *Le matelas est tellement mauvais que j'ai mal au dos tous les matins*. Comme le suggère le pharmacien vous pourriez avoir besoin de consulter un médecin soit à son *cabinet* (**στο ιατρείο**) au *Centre de Santé* (**στο Κέντρο Υγείας**) de la municipalité et, si c'est plus grave, il y a *l'hôpital* (**το νοσοκομείο**) bien sûr. Voici de quoi étendre un peu le vocabulaire utile lors d'une consultation et pour décrire les différentes parties du corps avec quelques symptômes communs. *Le corps humain* (**το σώμα μας**) est composé de diverses parties comme *la tête* (**το κεφάλι**) où se trouve *l'œil* (**το μάτι**), *le nez* (**η μύτη**), *la bouche* (**το στόμα**), *l'oreille* (**το αυτί**) et *le cou* (**ο λαιμός**). Pour *le bras* on utilise couramment le même mot que pour *la main* (**το χέρι**) avec, au bout, *les doigts* (**τα δάχτυλα**). Pour les membres inférieurs, on utilise aussi le même mot pour *jambe* et *pied* (**το πόδι**) ; *le genou* se dit **το γόνατο**. Lors de la consultation on vous demandera (parfois en tutoyant) : **Τι έχεις ;** *Qu'as-tu ?* / **Τι έγινε ;** *Que s'est-il passé ?* ou encore **Τι αισθάνεσαι ;** *Comment te sens-tu ?* C'est là que vous utiliserez l'expression, par exemple : **Πονάει η μέση μου**. *J'ai mal au dos* ; si le sujet est au pluriel : **Πονάνε τα πόδια μου.** *J'ai mal aux jambes/pieds*. Si vous avez des symptômes spécifiques, vous pourriez dire **Έχω πονοκέφαλο**. *J'ai mal à la tête*, (…) **πυρετό** (…) *de la fièvre*. Si vous avez pris froid : **Κρύωσα**. En tout cas, prenez soin de vous et… **Περαστικά !**

NOTE CULTURELLE

La conversation se déroule dans *une pharmacie* (**το φαρμακείο**). Elles sont présentes un peu partout et repérables grâce à une croix verte. Elles sont souvent le premier recours pour des conseils médicaux, d'autant plus en été où le contraste des températures cause parfois, comme dans notre récit, des refroidissements. La patience et l'empathie des professionnels de santé est très rassurante ; vous entendrez d'ailleurs l'expression **Περαστικά!** (*Remets-toi bien !*) si caractéristique.

En complément, le système de santé grec offre aux touristes un éventail de services à travers le système public ESY (**Ε.Σ.Υ. - Εθνικό Σύστημα Υγείας**) et le secteur privé.

Les *centres de santé publics* (**Κέντρα Υγείας**) offrent des consultations médicales générales et les premiers soins. Le secteur privé est souvent jugé supérieur en termes d'équipement et de temps d'attente, mais n'est pas couvert par l'assurance publique.

La plupart des *pharmaciens* (**ο φαρμακοποιός**) et *médecins* (**ο γιατρός**) parlent anglais et parfois aussi français, particulièrement dans les zones touristiques. Pensez tout de même à une assurance voyage ! Le soleil grec, symbole de vitamine D et de bien-être, peut vous être profitable en toute sérénité.

◆ GRAMMAIRE
DÉCLINAISON : LES MASCULINS EN *-ΑΣ, -ΕΣ*

Le mot **ο βήχας** *la toux* appartient aux groupe des masculins en **-ας** pour lesquels l'accent du génitif pluriel frappe la terminaison, comme **ο μήνας,** *le mois,* **ο άνδρας,** *l'homme* (opp. A la femme) : **ο μήνας** *le mois* → **το όνομα των μηνών** *le nom des mois* ; **ο άνδρας** *l'homme* → **τα ονόματα των ανδρών** *les noms des hommes*. Le mot **ο βήχας** est rarement au pluriel.

Pour le mot **ο ενήλικας** *l'adulte*, comme pour **ο γείτονας** *le voisin*, l'accent reste sur le radical du mot : **οι ενήλικες** *les adultes* → **τα ονόματα των ενηλίκων** *les noms des adultes*.

L'HYPOTHÈSE, L'ÉVENTUALITÉ

– Parmi les différents sens de l'adverbe **μάλλον,** il y a celui de l'hypothèse *probablement / certainement* : **Κρύωσα χθες και μάλλον θα αρρωστήσω.** *Hier j'ai pris froid et je vais probablement tomber malade.*

– L'adverbe **ίσως** *peut-être*, suivi de **θα/να** et du thème aoriste sert à exprimer une éventualité : **ίσως χρειάζεστε αντιβίωση** *vous aurez peut-être besoin d'antibiotiques* ou *vous pourriez avoir besoin d'antibiotiques.*

Ίσως θα πάω να τον δω του χρόνου. = Ίσως να πάω να τον δω του χρόνου. *Peut-être irai-je le voir l'année prochaine ou je pourrais peut-être aller le voir l'année prochaine.*

▲ CONJUGAISON
LE THÈME AORISTE

Le dialogue comprend plusieurs verbes cités avec un thème aoriste. Il n'y a pas de règle pour déterminer le schéma de formation du thème aoriste ; il y a des groupes de modèles qu'on retient à l'usage. Voici les différents types accompagnés du thème aoriste régulier ou irrégulier :

Type	Verbe présent	Thème aoriste	Subjonctif aoriste
Type 1 (**A**)	δίνω *je donne*	δώσ-	να δώσω
	καταλαβαίνω *je comprends*	καταλαβ-	να καταλάβω
	αρρωσταίνω *je tombe malade*	-αίνω → -ήσω	να αρρωστήσω
Type 2 (**B1**)	βοηθάω *j'aide*	-άω/ώ → -ήσω	να βοηθήσω
	πονάω *je fais souffrir*	-άω/ώ → -εσω	να πονέσω
Type 3 (**Γ1**)	αισθάνομαι *je ressens*	αισθανθ-	να αισθανθώ

Rappel des terminaisons par type : Type 1 (**A** -ω) ; Type 2 (B1 -**άω/-ώ**) ; Type 3 (Γ1 -**ομαι**)

L'OBLIGATION

L'obligation s'exprime à l'aide des constructions impersonnelles **Πρέπει να** *il faut* ou **χρειάζεται να** (litt. "il est besoin de") suivies du subjonctif :

Πρέπει να φύγουμε νωρίτερα. *Il faut que nous partions plus tôt. / Nous devons partir plus tôt.*

Τι ακριβώς χρειάζεται να κάνω ; *Que dois-je faire exactement ?*

Le verbe **πρέπει** n'a qu'un seul thème et n'existe qu'à la voix active. L'imparfait est irrégulier (έπρεπε) : **Έπρεπε να μου το είχες πει νωρίτερα.** *Tu aurais dû me le dire plus tôt.*

EXERCICES

01. ÉCOUTEZ L'ENREGISTREMENT, PUIS COMPLÉTEZ LES PHRASES.

a. _ _ _ _ _ _ _ _ _ _ _, πρέπει να πάρεις παρακεταμόλη.

b. _ _ _ _ _ _ _ _ _ να αγοράσω _ _ _ _ _ _ _ _ _ _ _.

c. _ _ _ _ _ _ _ _ _ _ _ για το βήχα; Έφυγε;

d. Έφυγε _ _ _ _ _ _ _ _ _ _ _, _ _ _ _ _ _ _ _ _ _ _ ο φαρμακοποιός.

e. _ _ _ _ _ _ _ _ _ καλύτερα _ _ _ _ _ _ _ _ _ τη(ν) δουλειά _ _ _ _ _ _ _ _ _.

02. AJOUTEZ AUX PHRASES LA NUANCE D'OBLIGATION.

a. Ίσως _ _ _ _ _ _ _ _ _ _ _ πάτε σε άλλο φαρμακείο για αυτό το φάρμακο.

b. Αν έχεις πονόλαιμο, _ _ _ _ _ _ _ _ _ _ _ να πάρεις κάποιο σιρόπι.

c. Ποιο φάρμακο _ _ _ _ _ _ _ _ _ _ να πάρω για τον βήχα;

d. _ _ _ _ _ _ _ _ ένα φάρμακο για τον πονόλαιμό μου, μάλλον θα πάω στο φαρμακείο.

e. Είμαι άρρωστος, ίσως _ _ _ _ _ _ _ _ _ _ αντιβίωση.

f. Σε περίπτωση που έχετε πυρετό, _ _ _ _ _ _ _ _ _ _ _ πάρετε αυτό το φάρμακο.

03. COMPLÉTEZ LES TRADUCTIONS ET VÉRIFIEZ VOS RÉPONSES EN ÉCOUTANT L'AUDIO.

a. Cette personne se trouve dans une pharmacie et veut acheter des médicaments pour soigner son mal de gorge.
→ _ και θέλει να αγοράσει _ _ _ _ _ _ _ _ _ _ _ _ _ _.

b. Je devrais probablement aller chez le médecin demain.
→ _ στον γιατρό αύριο.

c. Ne serait-il pas préférable d'aller dans une autre pharmacie ?
→ _ σε άλλο φαρμακείο;

d. Est-ce que tu as apporté tes antibiotiques avec toi ?
→ Μήπως _ ;

e. Il serait bon d'aller voir le médecin si tu ne te sens pas bien.
→ Θα ήταν καλό _ _ _ _ _ _ _ _ _ _ _ _ _ _ αν _ _ _ _ _ _ _ _ _ _ _ _ _ _ _ καλά.

f. La prochaine fois, je prendrai des vêtements chauds sur le bateau le soir.
→ _ _ _ _ _ _ _ _ _ _ _ _ _ _ θα πάρω _ _ _ _ _ _ _ _ _ _ _ _ _ _ στο πλοίο το βράδυ.

VOCABULAIRE

φαρμακοποιός (ο) pharmacien(ne)
καλησπέρα bonsoir
βήχας (ο) toux
πονόλαιμος (ο) mal de gorge
ενήλικας (ο) adulte
σιρόπι (το) sirop
καραμέλα (η) bonbon
λαιμός (ο) cou
παρακεταμόλη (η) paracétamol
δυνατός -ή -ό fort(e)
πονοκέφαλος (ο) mal de tête
αισθάνομαι je me sens
πυρετός (ο) fièvre
θερμόμετρο (το) thermomètre
κεφάλι (το) tête
μύτη (η) nez
ζαλίζομαι j'ai des vertiges
μπουκωμένος -η -ο bouché(e)
θα χρειαστώ + να j'aurais besoin de
αντιβίωση (η) antibiotique
γιατρός (ο) médecin
κλιματισμός (ο) climatisation
ξενοδοχείο (το) hôtel
πούλμαν (το) bus
εκδρομή (η) excursion
αρχαιολογικός -ή -ό archéologique
χώρος (ο) espace
σκιά (η) ombre
διάρκεια (η) durée
επίσκεψη (η) visite
δίνω je donne
συνταγή (η) ordonnance
χωρίς sans
πάντως de toute façon
άτυχος -η -ο malheureux(-euse)
αρρωσταίνω je tombe malade
φάρμακο (το) médicament
κάνα δυο un ou deux / quelques-uns/-unes
γεμίσω je vais remplir
βιταμίνη (η) vitamine
Περαστικά! Bon rétablissement !

19.
UNE JOURNÉE AU BUREAU

Μια μέρα στο γραφείο

OBJECTIFS	NOTIONS
• DES FORMULES DE POLITESSE • S'EXPRIMER DANS UN CONTEXTE PROFESSIONNEL • EXPRIMER LA GRATITUDE	• LES ADVERBES "MOTS-PHRASES" • LE PARFAIT ET LE PLUS-QUE-PARFAIT • L'ÉVENTUALITÉ • LES COMPLÉTIVES AVEC *OTI* OU *ΠΩΣ* • LA RELATIVE AVEC *O, TI* "CE QUE"

TU ES LA MEILLEURE ASSISTANTE !

M. Karagiannis : Bonjour Angeliki !

Angeliki : Bonjour M. Karagiannis !

M. Karagiannis : Ouf, il y avait une circulation terrible, suis-je trop en retard ? Il y a beaucoup de monde en ville aujourd'hui, je ne sais pas pourquoi.

Angeliki : Non, le ministre n'est pas encore arrivé. Voulez-vous que je vous prépare un café ?

M. Karagiannis : Oui, avec plaisir.

Angeliki : Oui, M. Karagiannis. Tout de suite, voilà.

M. Karagiannis : Pourrais-tu aussi, s'il te plaît, me donner l'agenda avec les rendez-vous d'aujourd'hui ?

Angeliki : Oui, certainement. Je vous rappelle, bien sûr, que votre première réunion a lieu dans 30 minutes.

M. Karagiannis : Ah, très bien ! Je suis prêt.

Angeliki : Vous n'avez pas l'air tout à fait prêt, vous allez y aller avec ces vêtements ?

M. Karagiannis : Pourquoi ? Qu'est-ce qu'ils ont ?

Angeliki : Regardez dans le miroir : chaussettes rouges, cravate bleue, veste verte et pantalon marron. Il ne manque qu'une chemise jaune… Vous ressemblez à un tableau de Picasso. Mais, lui, il ne portait pas de tels vêtements.

M. Karagiannis : Oh là là, je suis parti précipitamment et j'ai pris *(tout)* ce que j'ai trouvé devant moi.

Angeliki : Vous n'avez probablement même pas allumé la lumière. Heureusement, vous avez un autre costume, une autre chemise et une autre cravate dans l'armoire du bureau. Juste au cas où.

M. Karagiannis : Ha ha, je vais me changer, merci beaucoup Angeliki, tu es la meilleure assistante.

Angeliki : De rien M. Karagiannis, tout le plaisir est pour moi.

🔊 21   Είσαι η καλύτερη βοηθός!

κ. Καραγιάννης: Καλημέρα Αγγελική!

Η Αγγελική: Καλημέρα κύριε Καραγιάννη!

κ. Καραγιάννης: Πω πω, είχε τρομερή κίνηση, άργησα πολύ; Έχει πολύ κόσμο η πόλη σήμερα, δεν ξέρω γιατί.

Η Αγγελική: Όχι, ο υπουργός δεν έχει φτάσει ακόμα. Θέλετε να σας ετοιμάσω έναν καφέ;

κ. Καραγιάννης: Ναι, ευχαρίστως.

Η Αγγελική: Μάλιστα, κύριε Καραγιάννη. Αμέσως, ορίστε.

κ. Καραγιάννης: Μπορείτε επίσης, σας παρακαλώ, να μου δώσετε την ατζέντα με τα σημερινά ραντεβού;

Η Αγγελική: Ναι, βεβαίως. Σας θυμίζω βέβαια πως η πρώτη σας συνάντηση είναι σε 30 λεπτά.

κ. Καραγιάννης: Α, πολύ ωραία! Είμαι έτοιμος.

Η Αγγελική: Δε(ν) φαίνεστε και πολύ έτοιμος, με αυτά τα ρούχα θα πάτε;

κ. Καραγιάννης: Γιατί; Τι έχουν;

Η Αγγελική: Ρίξτε μια ματιά στον καθρέφτη: Κόκκινες κάλτσες, μπλε γραβάτα, πράσινο σακάκι και καφέ παντελόνι. Το μόνο που λείπει είναι ένα κίτρινο πουκάμισο... Μοιάζετε με πίνακα του Πικάσο. Αλλά αυτός δε(ν) φορούσε τέτοια ρούχα.

κ. Καραγιάννης: Πω, πω, έφυγα πολύ βιαστικά και πήρα ό,τι βρήκα μπροστά μου.

Η Αγγελική: Μάλλον δεν είχατε ανάψει ούτε το φως. Ευτυχώς έχετε ένα άλλο κοστούμι, πουκάμισο και γραβάτα στο ντουλάπι του γραφείου. Για την περίπτωση που...

κ. Καραγιάννης: Χα χα, πάω να αλλάξω, ευχαριστώ πολύ Αγγελική, είσαι η καλύτερη βοηθός.

Η Αγγελική: Τίποτα κύριε Καραγιάννη, ευχαρίστησή μου.

COMPRENDRE LE DIALOGUE
QUELQUES FORMULES ET EXPRESSIONS

→ **έχει φτάσει** *il/elle est arrivé(e)*. L'emploi du parfait décrit une action qui a commencé dans le passé et dont le résultat est toujours présent : *il/elle est arrivé(e)* c'est-à-dire *il/elle est là*.

→ **ευχαρίστως** *avec plaisir / volontiers*. L'adverbe (en **-ως**) est dérivé de l'adjectif **ευχάριστος -η -ο** *agréable / aimable*.

→ **τα σημερινά ραντεβού** *les rendez-vous d'aujourd'hui*. Le grec possède des adjectifs bien pratiques pour qualifier ce qui est *d'aujourd'hui* (**σημερινός -ή -ό**), *d'hier* (**χθεσινός -ή -ό**) ou *de demain* (**αυριανός -ή -ό**).

→ **Α, πολύ ωραία!** *Ah très bien !* Pour les adverbes comme **μάλιστα**, **βέβαια**, **ωραία** utilisés dans les réponses, voir le paragraphe ci-après.

→ **Δεν φαίνεστε και πολύ έτοιμος** *vous ne semblez pas tout à fait prêt / si prêt que ça*. Le mot **και** a parfois une valeur adverbiale comme *aussi / tellement / même* ; il est placé devant le nom ou le pronom. Devant l'adverbe **πολύ** (**και πολύ**), il ajoute une nuance d'imprécision : **Δεν είναι και πολύ δύσκολο**. *Ce n'est pas si difficile (après tout)*.

→ **Ρίξτε μια ματιά** *jetez un [coup] d'œil*. Le thème aoriste de **ρίχνω** *je jette* est **ριξ-** : impératif aor. **ρίξτε!** *Jetez !*

→ **Μοιάζετε με πίνακα του Πικάσο**. *Vous ressembler à un tableau de Picasso*. Le verbe **μοιάζω** *je ressemble* se construit soit avec le génitif soit avec l'accusatif ; le plus souvent avec **με** + acc. : **μοιάζει με τον πατέρα της** *il/elle ressemble à son père*. Le nom de *Picasso*, **ο Πικάσο**, est indéclinable. Le substantif **ο πίνακας** suit la déclinaison des masculins en **-ας**, **-ες** (voir module 18). Le verbe **φορούσε** est l'imparfait de **φοράω** (Type 2, **B1**) *je porte* (un habit).

→ **πήρα** *j'ai pris* et **βρήκα** *j'ai trouvé* sont deux aoristes (temps passé) ; voir la section grammaire.

→ **Μάλλον δεν είχατε ανάψει** *[Je suppose] que vous n'avez pas allumé* (litt. "sans doute vous n'aviez pas…"). L'adverbe **μάλλον** exprime l'éventualité de l'événement dans le passé ; le verbe **είχατε ανάψει** est au plus-que-parfait (voir la section grammaire).

→ **η καλύτερη βοηθός** *la meilleure assistante*. Le genre du mot **βοηθός** (**ο/η**) est déterminé par l'article. Dans son emploi féminin l'article et le substantif suivent donc deux modèles de déclinaisons propres : **της βοηθού** *de l'assistante*.

→ Les adverbes tels que **μάλιστα** *certainement*, **βέβαια** ou **βεβαίως** *bien sûr* sont susceptibles de fonctionner comme des "mots-phrases" dans le sens où ils peuvent se suffire à eux-mêmes pour répondre lors d'une conversation. Ils sont capables de substituer **ναι** *oui* ou **όχι** *non*. Par exemple, **μάλιστα** exprime une forme polie de **ναι** *oui* avec une nuance de certitude. On peut également utiliser **ακριβώς**, **βέβαια** ou **βεβαίως!** pour communiquer *certainement / bien sûr !*, (**πολύ**) **καλά!** ou (**πολύ**) **ωραία!** pour dire *très bien / parfait*, ou encore **σαφώς!** pour signifier *évidemment !*

NOTE CULTURELLE

La Grèce (**η Ελληνική Δημοκρατία**) est une *république* parlementaire, c'est-à-dire une *démocratie* représentative. Le *président de la République* (**ο Πρόεδρος της Δημοκρατίας**) est le chef de l'État, tandis que *le Premier ministre* (**ο Πρωθυπουργός**) est le chef du gouvernement. Le Parlement grec, *la Vouli* (**η Βουλή**), compte 300 *députés* (**Βουλευτές**) élus pour quatre ans. Ils représentent divers *partis politiques* (**πολιτικά κόμματα**) qui participent à la formation du gouvernement. La majorité parlementaire à un parti ou à une *coalition* (**συνασπισμός**) de former le gouvernement et de nommer les *ministres* (**υπουργοί**). Chaque parti politique grec utilise un code couleur distinct pour sa communication : le logo du PASOK/**ΠΑΣΟΚ** (**Πανελλήνιο Σοσιαλιστικό Κίνημα** *Mouvement socialiste panhellénique*) est vert, la ND/**ΝΔ** (**Νέα Δημοκρατία** *Nouvelle Démocratie*) bleue, le KKE (**Κομμουνιστικό Κόμμα Ελλάδας** *Parti communiste de Grèce*) rouge, et SYRIZA/**ΣΥΡΙΖΑ** (**Συνασπισμός της Ριζοσπαστικής Αριστεράς** *Coalition de la gauche radicale*) utilise une combinaison de rouge, vert et violet. Cependant, ne supposez pas que la tenue colorée du député de notre dialogue soit une critique déguisée, cela serait purement fortuit.

◆ GRAMMAIRE
DÉCLINAISON : LES MASCULINS EN *-ΗΣ*

Les masculins terminés en **-ης** ou **-ής** sont toujours accentués sur la dernière syllabe au génitif pluriel, pour les autres cas, l'accent ne change pas de position :

ο φοιτητής *l'étudiant* → **οι φοιτητές, των φοιτητών**

ο καθρέφτης *le miroir* → **οι καθρέφτες, των καθρεφτών.**

Il est à noter que certains titres ou noms de fonctions ont une terminaison au vocatif archaïque en **-α,** plutôt que la terminaison courante en **-η** :

ο βουλευτής *le député* → **Κύριε Βουλευτά!** *Monsieur le Député!*

ο καθηγητής *le professeur* → **Κύριε Καθηγητά!** *(Monsieur le) Professeur!*

ο διευθυντής *le directeur* → **Κύριε Διευθυντά!** *Monsieur le Directeur!*

LES COMPLÉTIVES AVEC *OTI* OU *ΠΩΣ*

Les propositions complétives sont des subordonnées introduites par les conjonctions **ότι, πως** et aussi **που** (*que*). Elles complètent le verbe de la proposition principale qui exprime généralement une pensée, une connaissance, une volonté ou un verbe de déclaration :

Σας θυμίζω ότι έχετε συνάντηση σήμερα. *Je vous rappelle que vous avez une réunion aujourd'hui.*

Σας είπα ότι είχατε ραντεβού σήμερα. *Je vous ai dit que vous aviez un rendez-vous aujourd'hui.*

Il prend la négation **δεν** *ne... pas* : **Ξέρετε ότι δεν έχετε συνάντηση σήμερα;** *Savez-vous que vous n'avez pas de réunion aujourd'hui ?*

LA RELATIVE AVEC *O,TI*

Le pronom relatif invariable **ό,τι** *tout ce que* (la virgule à l'intérieur fait partie du mot) est indéfini. Il n'a pas d'antécédent et il appartient du point de vue du sens à la fois à la principale et à la subordonnée qu'il introduit : **Κάνει ό,τι θέλει.** *Il/elle fait (tout) ce qu'il/elle veut.* Exemple tiré du dialogue : **πήρα ό,τι βρήκα** *j'ai pris ce que j'ai trouvé.*

Le pronom **ό,τι** *(tout) ce que* doit être distingué de la conjonction de subordination **ότι,** *que* : **Νομίζω ότι κάνει ό,τι θέλει.** *Je pense qu'il fait (tout) ce qu'il veut.*

▲ CONJUGAISON
LE THÈME AORISTE

Le dialogue comprend plusieurs verbes cités avec un thème aoriste. Voici les différents types accompagnés du thème aoriste régulier ou irrégulier :

Type	Verbe présent	Thème aoriste	Subjonctif aoriste
Type 1 (A)	**θυμίζω** *je rappelle*	-ζ → -σ	**να θυμίσω**
	ετοιμάζω *je prépare*		**να ετοιμάσω**
	αλλάζω *je change*	-ζ → -ξ	**να αλλάξω**
	βρίσκω *je trouve*	βρ-	**να βρω**
Type 2 (B2)	**αργώ** *je suis en retard*	-ησ-	**να αργήσω**

Rappel des terminaisons par type : Type 1 (**A -ω**) ; Type 2 (**B2 -ώ**).

LE PARFAIT ET LE PLUS-QUE-PARFAIT

– Dans notre dialogue **έχει φτάσει** *il/elles est arrivé(e) / il/elle est là* est au parfait. Rappelons que le parfait exprime une action réalisée dans le passé dont les conséquences sont perçues ou soulignées dans le présent : **έχω διαβάσει αυτό το βιβλίο** *j'ai (déjà) lu ce livre*. Ce n'est pas un simple événement isolé dans le passé.

La parfait est composé du présent du verbe *avoir* (**έχω** *j'ai*) suivi d'une forme invariable du verbe terminée en **-ει** (identique à la 3ᵉ personne du singulier du subjonctif aoriste/momentané) : **έχω διαβάσει** *j'ai lu*.

	Singulier	Pluriel
1ʳᵉ personne	**έχω διαβάσει** *j'ai lu*	**έχουμε διαβάσει** *nous avons lu*
2ᵉ personne	**έχεις διαβάσει** *tu as lu*	**έχετε διαβάσει** *vous avez lu*
3ᵉ personne	**έχει διαβάσει** *il/elle a lu*	**έχουν διαβάσει** *ils/elles ont lu*

– La forme **είχατε ανάψει** *vous aviez allumé* dans notre dialogue est au plus-que-parfait ; c'est une sorte de passé du parfait. Il se compose de l'auxiliaire avoir au passé (**είχα,** *j'avais*), suivi également de la forme invariable du verbe en **-ει** : **είχα διαβάσει** *j'avais (déjà) lu*.

	Singulier	Pluriel
1ʳᵉ personne	**είχα διαβάσει** *j'avais lu*	**είχαμε διαβάσει** *nous avions lu*
2ᵉ personne	**είχες διαβάσει** *tu avais lu*	**είχατε διαβάσει** *vous aviez lu*
3ᵉ personne	**είχε διαβάσει** *il/elle avait lu*	**είχαν διαβάσει** *ils/elles avaient lu*

L'ÉVENTUALITÉ AVEC LE PLUS-QUE-PARFAIT

Le plus-que-parfait précédé de **θα** permet d'exprimer une éventualité ou probabilité d'une action achevée dans le passé, le plus souvent dans un récit : **είχε διαβάσει** *il avait lu* → **θα είχε διαβάσει** *il avait dû lire*.

● EXERCICES

🔊 01. ÉCOUTEZ L'ENREGISTREMENT, PUIS COMPLÉTEZ LES PHRASES.
21
a. _____ στο σπίτι παρά _____.

b. _____, αλλά δεν _____.

c. _____, πρέπει _____ ο γιατρός.

d. _____ δεν έχει φτάσει ακόμα, _____.

02. UTILISEZ LA CONJONCTION *(OTI)* OU LE RELATIF *(O,TI)* ADAPTÉ À LA SYNTAXE.

a. Πήγα στο φαρμακείο και πήρα _____ βρήκα για τον πονόλαιμο.

b. Δεν σας είπα _____ είχατε μια συνάντηση στο γραφείο του βουλευτή σήμερα;

c. Μπορούν να κάνουν _____ θέλουν κατά τη(ν) διάρκεια των διακοπών τους.

d. Βιαζόμουν, οπότε έφυγα και πήρα _____ μπορούσα να βρω.

e. Το καλό με τις διακοπές είναι _____ μπορείς να διαβάσεις ό,τι θέλεις.

03. METTEZ LES LA NÉGATION QUI CONVIENT POUR QUE LES PHRASES SOIENT À LA FORME NÉGATIVE.

a. Έφυγα βιαστικά από το σπίτι και _____ νομίζω ότι έκλεισα την πόρτα.

b. Πρέπει να _____ ξεχάσω να πάρω το φάρμακό μου.

c. Τηλεφώνησε για να πει ότι _____ θα έρθει.

d. Έπρεπε να μου τηλεφωνήσει για να μου πει ότι _____ θα έρθει.

e. Μου είπε ότι _____ ήθελε να μιλήσει γι' αυτό στη συνάντηση.

🔊 04. COMPLÉTEZ LES TRADUCTIONS ET VÉRIFIEZ VOS RÉPONSES EN ÉCOUTANT L'AUDIO.
21
a. Non, je ne suis pas allé à la mer l'année dernière, mais j'irai peut-être cette année.
  → Όχι, _____, αλλά ίσως πάω φέτος.

b. Je crois que j'ai lu ce livre quand j'étais à l'école. Je ne me souviens pas exactement.
  → _____ αυτό το βιβλίο _____ . Δε(ν) θυμάμαι _____ .

c. Ma première réunion est dans 10 minutes, je dois donc être prête.
  → _____ είναι σε 10 λεπτά, _____.

d. Je reviens du cours de gym, je dois donc me changer dans le bureau.
  → Έρχομαι από τη(ν) γυμναστική, _____.

e. Si vous avez de la fièvre, vous devez aller chez le médecin.
  → _____, πρέπει να πάτε _____.

19. Une journée au bureau

VOCABULAIRE

τρομερός/ή/ό *terrible*
υπουργός (ο) *ministre*
ευχαρίστως *avec plaisir*
μάλιστα *en effet*
ατζέντα (η) *agenda*
σημερινός/ή/ό *d'aujourd'hui / actuel*
ραντεβού (το) *rendez-vous*
θυμίζω *je rappelle*
καθρέφτης (ο) *miroir*
κόκκινος -η -ο *rouge*
κάλτσα (η) *chaussette*
μπλε *bleu(e)*
γραβάτα (η) *cravate*
σακάκι (το) *veste*
παντελόνι (το) *pantalon*
λείπω *je suis absent(e)*
κίτρινος -η -ο *jaune*
πουκάμισο (το) *chemise*
μοιάζω με *je ressemble (à)*
πίνακας (ο) *tableau*
φοράω/ώ *je porte* (vêtement)
βιαστικός -ή -ό *pressé(e)*
βρήκα *j'ai trouvé*
ανάβω *j'allume* (la lumière)
κοστούμι (το) *costume*
ντουλάπι (το) *placard*
βοηθός (ο/η) *assistant(e)*
ευχαρίστηση (η) *plaisir*

IV
LES
LOISIRS

20.
LES ARTS
Οι τέχνες

OBJECTIFS	NOTIONS

- PARLER DE COMPÉTENCES MUSICALES
- EXPRIMER DES COMPLIMENTS
- DISCUTER DE L'ENSEIGNEMENT
- PARLER DES PASSE-TEMPS

- L'INTERJECTION *BPE!* ET *PE!*
- L'AORISTE DE L'INDICATIF ACTIF
- LE PARTICIPE MÉDIO-PASSIF
- LE PRONOM RELATIF *Ο ΟΠΟΙΟΣ*

TU AS UN GRAND TALENT !

<u>Nikos</u> : C'est bien que tu joues du piano ! Tu en fais depuis longtemps ?

<u>Katerina</u> : Cela fait dix ans que j'en fais. J'ai commencé [quand j'étais encore] petite.

<u>Nikos</u> : Tu joues du Mozart et du Beethoven ?

<u>Katerina</u> : Oui bien sûr, Beethoven est mon préféré.

<u>Nikos</u> : Félicitations ! Tu connais d'autres instruments ?

<u>Katerina</u> : Oui bien sûr, je joue de la guitare, de la batterie, de la flûte, de la contrebasse et de la harpe. Le mois dernier, nous avons participé à un concert à l'Hérodion.

<u>Nikos</u> : Vraiment ? Ouah ! Tu as un grand talent !

<u>Katerina</u> : Oh, merci beaucoup ! Bien sûr, il faut s'entraîner tout le temps et ne pas se laisser aller *(le laisser)*. Heureusement, je donne aussi des cours de piano aux enfants.

<u>Nikos</u> : C'est vrai ? Et quel âge ont tes élèves ?

<u>Katerina</u> : Entre six et dix ans.

<u>Nikos</u> : Oh, tu ne prends pas des élèves plus grands ?

<u>Katerina</u> : Toi... ? Tu veux vraiment apprendre ?

<u>Nikos</u> : Je plaisante... Je préfère chanter.

<u>Katerina</u> : Je donne aussi des cours de chant et je fais partie de la chorale de mon département *(faculté)* à l'université.

<u>Nikos</u> : Eh bien, tu chantes aussi ! Ne me dis pas que tu fais aussi du théâtre...

<u>Katerina</u> : Ha ha, tu vas rire mais oui. Je participe à un spectacle de théâtre qui sera joué juste avant l'été.

<u>Nikos</u> : Ouah, je suis sans voix.

<u>Katerina</u> : Et en plus, je suis une très bonne danseuse de tango ! Je crois que c'est ma danse préférée.

<u>Nikos</u> : Je te demande tout ça, mais au fond, qu'est-ce que tu ne sais pas faire ?

<u>Katerina</u> : Cuisiner, alors on peut aller manger sur la place, ça te dit *(s'il te plaît)* ?

22 Έχεις μεγάλο ταλέντο!

Ο Νίκος: Τι ωραία που παίζεις πιάνο! Κάνεις καιρό;

Η Κατερίνα: Κάνω εδώ και δέκα χρόνια. Ξεκίνησα μικρή.

Ο Νίκος: Παίζεις Μότσαρτ και Μπετόβεν;

Η Κατερίνα: Ναι φυσικά, ο Μπετόβεν είναι ο αγαπημένος μου.

Ο Νίκος: Μπράβο ρε συ! Ξέρεις και άλλα όργανα;

Η Κατερίνα: Ναι βέβαια, παίζω κιθάρα, ντραμς, φλάουτο, κοντραμπάσο και άρπα. Τον περασμένο μήνα παίξαμε σε μία συναυλία στο Ηρώδειο.

Ο Νίκος: Σοβαρά; Πω πω! Έχεις μεγάλο ταλέντο!

Η Κατερίνα: Αχ, σ' ευχαριστώ πολύ! Βέβαια είναι απαραίτητο να εξασκείσαι συνέχεια και να μην το αφήνεις. Ευτυχώς, δίνω επίσης μαθήματα πιάνου σε παιδιά.

Ο Νίκος: Αλήθεια; Και πόσων χρονών είναι οι μαθητές σου;

Η Κατερίνα: Μεταξύ έξι και δέκα χρονών.

Ο Νίκος: Ω, δεν αναλαμβάνεις μεγαλύτερους μαθητές;

Η Κατερίνα: Εσένα...; Θες πραγματικά να μάθεις;

Ο Νίκος: Αστειεύομαι... Προτιμώ να τραγουδάω.

Η Κατερίνα: Δίνω και μαθήματα τραγουδιού και είμαι μέλος της χορωδίας της σχολής μου στο πανεπιστήμιο.

Ο Νίκος: Πω πω! Τραγουδάς κιόλας! Μη(ν) μου πεις ότι παίζεις και θέατρο...

Η Κατερίνα: Χα χα, θα γελάσεις αλλά ναι. Συμμετέχω σε μια θεατρική παράσταση η οποία θα παίξει λίγο πριν το καλοκαίρι.

Ο Νίκος: Πω πω, έχω μείνει άφωνος.

Η Κατερίνα: Και επιπλέον, χορεύω πολύ καλά ταγκό! Νομίζω είναι ο αγαπημένος μου χορός.

Ο Νίκος: Εγώ σε ρωτάω όλα αυτά, αλλά κατά βάθος, τι δεν ξέρεις να κάνεις;

Η Κατερίνα: Να μαγειρεύω, οπότε πάμε να φάμε στην πλατεία σε παρακαλώ;

■ COMPRENDRE LE DIALOGUE
QUELQUES FORMULES ET EXPRESSIONS

→ **Τι ωραία που παίζεις πιάνο!** *Comme [c'est] bien de jouer* ("que tu joues") *du piano !* Ici, la complétive est introduite par **που** *que*. Le mot d'emprunt (neutre) **το πιάνο** fait au génitif **του πιάνου**.

→ **παίζω κιθάρα** *je joue [de la] guitare*. Le verbe **παίζω** *je joue* comme **κάνω** *je fais* (d'un instrument) est transitif direct en grec mais dans cet emploi il n'y a pas d'article : **παίζω φλάουτο** *je joue [de] la flûte*, **κάνω πιάνο** *je fais [du] piano*.

→ **είναι απαραίτητο να εξασκείσαι συνέχεια** *il est nécessaire de s'exercer ("que tu t'exerces") en permanence*. La forme impersonnelle **είναι απαραίτητο** est synonyme de **πρέπει να** ou **χρειάζεται να** *il faut que / il est nécessaire que*.

→ **να εξασκείσαι** *que tu t'exerces / que tu pratiques*. Le verbe (transitif) **εξασκώ** *j'exerce* prend, au médio-passif **εξασκούμαι**, un sens pronominal : *je m'entaîne* ou *je m'exerce*.

→ **Κάνεις καιρό;** est la forme orale de **Το κάνεις εδώ και πολύ καιρό;** *Tu fais ça depuis longtemps ?* L'expression **εδώ και** est utilisée pour indiquer une durée qui continue jusqu'au moment présent : **εδώ και τρία χρόνια** qu'on traduit par *cela fait trois ans* ou *depuis trois ans* selon la construction de la phrase.

→ **κιόλας** *en plus*. L'adverbe **κιόλας** a différents sens selon le contexte (*déjà / d'ailleurs*, etc.). Ici, il a le sens de *en plus / en outre* : **Δεν με ρωτάς και θες να συμφωνήσω κιόλας;** *Tu ne me demandes pas et en plus tu veux que je sois d'accord ?*

→ **Μπράβο ρε συ!** *Bravo [à] toi !* L'interjection **ρε** ajoute de la familiarité au dialogue (voir ci-après).

→ **Συμμετέχω σε** *je participe à/dans*. Le verbe **συμμετέχω** est composé de **έχω** dont il suit pratiquement toute la conjugaison (**συμμετείχα** *je participais*). Les composés ont un radical aoriste en **-ασχ-** pour la conjugaison momentanée : **να συμμετάσχω** (rad. aor.) *que je participe* ; **έχουν συμμετάσχει** *ils ont participé*.

→ **η οποία** *laquelle*. Le pronom relatif **ο οποίος, η οποία, το οποίο** *qui / lequel/ laquelle* se déclinent comme les adjectifs en **-ος -α -ο** (voir la section grammaire).

→ **ταγκό (το)** *le tango*. Comme certains mots d'emprunt **το ταγκό** est invariable : **ο ρυθμός του ταγκό** *le rythme du tango*.

→ **Νομίζω [πως] είναι ο αγαπημένος μου χορός.** *Je pense que c'est ma danse préférée*. Ici la conjonction **πως** *que* est sous-entendue.

→ Pour exprimer *l'âge* (**η ηλικία**), on utilise le génitif : **Πόσων χρονών είσαι;** *Quel âge as-tu ?* (litt. "De-combien d'années es-tu ?". Pour répondre on pourra dire **Είμαι είκοσι πέντε χρονών** *J'ai vingt-cinq ans*. La même structure est utilisée pour indiquer l'âge en mois : **ένα παιδί δύο μηνών** *un enfant de deux mois*.

→ Les numéraux déclinables comme **ένας, τρεις, τέσσερις** prennent normalement le génitif pluriel dans l'expression de l'âge : **είναι τριάντα τριών χρονών** *il/elle* *a trente-trois ans*. Cependant, **ένα** apparaît souvent au neutre : **είμαι είκοσι ένα χρονών** *j'ai vingt-et-un ans*. Il est à noter que le **-ν** final disparaît généralement du génitif pluriel de **πόσω(ν)** et de **χρονώ(ν)** (*années*) et de **μηνών** (*mois*) lorsqu'il est question d'âge. Notez que le complément au génitif pluriel pour exprimer l'âge (**χρονών** *années*) est accentué sur la finale.

→ On utilise les comparatifs **μεγαλύτερος -η -ο** *plus âgé que* et **μικρότερος -η -ο** *plus jeune que* pour comparer l'âge de deux personnes : **φαίνεται μικρότερος από μένα** *il semble plus jeune que moi*. Lorsque deux personnes ont le même âge, on utilise l'expression **έχω την ίδια ηλικία με** (+ acc.) *j'ai le même âge que*. On peut aussi utiliser l'adjectif **συνομήλικος -η -ο** *qui a le même âge* : **συνομήλικα παιδιά** *des enfants qui ont le même âge*.

→ L'interjection **ρε** (ou **βρε**), que l'on trouve dans le dialogue (**ρε συ**),est une spécialité grecque. Elle est intraduisible en français, mais elle a des équivalents comme par exemple : *eh bien dis donc ! Toi alors !* C'est une expression familière très courante, issue de **μωρέ!** (litt. "espèce de sot!"). Elle a perdu son caractère péjoratif ou vulgaire et est utilisée pour interpeller quelqu'un : *Hé, toi ! Dis-donc !* Elle relève toujours du registre familier et informel, mais elle peut être utilisée comme marque d'affection entre proches : **Πες μου ρε παιδί!** *[Eh bien,] dis-moi (mon petit / mon vieux) !* On peut encourager un proche en lançant : **Έλα, μωρέ/ ρε!** *Oh, allez !* Cette même expression peut aussi traduire une surprise ou une incrédulité (*Quoi ?!*). L'interjection **ρε** (ou **βρε**), sert aussi à interpeler dans le cadre d'une indignation familière (*Espèce de… !*), voire dans une insulte : **Τι λες, ρε βλάκα;** *Qu'est-ce que tu dis, espèce d'imbécile ?!*

NOTE CULTURELLE

La Grèce moderne, connue pour son héritage culturel riche, a perpétué son génie et sa créativité non seulement à travers les arts de la culture classique, mais aussi dans tous les domaines de l'art contemporain. L'art sacré de la tradition byzantine, parallèlement à l'art profane, constituent deux piliers fondamentaux de l'identité et de la culture grecques modernes.

Voici donc quelques termes qui nomment certains domaines de *l'art*, à commencer par le mot lui-même : **η τέχνη**. Les grands chapitres comprennent **η ζωγραφική** *la peinture*, **η γλυπτική** *la sculpture* et **η αρχιτεκτονική** *l'architecture*. *L'artiste* est appelé **ο καλλιτέχνης**, et il exposera dans **η έκθεση** une *exposition*. Vous connaissez maintenant **το μουσείο** *le musée*. Le terme **η ποίηση** se réfère à *la création* en général et à *la poésie* en particulier. Sur la scène on trouvera le plus souvent **η μουσική** *la musique*, **ο χορός** *la danse*, et bien sûr **το θέατρο** *le théâtre* ; la Grèce est son pays natal. Parlant de théâtre, on citera le Festival (d'été) d'Épidaure, plus exactement **το Φεστιβάλ Αθηνών Επιδαύρου** *le festival d'Athènes-Épidaure*.

La culture moderne de la Grèce continue de prospérer grâce au travail de ses écrivains. La littérature grecque est riche de noms comme **Γιάννης Ρίτσος** (*Yannis Ritsos*), **Οδυσσέας Ελύτης** (*Odysséas Elytis*), **Κώστας Καρυωτάκης** (*Kostas Karyotakis*), **Μαρία Πολυδούρη** (*Maria Polydouri*), et **Γιώργος Σεφέρης** (*Georges Séféris*). **Μίκης Θεοδωράκης** (*Mikis Théodorakis*), un compositeur renommé, est également célébré pour son travail diversifié. Deux poètes grecs, **Γιώργος Σεφέρης** (*Georges Séféris*) et **Οδυσσέας Ελύτης** (*Odysséas Elytis*), ont été lauréats du prix Nobel de littérature : **Σεφέρης** en 1963 pour son écriture lyrique inspirée par la culture hellénique, et **Ελύτης** en 1979 pour sa poésie enracinée dans la tradition grecque, illustrant en particulier sa lutte pour la liberté et la créativité.

◆ GRAMMAIRE
DÉCLINAISONS : LES PLURIELS DE *ΧΡΟΝΟΣ* ET *ΛΟΓΟΣ*

Certains mots tels que **ο χρόνος** et **ο λόγος** présentent la particularité d'avoir des genres différents, principalement au pluriel, avec des significations différentes également selon le genre.

Au singulier, **ο χρόνος** signifie *le temps* ou *l'année*. Au pluriel, **τα χρόνια** (n.) désigne *les années* que l'on compte et **οι χρόνοι** (m.), *les époques* ou *les périodes* plus abstraites : **οι Νεότεροι Χρόνοι**, *les temps modernes*. Le terme **η χρονιά** (f.) *l'année* est un synonyme de **χρόνος** avec un usage restreint à certaines expressions comme : **Καλή χρονιά!** *Bonne année !* Par ailleurs, le génitif **χρονών** est utilisé pour exprimer l'âge : **είναι πενήντα χρονών** *il/elle a cinquante ans*. En fait, il n'existe pas d'usage pour tous les cas des déclinaisons :

	Masculin	Féminin	Neutre
Singulier	ο χρόνος	η χρονιά	–
	το(ν) χρόνο	τη(ν) χρονιά	–
	του χρόνου	της χρονιάς	–
Pluriel	οι χρόνοι	οι χρονιές	τα χρόνια
	τους χρόνους	τις χρονιές	τα χρόνια
	των χρόνων / των χρονώ(ν)		

Rappel : **του χρόνου** signifie également *l'année prochaine* ; **πέρυσι / πέρυσι** *l'année dernière* ; **(ε)φέτος** *cette année*.

Un autre mot courant de cette catégorie est **ο λόγος** qui, au singulier, signifie entre autres, *la parole* ou *la raison* : **κρατάω το(ν) λόγο μου** *je tiens ma parole* ; **Δώσε μου έναν καλό λόγο**. *Donne-moi une bonne raison*. Au pluriel, le masculin **οι λόγοι** désigne *les discours*, les raisons et le neutre **τα λόγια** *les mots* (paroles d'une chanson).

LE PRONOM RELATIF *Ο ΟΠΟΙΟΣ*

Le pronom relatif grec **ο οποίος, η οποία, το οποίο,** *qui / lequel*, s'accorde en genre, en nombre et en cas avec son antécédent. Plus formel et moins courant que le relatif indéclinable **που, ο οποίος** est utilisé pour éviter des ambiguïtés, en particulier lorsque le relatif est précédé d'une préposition autre que **σε** : **Αυτή είναι η θεατρική παράσταση στην οποία συμμετέχω.** *C'est la représentation théâtrale dans laquelle je participe*.

▲ CONJUGAISON
L'AORISTE DE L'INDICATIF ACTIF (*B1/B2*)

Rappelons que l'on emploie l'aoriste (temps du passé) pour une action ou un état qui s'est produit de façon unique dans le passé sans avoir à considérer sa durée.

La plupart des verbes du Type 2 (**B1** ou **B2**) forment l'aoriste à l'aide du suffixe **-ησ-** avant les terminaisons caractéristiques. La traduction ici présente le passé simple, mais le passé composé est plus courant en français, surtout à l'oral :

Conjugaison	Singulier			Pluriel	
Type 2 (**B1**)	-α	**μίλησα** *[je] parlai*	-αμε	**μιλήσαμε** *[nous] parlâmes*
	-ες	**μίλησες** *[tu] parlas*	-ατε	**μιλήσατε** *[vous] parlâtes*
	-ε	**μίλησε** *[il/elle] parla*	-αν(ε)	**μίλησαν** *[ils/elles] parlèrent*

L'accent remonte jusqu'à la 3e syllabe en partant de la fin, mais comme les verbes de Type 2 (**B1**, **B2**) ont toujours au moins 3 syllabes (thème + **ης** + terminaison), l'augment (**ε-**) n'est jamais sous l'accent et il n'apparaît donc jamais.

On ne peut prédire la transformation du thème présent en thème aoriste ou encore la présence de tel ou tel suffixe **-ησ-**, **-ασ-**, **-εσ-**,**-ηξ-** ou encore **-αξ-**. C'est le dictionnaire qui permet de le vérifier. Voici quelques exemples :

Verbe	Suffixe	Aoriste
αγαπάω/ώ j'aime	-ησα	αγάπησα
περνάω/ώ je passe	-ασα	πέρασα
μπορώ je peux	-εσα	μπόρεσα
κοιτάω je regarde	-αξα	κοίταξα

LE PARTICIPE MÉDIO-PASSIF EN *-ΜΕΝΟΣ*

Les participes médio-passifs tiennent à la fois des verbes et de leur caractéristiques (temps et mode) et celles des adjectifs (genre, nombre, cas). Les participes médio-passifs en **-μένος -η -ο** se déclinent comme les adjectifs en **-ος -η -ο.** La plupart du temps ils ont un sens passif.

Pour former le participe médio-passif, qui équivaut au participe passé français (hors temps composés), on ajoute le suffixe **-μένος -η -ο** au thème aoriste à la forme médio-passive : **αγαπάω/αγαπώ** → **αγαπησ-** → **αγαπη-μένος -η -ο** *(est) aimé(e)*. Exemple : **ο αγαπημένος μου χορός** *ma danse préférée*.

Les verbes grecs qui n'ont essentiellement qu'une forme médio-passive (ils peuvent même être transitifs) ont un participe en **-όμενος -η -ο**, a valeur de participe présent et non passé, exemple : **σκέφτομαι** *je pense* → **τη(ν) σκέφτομαι** *je pense à elle* → **σκεπτόμενος -η -ο,** *pensant / songeant*.

LE THÈME AORISTE

Le dialogue comprend plusieurs verbes cités avec un thème aoriste. Voici les différents types accompagnés du thème aoriste régulier ou irrégulier :

Type	Verbe présent	Thème aoriste	Subjonctif aoriste
Type 1 (**A**)	**μαθαίνω** *j'apprends*	μαθ-	να μάθω
Type 2 (**B1**)	**ξεκινάω/ώ** *je démarre*	-ησ-	να ξεκινήσω
Type 2 (**B2**)	**εξασκώ** *j'exerce*		να εξασκήσω
Type 3 (**Γ4**)	**εξασκούμαι** *je m'exerce*	-ούμαι → -ηθώ	να εξασκηθώ

Rappel des terminaisons par type : Type 1 (**A -ω**) ; Type 2 (**B1 -άω/-ώ** ; **B12 -ώ**) ; Type 3 (**Γ4 -ούμαι**).

VOCABULAIRE

πιάνο (το) *piano*
ξεκινάω *je commence*
φυσικά *bien sûr*
αγαπημένος -η -ο *favori(te)*
όργανο (το) *instrument*
κιθάρα (η) *guitare*
φλάουτο (το) *flûte*
συναυλία (η) *concert*
σοβαρά *sérieusement*
ταλέντο (το) *talent*
απαραίτητος -η -ο *indispensable*
εξασκούμαι *je m'exerce*
μαθητής (ο) *élève*
αναλαμβάνω *j'assume*
πραγματικά *vraiment*
μαθαίνω *j'apprends*
αστειεύομαι *je plaisante*
τραγουδάω/ώ *je chante*
τραγούδια (τα) *chansons*
μέλος (το) *membre*
χορωδία (η) *chœur*
σχολή (η) *école / la faculté*
κιόλας *en plus*
γελάω/ώ *je ris*
συμμετέχω *je participe*
θεατρικός -ή -ό *théâtral(e)*
οποίος -α -ο *qui*
άφωνος -η -ο *muet(te)*
χορεύω *je danse*
τανγκο (το) *tango*
χορός (ο) *danse*
αλλά κατά βάθος *mais au fond*

EXERCICES

01. ÉCOUTEZ L'ENREGISTREMENT, PUIS COMPLÉTEZ LES PHRASES.

a. Τον περασμένο μήνα, _____ .

b. _____ και άλλα όργανα ή _____ ;

c. _____ για να πάρω κάποια γλυκά.

d. Σου έχω _____ σε ένα βιβλιοπωλείο με _____ .

e. _____ πολλές ώρες _____ ;

02. REFORMULEZ LES PHRASES EN UTILISANT LE RELATIF Ο ΟΠΟΙΟΣ.

a. Τα παιδιά είναι μεταξύ έξι και δέκα ετών. Παίζει με αυτά τα παιδιά.

b. Ο μαθητής παίζει Μπετόβεν και είναι μόνο εννέα χρονών. Μιλάω για τον μαθητή.

c. Πηγαίνω στο σινεμά κάθε Σάββατο βράδυ. Το σινεμά είναι κοντά στο μετρό.

d. Σου μίλησα για ένα φίλο. Θα συναντήσεις τον φίλο απόψε.

03. COMPLÉTEZ LES TRADUCTIONS ET VÉRIFIEZ VOS RÉPONSES EN ÉCOUTANT L'AUDIO.

a. C'est la première fois qu'elle chante dans la chorale de l'université.
 → _____ στη χορωδία του πανεπιστημίου.

b. Le cinéma est à côté de la bouche de métro.
 → Το σινεμά είναι _____ .

c. Veux-tu jouer au volley-ball mercredi après-midi ou aller à la plage ?
 → _____ βόλεϊ το απόγευμα της Τετάρτης _____ ;

d. Où puis-je vous retrouver pour la promenade nocturne ?
 → _____ για τον νυχτερινό περίπατο;

e. Tu es sûr de vouloir apprendre la guitare ? Tu fais déjà beaucoup de choses.
 → Είσαι σίγουρος _____ ; Κάνεις ήδη _____ .

21.
LA GYMNASTIQUE
Η γυμναστική

OBJECTIFS	NOTIONS
• PARLER DE LA MÉTÉO	• L'INTERJECTION *AMAN!*
• DISCUTER D'ACTIVITÉS DE PLEIN AIR	• L'AORISTE DE L'INDICATIF MÉDIO-PASSIF
• RÉSOUDRE DES PROBLÈMES LOGISTIQUES	• LES MOTS AVEC DEUX ACCENTS TONIQUES
• PRÉPARER UNE SORTIE	• LA CONDITION AVEC *(E)AN*
• L'INVITATION, L'ENCOURAGEMENT	• L'INTERROGATION INDIRECTE AVEC *AN*

ON VA COURIR ?

Angeliki : Quelle belle journée aujourd'hui ! On va courir un peu ?

Kostas : Très agréable, il fait chaud aussi. Encore de la course à pied ? Nous y sommes allés avant-hier. Tu ne veux pas faire autre chose ?

Angeliki : Veux-tu qu'on aille faire du vélo ?

Kostas : J'aimerais bien, mais malheureusement mon vélo a un souci avec les freins.

Angeliki : Oh ! effectivement, c'est dangereux. Bon, on devrait peut-être aller jouer au basket alors ?

Kostas : Ah, bonne idée ! Mais malheureusement, mon ballon s'est perdu la dernière fois. En plus, c'était le ballon de l'équipe de basket et j'ai dû en acheter un nouveau.

Angélique : Je vois...

Kostas : On peut quand même aller nager !

Angeliki : Qu'est-ce que tu en penses ? Il y a tellement de soleil. Il fait vingt-cinq degrés et il n'y a pas un nuage à l'horizon.

Kostas : OK pour le *(allons prendre un)* bain de soleil alors, dans ce cas. On prend la voiture ou on marche ?

Angeliki : À pied bien sûr ! Mais on a dit qu'il fallait faire un peu d'exercice, [mon grand] ! La mer est encore un peu froide à cette saison, mais j'adore ça !

Kostas : Oui oui, c'est vrai, à pied, désolé.

Angeliki : On y va alors ? Prends les maillots de bain et allons-y !

Kostas : Attends, on va prendre un café pour la route ?

Angeliki : Tu es incorrigible, ok *(oui)* ! Allez, on y va !

Kostas : Super, c'est parti !

Angeliki : N'oublie pas ta serviette !

🔊 23   Πάμε για τρέξιμο;

Η Αγγελική: Τι ωραία μέρα σήμερα! Πάμε για τρέξιμο;

Ο Κώστας: Πολύ όμορφα, έχει και ζέστη. Πάλι τρέξιμο; Αφού πήγαμε προχθές. Δεν θέλεις να κάνουμε κάτι άλλο;

Η Αγγελική: Λες να πάμε για ποδήλατο;

Ο Κώστας: Θα το ήθελα αλλά δυστυχώς το ποδήλατό μου έχει πρόβλημα με τα φρένα.

Η Αγγελική: Αμάν, ναι, είναι επικίνδυνο. Ωραία, μήπως τότε να πάμε για μπάσκετ;

Ο Κώστας: Α, καλή ιδέα! Δυστυχώς όμως η μπάλα μου χάθηκε την τελευταία φορά. Επιπλέον, ήταν η μπάλα της ομάδας μπάσκετ και έπρεπε να αγοράσω μια καινούρια.

Η Αγγελική: Κατάλαβα…

Ο Κώστας: Μπορούμε να πάμε για κολύμπι όμως!

Η Αγγελική: Τι λες; Έχει τόσο ήλιο. Έχει είκοσι πέντε βαθμούς και δεν υπάρχει ούτε ένα σύννεφο στον ορίζοντα.

Ο Κώστας : Ας κάνουμε και λίγη ηλιοθεραπεία εάν είναι. Να πάρουμε το αυτοκίνητο ή να πάμε με τα πόδια;

Η Αγγελική: Με τα πόδια φυσικά! Αφού είπαμε να κάνουμε γυμναστική ρε παιδί μου! Η θάλασσα είναι ακόμα λίγο κρύα αυτή την εποχή του χρόνου, αλλά μου αρέσει πολύ αυτό!

Ο Κώστας: Ναι ναι, σωστά, με τα πόδια, συγγνώμη.

Η Αγγελική: Πάμε λοιπόν; Πάρε τα μαγιό και φύγαμε!

Ο Κώστας: Μισό λεπτάκι, θα πάρουμε και ένα καφεδάκι για το(ν) δρόμο;

Η Αγγελική: Είσαι αδιόρθωτος, εντάξει ναι! Άντε, πάμε!

Ο Κώστας: Τέλεια, φύγαμε!

Η Αγγελική: Πετσέτα μη(ν) ξεχάσεις!

COMPRENDRE LE DIALOGUE
QUELQUES FORMULES ET EXPRESSIONS

→ **η μπάλα μου χάθηκε** *mon ballon / ma balle s'est perdu(e)*. La forme **χάθηκε** est l'aoriste médio-passif de **χάνομαι** *je me perds*.

→ **Ας κάνουμε και λίγη ηλιοθεραπεία εάν είναι**. *On n'a qu'à prendre un peu de soleil* (litt. "prenons (si c'est le cas) !") La particule **ας** devant le subjonctif exprime l'exhortation.

→ **σωστά** *précisément*. L'adverbe est dérivé de l'adjectif **σωστός -ή -ό** *précis(e)* à la forme du neutre pluriel.

→ **Πάρε τα μαγιό και φύγαμε!** *Prends les maillots et allons-y !* Rappel : l'aoriste n'est pas qu'un "temps" du passé ; il a un aspect accompli y compris pour le présent et le futur. Autre exemple dans le dialogue : **Τέλεια, φύγαμε!** *Parfait, allons-y !*

→ **Πετσέτα μη(ν) ξεχάσεις!** *N'oublie pas la serviette !* La défense ponctuelle est construite toujours avec (**να**) **μην** + subjonctif momentané (thème aoriste).

→ L'interjection **αμάν!** exprime différents sentiments et émotions qui vont du chagrin au mécontentement en passant par la surprise : *oh ! ah ! Pitié ! À l'aide !* L'expression est d'origine turco-arabe (Aman ! Pitié ! Au secours !), langues avec lesquelles le grec partage en général la même tonalité : le chagrin (comme dans **Αμάν, Θεέ μου!** *Aman, mon Dieu!*), la sympathie (**Αμάν, ο καημένος, τι έπαθε;** *Oh, le pauvre, qu'est-ce qui lui arrive ?*) ou le désespoir (**Αμάν τι πάθαμε;** *Oh, pauvre de nous !*), le mécontentement (**Αμάν μην αρχίσεις πάλι τα ίδια!** *Ah, arrête !*) ou l'admiration (**Αμάν τι όμορφη που είναι!** *Oh, comme elle est belle !*).

NOTE CULTURELLE

La Grèce jouit d'une riche tradition sportive, remontant à l'Antiquité avec la création des *Jeux olympiques* (**οι Ολυμπιακοί Αγώνες**). Cette longue histoire, alliée à une grande variété de sports pratiqués, témoigne de l'importance du sport dans la culture grecque. Les sports d'équipe tels que *le football* (**το ποδόσφαιρο**) et *le basket-ball* (**το μπάσκετ**) sont particulièrement populaires, mais l'athlétisme, *le water-polo* (**η υδατοσφαίριση**), *le volley-ball* (**το βόλεϊ/βόλλεϋ**), et la natation sont également très appréciés. La Grèce a aussi une forte présence dans d'autres sports comme *le tennis* (**το τένις/η αντισφαίριση**), *le cyclisme* (**η ποδηλασία**), la lutte et l'haltérophilie. Les Grecs de l'Antiquité mettaient l'accent sur l'entraînement physique et voyaient le sport comme un élément clé de l'éducation et du développement individuel. Les Jeux olympiques étaient l'événement sportif le plus prestigieux de l'époque, mais d'autres compétitions importantes, telles que *les Jeux Pythiques* (**τα Πύθια**), *les Jeux Néméens* (**τα Νεμέα**) et *les Jeux Isthmiques* (**τα Ίσθμια**), étaient également organisés.

◆ GRAMMAIRE
LES MOTS AVEC DEUX ACCENTS TONIQUES

Dans le dialogue nous avons : **το ποδήλατό μου** *ma bicyclette / mon vélo* où le mot **το ποδήλατο** porte deux accents toniques. Le double accent tonique survient lorsqu'un mot, accentué sur l'antépénultième syllabe (3ᵉ syllabe avant la fin), est suivi d'un pronom atone comme un pronom. Dans ce cas, un accent secondaire, plus intense, se forme sur la dernière syllabe du mot. Les pronoms possessifs (**μου, σου, του** …), sont appelés enclitiques, car ils fusionnent phonétiquement avec le mot précédent : **το μάθημα** *la leçon* + **μου** *mon/ma* → **το μάθημά μου** *ma leçon*.

LA CONDITION AVEC *(E)AN / AMA*

L'expression de la condition se fait principalement à l'aide de la conjonction **αν** (ou **εάν**), ou encore avec **άμα** *quand/si*. Les phrases conditionnelles se composent d'une proposition subordonnée introduite généralement par *si* (condition) et d'une proposition principale (résultat). Dans les subordonnées (condition avec *si*), le verbe est généralement à l'indicatif ; s'il y a une négation on utilise **δεν.**

La principale utilise soit le même temps que la subordonnée, soit le subjonctif, l'imparfait, le futur et même l'impératif.

Temps	Subordonnée (condition)	Principale (résultat)
présent	αν/εάν/άμα έχω χρόνο,	διαβάζω *si/quand j'ai le temps, j'étudie*
futur	αν/εάν έχω χρόνο,	θα πάω *si j'ai le temps, j'y vais*
imparfait	αν/εάν είχα χρόνο,	θα πήγαινα *si j'avais le temps, j'irais*
impératif	αν/εάν έχεις χρόνο,	πήγαινε! *si tu as le temps, vas y !*

Ces constructions expriment différentes nuances de probabilité.

L'INTERROGATION INDIRECTE AVEC *AN*

Il faut distinguer la fonction conditionnelle de **αν/εάν** de la fonction interrogative indirecte dans une proposition complétive, comme *je voudrais savoir si…* :

Σε ρωτάω αν έχεις χρόνο να πας. *Je te demande si tu as le temps d'y aller*.

L'INVITATION, L'ENCOURAGEMENT

Les particules **να** et **ας** suivies du subjonctif permettent d'exprimer le souhait. La particule **ας** peut introduire une invitation à agir (**ας λέμε** ou **ας πούμε** *disons/supposons/*

mettons/par exemple) et exprimer l'impératif des 1ʳᵉ et 3ᵉ personnes (**Ας πάμε**...! *Allons*... !). Dans une phrase négative on utilise **μην** (**Ας μην πήγαινε σήμερα!** *S'il pouvait ne pas y aller aujourd'hui !*).

Il existe d'autres mots pour exprimer des vœux, comme **μακάρι να** *pourvu que* : **Μακάρι να γίνει καλά!** *Pourvu qu'il se rétablisse !*

▲ CONJUGAISON
LE THÈME AORISTE

Le dialogue comprend plusieurs verbes cités avec un thème aoriste. Voici les différents types accompagnés du thème aoriste régulier ou irrégulier :

Type	Verbe présent	Thème aoriste	Subjonctif aoriste
Type 1 (**A**)	χάνω *je perds*	χασ-	να χάσω
	φεύγω *je pars*	φυγ-	να φύγω
Type 2 (**B1**)	ξεχνάω *j'oublie*	ξεχασ-	να ξεχάσω

Rappel des terminaisons par type : Type 1 (**A -ω**) ; Type 2 (**B1 -άω/-ώ**).

L'AORISTE DE L'INDICATIF MÉDIO-PASSIF

On forme l'aoriste de l'indicatif médio-passif sur le thème aoriste médio-passif auquel on ajoute le suffixe **-ηκ -** suivi des terminaisons du passé **-α -ες -ε -αμε -ατε -αν (ε)** : **χάθηκε** *il/elle s'est perdu(e)*. Comme pour l'aoriste actif l'accent remonte jusqu'à la 3ᵉ syllabe en partant de la fin.

Voici un classement des différents types rencontrés dans les dialogues :

Type	Verbe présent	Suffixe	Aoriste ind.
Type 3 (**Γ1**)	δροσίζομαι *je me rafraîchis*	-θ/στ-ηκ-	δροσίστηκα
	βιάζομαι *je me dépêche*		βιάστηκα
	ετοιμάζομαι *je me prépare*		ετοιμάστηκα
	ζαλίζομαι *je suis étourdi(e)*		ζαλίστηκα
	χρειάζομαι *j'ai besoin*		χρειάστηκα
	λατρεύομαι *je suis adoré(e)*	-αυ/ευ-τ-ηκ-	λατρεύτηκα
	ανοίγομαι *je m'ouvre*	-χτ-ηκ-	ανοίχτηκα
	κοιτάζομαι *je me regarde*		κοιτάχτηκα
	γράφομαι *je m'inscris*	-φτ-ηκ-	γράφτηκα
	σκέπτομαι *je pense/réfléchis*		σκέφτηκα

Type 3 (Γ2)	κοιμάμαι je dors	-ήθηκ-	κοιμήθηκα
Type 3 (Γ3)	αγαπιέμαι je suis aimé		αγαπήθηκα

Rappel des terminaisons par type : Type 3 (Γ1-ομαι ; Γ3 -ιέμαι ; Γ4-ούμαι)

Parmi les formes irrégulières il y a plusieurs verbes très fréquents :

αισθάνομαι je sens / je ressens	→ **αισθάνθηκα**
γίνομαι je deviens	→ **έγινα**
έρχομαι je viens	→ **ήρθα**
φαίνομαι je parais / je semble	→ **φάνηκα**
χαίρομαι je suis content(e) / je me réjouis	→ **χάρηκα**
χάνομαι je suis perdu(e) / je me perds	→ **χάθηκα**

● EXERCICES

01. ÉCOUTEZ L'ENREGISTREMENT, PUIS COMPLÉTEZ LES PHRASES.

a. Αύριο είναι Κυριακή, _ _ _ _ _ _ _ _ _ _ _ _ _ _ _ _ _ _ !

b. _ _ _ _ _ _ _ _ _ _ _ _ _ _ _ κρύα, _ _ _ _ _ _ _ _ μόνο στην παραλία στον ήλιο.

c. _ σήμερα;

d. _ _ _ _ _ _ _ _ _ _ _ _ , _ _ _ _ _ _ _ _ _ _ _ μέρα σήμερα!

e. _ _ _ _ _ _ _ _ _ _ _ _ _ , _ _ _ _ _ _ _ _ για κολύμπι αν _ _ _ _ _ _ _ _ _ _ _ _ _ _ _.

f. _ που είδα τον Γιώργο, _ _ _ _ _ _ _ _ _ _ _ _ _ .

02. REMPLACER LES MAJUSCULES PAR DES MINUSCULES ET PLACEZ LES ACCENTS TONIQUES.

a. Λέει ότι δεν έχει χρόνο γιατί οι ΔΡΑΣΤΗΡΙΟΤΗΤΕΣ ΤΟΥ είναι τόσο σημαντικές.
   → _ _ _ _ _ _ _ _ _ _ _

b. Μου αρέσουν πολύ τα ΜΥΘΙΣΤΟΡΗΜΑΤΑ ΤΗΣ και τα διαβάζω όλα.
   → _ _ _ _ _ _ _ _ _ _ _

c. Άφησε το ΑΥΤΟΚΙΝΗΤΟ ΤΟΥ στο λιμάνι και πήρε το πλοίο.
   → _ _ _ _ _ _ _ _ _ _ _

d. Το ΔΙΑΜΕΡΙΣΜΑ ΜΑΣ είναι κοντά στη θάλασσα.
   → _ _ _ _ _ _ _ _ _ _ _

e. Δεν ξέρω πού άφησα το ΠΟΥΚΑΜΙΣΟ ΜΟΥ.
   → _ _ _ _ _ _ _ _ _ _ _

f. Έχασε την ΤΑΥΤΟΤΗΤΑ ΤΟΥ όταν πήγε να τρέξει κατά μήκος της παραλίας.
   → _ _ _ _ _ _ _ _ _ _ _

g. Χάλασε το ΤΗΛΕΦΩΝΟ ΤΗΣ κατά τη(ν) διαδρομή.
   → _ _ _ _ _ _ _ _ _ _ _

03. REFORMULEZ LES PHRASES AVEC *ΑΣ* OU *ΑΧ, ΜΑΚΑΡΙ*

a. _ _ _ _ πάμε να παίξουμε μπάσκετ σήμερα, έχω χρόνο και ο καιρός είναι καλός.

b. _ _ _ _ να μην είχα πάρει το ποδήλατο σήμερα!

c. Ο υπουργός είναι σε συνάντηση, _ _ _ _ μην τον ενοχλήσουμε τώρα.

d. _ _ _ _ μην φοράει συνέχεια αυτό το πράσινο σακάκι!

e. _ _ _ _ να με είχαν ακούσει! Θα είχαν αλλάξει τη(ν) δουλειά τους.

f. _ _ _ _ έρθει γρήγορα το καλοκαίρι! Ανυπομονώ για τις διακοπές μου.

VOCABULAIRE

πρόβλημα (το) *problème*
φρένο (το) *frein*
αμάν *oh là là*
επικίνδυνος -η -ο *dangereux(-euse)*
μπάλα (η) *balle*
χάνομαι *je suis perdu(e)*
τελευταίος -α -ο *dernier(-ère)*
ομάδα (η) *équipe*
καινούριος -α -ο *nouveau(-elle)*
κολύμπι (το) *natation*
βαθμός (ο) *degré*
σύννεφο (το) *nuage*
ορίζοντας (ο) *horizon*
ηλιοθεραπεία (η) *bain de soleil*
κρύος -α -ο *froid(e)*
μαγιό (το) *maillot de bain*
αδιόρθωτος -η -ο *incorrigible*
πετσέτα (η) *serviette*
μακάρι (να) *si seulement*

22.
À LA MAISON OU DEHORS ?

Σπίτι ή έξω;

OBJECTIFS	NOTIONS
• PROPOSER DES DIVERTISSEMENTS	• QUELQUES ADVERBES DE TEMPS
• EXPRIMER SES PRÉFÉRENCES	• LES ADJECTIFS EN *-ΩN -ΟΥΣΑ -ON*
• PRENDRE UNE DÉCISION	• LE THÈME AORISTE
	• LA FONCTION ADVERBIALE DE L'ACCUSATIF

QU'EST-CE QU'ON JOUE EN CE MOMENT ?

<u>Dimitri</u> : Qu'allons-nous faire aujourd'hui, ma chérie ? Nous sommes seuls et nous ne sommes invités nulle part.

<u>Maria</u> : Les Pyx Lax jouent aujourd'hui dans un bar *(établissement)* du centre-ville. Veux-tu y aller ?

<u>Dimitri</u> : Mmm... Encore ? Ils jouaient le mois dernier.

<u>Maria</u> : Très bien, si tu ne veux pas aller les écouter, on peut aller au théâtre alors ?

<u>Dimitri</u> : Il y a quelque chose de bien [à l'affiche] ?

<u>Maria</u> : Il y a un beau spectacle au théâtre "Aliki", consacré à la vie du compositeur Mikis Theodorakis.

<u>Dimitri</u> : Ça a l'air intéressant, mais je ne suis pas vraiment d'humeur à aller au théâtre, il faut croire...

<u>Maria</u> : On va au cinéma alors ?

<u>Dimitri</u> : Qu'est-ce qu'il y a de nouveau ?

<u>Maria</u> : Tu veux aller au cinéma d'été "Anesis" ? Il y a des films nouveaux et anciens. On y joue (le film) 'Alexis Zorbas' de Cacoyannis. J'aime l'insouciance et l'amour de la vie de Zorbas.

<u>Dimitri</u> : Ah oui ! Je l'ai déjà vu, et j'adore vraiment la musique de Mikis Theodorakis dans le film, c'est effectivement quelque chose de magique.

<u>Maria</u> : Ok, tu veux y aller ?

<u>Dimitri</u> : Tu sais quoi, j'aimerais aller voir plutôt un spectacle d'humoriste *(stand-up comédie)*.

<u>Maria</u> : Oh, je n'aime pas vraiment [ce genre de] *(ces)* spectacles à vrai dire.

<u>Dimitri</u> : Ok je vois, alors voilà ce que je propose, on va commander un dîner et regarder une émission de télé ici ensemble, ok ?

<u>Maria</u> : Tu as raison ! C'est mieux... que de devoir courir dehors et finir *(nous devenions)* comme des glaçons [tellement il fait] *(du)* froid !

24   Τι καινούριο παίζει;

Ο Δημήτρης: Τι θα κάνουμε αγάπη μου σήμερα; Είμαστε μόνοι μας και δεν είμαστε καλεσμένοι πουθενά.

Η Μαρία: Παίζουν οι Πυξ Λαξ σήμερα σε ένα μαγαζί στο κέντρο. Θέλεις να πάμε;

Ο Δημήτρης: Μμμ... Πάλι; Έπαιζαν και τον προηγούμενο μήνα.

Η Μαρία: Ωραία, εάν δε(ν) θέλεις να πάμε να τους ακούσουμε, πάμε τότε θέατρο;

Ο Δημήτρης: Παίζει τίποτα καλό;

Η Μαρία: Έχει μια ωραία παράσταση στο θέατρο «Αλίκη» αφιερωμένη στη(ν) ζωή του μουσικοσυνθέτη Μίκη Θεοδωράκη.

Ο Δημήτρης: Ακούγεται ενδιαφέρον αλλά δεν έχω πολύ όρεξη για θέατρο μου φαίνεται...

Η Μαρία: Πάμε σινεμά τότε;

Ο Δημήτρης: Τι καινούριο παίζει;

Η Μαρία: Έχει και καινούριες και παλιές ταινίες βλέπω εδώ. Θέλεις να πάμε στο θερινό σινεμά « Άνεσις »; Παίζει την ταινία «Αλέξης Ζορμπάς» του Κακογιάννη. Μου αρέσει η ανεμελιά και η αγάπη για τη(ν) ζωή του Ζορμπά.

Ο Δημήτρης: Α ναι! Το έχω ξαναδεί, και πραγματικά λατρεύω τη μουσική του Μίκη Θεοδωράκη, είναι όντως κάτι το μαγικό.

Η Μαρία: Ωραία, θες να πάμε;

Ο Δημήτρης: Ξέρεις τι, θα ήθελα να πάμε περισσότερο σε κανένα *σταντ απ κόμεντι*.

Η Μαρία: Α, δε(ν) μου αρέσουν πολύ αυτές οι παραστάσεις να σου πω την αλήθεια...

Ο Δημήτρης: Ωραία κατάλαβα, άκου λοιπόν τι προτείνω, θα παραγγείλουμε φαγητό και θα δούμε σειρά στην τηλεόραση εδώ μαζί, εντάξει;

Η Μαρία: Έχεις δίκιο, καλύτερα... Πού να τρέχουμε έξω, θα γινόμασταν παγάκια από το κρύο!

COMPRENDRE LE DIALOGUE
QUELQUES FORMULES ET EXPRESSIONS

→ **δεν είμαστε καλεσμένοι** *nous ne sommes pas invités*. La forme verbale **καλεσμένοι** *invités*, est un participe médio-passif du verbe **καλώ** *j'appelle / j'invite*, dont le radical aoriste est **καλεσ-**. Ce participe partage les caractéristiques du verbes (temps et le mode) et de l'adjectif en **-ος -η -ο** (genre, nombre et cas).

→ **ένα μαγαζί** *un établissement / un magasin*. D'une manière générale le terme désigne un magasin au sens de *boutique*, mais son emploi est plus étendu qu'en français, comme ici, un lieu de divertissement : **Θα τραγουδήσει σε αυτό το μαγαζί την επόμενη εβδομάδα.** *Il chantera dans cet endroit la semaine prochaine.* **Πυξ Λαξ** (*Pyx Lax*) est un groupe grec de rock/folk rock créé à Athènes en 1989. Ils sont considérés comme le groupe ayant le plus de succès dans l'histoire de la discographie grecque.

→ **Παίζει τίποτα καλό;** *[On y] (le théâtre) joue quelque chose de bien ?* Alors que le français emploie plutôt une tournure impersonnelle, en grec c'est le théâtre ou le cinéma (plus loin dans le dialogue) qui est le sujet : le théâtre joue.

→ **Παίζει την ταινία «Αλέξης Ζορμπάς»** *Ils passent* ("il-joue le film") *"Zorba le Grec"* (litt. "Alexis Zorbas"). Le titre (le nom propre) reste au nominatif.

→ **έχει πολύ πλάκα όντως** *c'est très drôle effectivement*. Le terme **η πλάκα** a de nombreux sens dont celui de situation amusante, drôle : **Είχε πλάκα.** *C'était drôle* (litt. "il y avait de la plaisanterie"). Autres expressions : **κάνω κάτι για πλάκα** *je fais quelque chose pour rire* ; **κάνω πλάκα** *je plaisante / je fais une blague*.

→ **πάμε θέατρο/σινεμά** *allons [au] théâtre/cinéma*. Un certain nombre de lieux sont à l'accusatif et ont un rôle adverbial ; **σπίτι** *[à la] maison* en fait également partie.

→ **σε κανένα σταντ απ κόμεντι.** *[voir] un (certain) spectacle "one-man-show"*. Le terme grec est emprunté à l'anglais stand-up comedy (monologue sur scène). L'adjectif-pronom indéfini **κανένας** (ou **κανείς**), ici à l'accusatif, signifie *un (quelconque)*, voir la rubrique Grammaire/Déclinaison.

→ **άκου λοιπόν τι προτείνω** *voilà ce que je te propose* (litt. "écoute donc"). L'impératif **άκου** est construit sur le thème présent (continu) : **άκου** (ou **άκουγε**) ; c'est donc un impératif de durée : *écoute* (jusqu'au bout).

→ **θα γινόμασταν** *nous deviendrions*. Voilà une conditionnelle construite avec l'imparfait : **[Εάν βγαίναμε έξω], θα γινόμασταν παγάκια.** *Si nous sortions, nous deviendrions des glaçons.*

→ Voici quelques adverbes de temps pour parler de votre programme du jour : **τώρα**, *maintenant* ; **σήμερα** *aujourd'hui*, **χτες** *hier*, **προχτές** *avant-hier*, **αύριο** *demain*, **μεθαύριο** *après-demain*. Dans la même journée : **απόψε** *ce soir*, **αργά** *tard*, **νωρίς** *tôt*.

NOTE CULTURELLE

Voici quelques-unes des expressions idiomatiques les plus couramment utilisées dans les conversations quotidiennes en Grèce. Elles peuvent aider les apprenants de la langue à ressembler davantage à des locuteurs natifs : **Άκου να δεις** *écoute (voir)* ; **ακριβώς** *exactement* - **Για πες μου για ...** *Dis-moi un peu…* - **Δε(ν) μου λες…** *Dis-moi (un peu)…* ; - **λες;** *tu crois ?* ; **Φαντάζομαι!** *J'imagine !* ; **Να σου πω** *… Eh bien voilà* ("que je te dise")… ; **Εδώ που τα λέμε...** *à propos / justement…* ; **Ακούγεται** *ça à l'air [pas mal]* ("ça sonne").

Le célèbre film "Zorba le Grec" (titre original en grec : «**Αλέξης Ζορμπάς** ») du réalisateur Michael Cacoyannis, sorti en 1964, est une coproduction gréco-anglo-américaine. Inspiré du roman de Nikos Kazantzakis, le film met en scène Anthony Quinn dans le rôle de Zorba et Alan Bates dans celui de Basil. Il a été récompensé par trois Oscars. La musique emblématique du film, notamment la danse du Sirtaki, a été composée par Mikis Theodorakis (**Μίκης Θεοδωράκης**).

◆ GRAMMAIRE
DÉCLINAISON : LES ADJECTIFS EN -ΩΝ-ΟΥΣΑ-ΟΝ

De façon analogue aux adjectifs verbaux et participes présents en français (intéressant, tournant, etc.), certains adjectifs grecs sont issus d'anciens participes. En tant qu'adjectifs, ils s'accordent pleinement : **μια ενδιαφέρουσα ιδέα** *une idée intéressante* ; **ενδιαφέροντα βιβλία** *des livres intéressants*. Voici la déclinaison :

Singulier	Masculin	Féminin	Neutre
Nom.	ενδιαφέρων	ενδιαφέρουσα	ενδιαφέρον
Acc.	ενδιαφέροντα	ενδιαφέρουσα	ενδιαφέρον
Gén.	ενδιαφέροντος	ενδιαφέρουσας	ενδιαφέροντος
Pluriel	Masculin	Féminin	Neutre
Nom.	ενδιαφέροντες	ενδιαφέρουσες	ενδιαφέροντα
Acc.	ενδιαφέροντες	ενδιαφέρουσες	ενδιαφέροντα
Gén.	ενδιαφερόντων	ενδιαφερουσών	ενδιαφερόντων

Quelques mots, formés sur ces "adjectifs-participes", suivent la déclinaison du neutre : **το ενδιαφέρον** *l'intérêt* ; **το παρόν** *le présent* ; **το παρελθόν** *le passé* ; **το μέλλον** *le futur*.

LA FONCTION ADVERBIALE DE L'ACCUSATIF

Il existe quelques expressions idiomatiques dans lesquelles un mot l'accusatif est utilisé comme un adverbe de lieu :

– **σπίτι** *(à la) maison* → **είμαι σπίτι** *je suis à la maison*
– **σχολείο** *(à l')école* → **πηγαίνουν στο σχολείο με το λεωφορείο** *ils vont à l'école en bus*
– **σινεμά** *(au) cinéma* → **πάω σινεμά** *je vais au cinéma.*

▲ CONJUGAISON
LE THÈME AORISTE

Le dialogue comprend plusieurs verbes cités avec un thème aoriste. Voici les différents types accompagnés du thème aoriste régulier ou irrégulier :

Type	Verbe présent	Thème aoriste	Subjonctif aoriste
Type 1 (A)	προτείνω *je propose*	προτειν-	να προτείνω
	παραγγέλνω *je passe commande*	παραγειλ-	να παραγγείλω
Type 3 (Γ1)	φαίνομαι *je parais*	φαν-	να φανώ

Rappel des terminaisons par type : Type 1 (**A -ω**) ; Type 3 (**Γ1-ομαι**).

Le verbe **φαίνομαι** *je parais / je semble* se conjugue comme un Type 2 (**-ώ**) avec le thème aoriste : **να φανεί** *qu'il paraisse*.

VOCABULAIRE

καλεσμένος -η -ο *invité(e)*
πουθενά *nulle part*
μαγαζί (το) *établissement* (bar, restaurant)
αφιερωμένος -η -ο *dédié(e)*
μουσικοσυνθέτης (ο) *compositeur*
ενδιαφέρων -ουσα -ον *intéressant(e)*
προηγούμενος -η -ο *d'avant / précédent(e)*
τρόπος (ο) *manière*
υπάλληλος (ο/η) *employé(e)*
ξαναβλέπω *je revois*
όντως *vraiment*
παράσταση (η) *représentation*
σειρά (η) *série*
τηλεόραση (η) *télévision*
παγάκι (το) *glaçon*
φαντάζομαι *je suppose*

● EXERCICES

🔊 01. ÉCOUTEZ L'ENREGISTREMENT, PUIS COMPLÉTEZ LES PHRASES.
24
a. _ _ _ _ _ _ _ _ _ _ _ , τι προτιμάς: _ _ _ _ _ _ _ _ _ _ _ ή _ _ _ _ _ _ _ _ _ _ _ ;
b. Η θάλασσα _ _ _ _ _ _ _ _ _ _ _ , οπότε _ .
c. Λες να είναι _ ;
d. Ο Νίκος είναι _ .
e. Έχω μια _ _ _ _ _ _ _ _ _ _ _ σήμερα _ _ _ _ _ _ _ _ _ _ _ , οπότε _ _ _ _ _ _ _ _ _ _ _ !
f. _ _ _ _ _ _ _ _ _ _ _ , οπότε φαντάζομαι ότι _ .

02. REMPLACER LES VERBES AU FUTUR PAR LE PASSÉ.

a. Νομίζω ότι θα σας αρέσει αυτό το μυθιστόρημα.
→ _ _ _ _ _ _ _ _ _ _ _
b. Θα μοιάζω με ένα πίνακα του Πικάσο με αυτά τα ρούχα.
→ _ _ _ _ _ _ _ _ _ _ _
c. Φαντάζομαι ότι θα τα πάει πολύ καλά στη συναυλία.
→ _ _ _ _ _ _ _ _ _ _ _
d. Θα πρέπει να αλλάξω ρούχα στο γραφείο.
→ _ _ _ _ _ _ _ _ _ _ _

03. UTILISEZ LE THÈME AORISTE OU LE PRÉSENT ADAPTÉ AU CONTEXTE.

a. (Ρίχνετε) μια ματιά σε αυτόν τον πίνακα, (μοιάζει) με πίνακα του Πικάσο.
→ _ _ _ _ _ _ / _ _ _ _ _ _
b. Δεν (αρέσει) ο τρόπος που (μιλάει) στους υπαλλήλους του.
→ _ _ _ _ _ _ / _ _ _ _ _ _
c. Ποια ημέρα (προτείνετε) για την επίσκεψη, κύριε βουλευτά;
→ _ _ _ _ _ _
d. (Ακούγεται) καλή η ιδέα να (πηγαίνουμε) για φαγητό αύριο.
→ _ _ _ _ _ _ / _ _ _ _ _ _
e. Ας (πηγαίνουμε) με τα πόδια αν η θάλασσα δεν (είναι) πολύ μακριά.
→ _ _ _ _ _ _ / _ _ _ _ _ _

04. METTEZ LES VERBES AU PASSÉ (IMPARFAIT OU AORISTE) QUI CONVIENT.

a. Πώς πάει η νέα σου δουλειά σήμερα;
→ _ _ _ _ _ _
b. Ξέρει κανείς γιατί ο βουλευτής αλλάζει την ατζέντα;
→ _ _ _ _ _ _ _
c. Φεύγω αργά από το διαμέρισμα και φτάνω αργά στο γραφείο.
→ _ _ _ _ _ _ / _ _ _ _ _ _
d. Πηγαίνουμε βόλτες στα βουνά κάθε μέρα το καλοκαίρι.
→ _ _ _ _ _ _

23.
À LA MONTAGNE
Στο βουνό

OBJECTIFS

- FAIRE UNE EXCURSION
- DISCUTER DE LA PRÉPARATION D'UNE EXCURSION EN MONTAGNE
- DÉCRIRE UN PARCOURS

NOTIONS

- LES DIMINUTIFS *-ΑΚΙ* ET *-ΟΥΛΙ*
- LE NOM *ΤΟ ΠΑΝ*
- LES ADJECTIFS EN *-ΥΣ -ΙΑ -Υ*
- LA FORME CONTRACTE *ΚΑΝΑΣ*

AU SOMMET DE L'OLYMPE

<u>Christos</u> : Alors j'espère que vous avez apprécié notre petit séjour dans le refuge ?

<u>Dimitra</u> : Ha ha ha comme maison de vacances c'est pas mal.

<u>Christos</u> : Tant mieux, quand nous redescendrons, nous nous y arrêterons à nouveau. Aujourd'hui, nous montons de l'abri jusqu'au sommet de l'Olympe, vous êtes prêts ?

<u>Dimitra</u> : Oui, nous avons tout ce qu'il faut !

<u>Christos</u> : Alors, qu'est-ce que vous avez exactement ?

<u>Dimitra</u> : Mon sac à dos contient de l'eau, des vêtements, un coupe-vent, un imperméable, un peu de nourriture...

<u>Christos</u> : Tu as oublié quelque chose ?

<u>Dimitra</u> : Ah ! Ma pomme !

<u>Christos</u> : Non, la trousse de premiers secours ! Des questions *(une quelconque question)* ?

<u>Dimitra</u> : Ah oui ! Très important, merci. J'ai une question : est-ce que nous allons voir les douze dieux là-bas ?

<u>Christos</u> : Après la crise financière, certains d'entre eux sont partis.

<u>Dimitra</u> : Mmm, j'espère que le plus beau est resté... !

<u>Christos</u> : Bon, nous sommes prêts. Je vois que tu portes les bonnes chaussures donc tout va bien. Nous commencerons à 7 heures précises, il est donc important de prendre un petit déjeuner léger.

<u>Dimitra</u> : D'accord, des œufs, quelques saucisses *(un peu de saucisse)* et du jus d'orange.

<u>Christos</u> : On va faire à peu près comme ça : nous prendrons le sentier qui part du site de Pronia et nous commencerons à entrer dans une belle forêt de hêtres. Au fur et à mesure que nous monterons, la montée deviendra de plus en plus rude *(intense)*, car l'oxygène sera *(est)* plus rare, mais heureusement, le sentier est très bon et praticable.

<u>Dimitra</u> : Ça a l'air très, très sympa. Où est-ce qu'on va manger là-bas ?

<u>Christos</u> : Mais qu'est-ce que tu as dans la tête *(ton cerveau)* ?! Tu ne penses qu'à manger *(nourriture)* !

<u>Dimitra</u> : Bon, mais comme l'appétit s'ouvre avec l'altitude... !

25   Στην κορυφή του Ολύμπου

Ο Χρήστος: Ελπίζω λοιπόν πως σας άρεσε η μικρή μας διαμονή στο καταφύγιο;

Η Δήμητρα: Χα χα χα, ως εξοχική κατοικία δεν είναι κακή.

Ο Χρήστος: Ακόμα καλύτερα, όταν κατεβούμε, θα σταματήσουμε εκεί ξανά. Θα ανεβούμε από το καταφύγιο στην κορυφή του Ολύμπου σήμερα, είστε έτοιμες;

Η Δήμητρα: Ναι, έχουμε πάρει τα πάντα!

Ο Χρήστος: Δηλαδή, τι ακριβώς έχετε;

Η Δήμητρα: Το σακίδιο μου έχει νερό, ρούχα, αντιανεμικό, αδιάβροχο, λίγο φαγητό...

Ο Χρήστος: Μήπως ξέχασες τίποτα;

Η Δήμητρα: Χμ.... Α! Το μήλο μου!

Ο Χρήστος: Όχι, το κουτί πρώτων βοηθειών! Καμιά ερώτηση;

Η Δήμητρα: Α ναι! Πολύ σημαντικό, σ' ευχαριστώ. Έχω μια ερώτηση: θα δούμε τους Δώδεκα Θεούς εκεί;

Ο Χρήστος: Μετά την οικονομική κρίση, κάποιοι από αυτούς έφυγαν...

Η Δήμητρα: Μμμ, ελπίζω ο πιο όμορφος να έχει μείνει...!

Ο Χρήστος: Ωραία, είμαστε έτοιμοι, βλέπω πως φοράς και τα σωστά παπούτσια οπότε όλα είναι εντάξει. Θα ξεκινήσουμε στις 7 ακριβώς, οπότε είναι σημαντικό να φάτε ένα ελαφρύ πρωινό.

Η Δήμητρα: Εντάξει, αβγουλάκια, κάνα λουκανικάκι και χυμούλι πορτοκάλι.

Ο Χρήστος: Κάπως έτσι είναι, θα πάρουμε το μονοπάτι από την τοποθεσία Πριόνια και θα αρχίσουμε να μπαίνουμε σ' ένα όμορφο δάσος οξιάς. Όσο ανεβαίνουμε η ανηφόρα θα γίνεται ολοένα και πιο έντονη καθώς το οξυγόνο είναι πιο αραιό αλλά ευτυχώς το μονοπάτι είναι πολύ καλό και βατό.

Η Δήμητρα: Ακούγεται πάρα πολύ ωραίο, πού θα φάμε εκεί;

Ο Χρήστος: Αμάν πια το μυαλό σου μόνο στο φαγητό είναι!

Η Δήμητρα: Ε μα αφού ανοίγει η όρεξη με το υψόμετρο!

COMPRENDRE LE DIALOGUE
QUELQUES FORMULES ET EXPRESSIONS

→ **έχουμε πάρει τα πάντα** *nous avons pris tout [ce qui était nécessaire].* Le pronom **τα πάντα** (neutre pluriel) insiste davantage que le pronom indéfini courant **όλος -η -ο** *toute chose / tout le monde* : **Ξέρει τα πάντα**. *Il sait tout* (au sens d'absolument tout).
→ **ξέχασες τίποτα;** *tu n'as rien oublié ?* Dans une phrase négative, le pronom indéfini **τίποτα/τίποτε** signifie *rien*, mais dans une phrase interrogative il signifie *quelque chose*. L'équivalent dans une phrase positive est **κάτι** : **Νομίζω ότι έχω ξεχάσει κάτι**. *Je crois que j'ai oublié quelque chose.*
→ **αυγουλάκια, κάνα λουκανικάκι και χυμούλι πορτοκάλι** *des œufs, des saucisses et du jus d'orange.* Voir la section "Les diminutifs".
→ **Κάπως έτσι 'ναι** *Voilà comment ça se passe* (litt. "en quelque sorte ainsi [c']est"). L'adverbe de manière **κάπως** *quelque peu / d'une certaine manière*, indique une façon approximative d'exposer un fait : **Κάπως έτσι πρέπει να κάνουμε**. *C'est à peu près ainsi qu'il faut faire.*
→ **ένα δάσος οξιάς** *un bois / une forêt de hêtres* (litt. "[avec] du hêtre"). L'article indéfini neutre indique que **δάσος** (**το**) est un neutre en **-ος**.
→ **η ανηφόρα θα γίνεται ολοένα και πιο έντονη** *la pente sera de plus en plus forte* (accentuée). La construction **όλο και πιο** exprime l'intensification *de plus en plus* : **όλο και πιο δύσκολο**. Ici, l'adverbe **ολοένα** (synonyme de **όλο**) traduit la même progression.
→ **Αμάν πια το μυαλό σου** *Mais ça suffit là* (litt. "oh, il y en a marre de ta tête"). Ici l'interjection **αμάν πια**… exprime un fort agacement.
→ **Ε μα**… La conjonction **μα** est l'équivalent familier de **αλλά** *mais*.
→ Les Grecs sont friands de diminutifs pour les objets familiers du quotidien. Dans le dialogue nous avons un bel exemple de diminutifs neutres en **-άκι** et en **-ούλι**: **αυγουλάκια, κάνα λουκανικάκι και χυμούλι πορτοκάλι**. *des œufs, des saucisses et du jus d'orange.* Dans cette série, il a même un cumul des deux : **αβγό/αυγό** *œuf* → **αυγούλι** → **αυγουλάκι**. Il faut noter que ces mots ainsi suffixés (en **-κι** et **-ούλι**) n'ont pas de génitif singulier ou pluriel : **το παιδάκι** *le petit (enfant)* → **του παιδιού** *du petit (enfant).* L'usage montre toutefois que cette accumulation est fréquente pour un petit nombre de mots seulement : **ένα σακουλάκι** *un sachet* ; **ένα σταυρουλάκι** *une petite croix* (pendentif).

NOTE CULTURELLE

Le Mont Olympe (**ο Όλυμπος**), chargé d'histoire, de mythologie et de beauté naturelle, attire de nombreux voyageurs passionnés de randonnée. Ce lieu mythique, résidence des douze dieux de l'Olympe selon la légende, offre un paysage à couper le souffle avec ses sommets enneigés, ses falaises abruptes et ses vallées verdoyantes. L'ascension vers le sommet, le plus haut de Grèce (2 918 m), est une aventure stimulante, avec des itinéraires balisés et adaptés à tous les niveaux, du randonneur amateur à l'alpiniste chevronné. Une fois au sommet, la vue panoramique est époustouflante, avec les sommets voisins à l'horizon et la mer Égée scintillante au loin. Le Mont Olympe, au cœur du *Parc national de l'Olympe* (**Ο Εθνικός δρυμός Ολύμπου**), est un lieu emblématique incontournable lorsque que l'on visite la Grèce et que l'on aime *la randonnée* (**η πεζοπορία**). Pour une expérience sans surprises, n'oubliez pas de réserver votre séjour dans *le refuge à Prionia* (**το καταφύγιο στα Πριόνια**) avant votre ascension.

◆ GRAMMAIRE
DÉCLINAISON : LE NOM *ΤΟ ΠΑΝ*

Le pronom **το παν** *tout / la chose la plus importante*, suit une déclinaison très proche de celle de **το ενδιαφέρον** :
– Singulier : nom. acc. **το παν,** gén. **του παντός**
– Pluriel : nom. acc. **τα πάντα,** gén. **των πάντων**

LES ADJECTIFS EN *-ΥΣ-ΙΑ*

-Quelques adjectifs indiquant des caractéristiques physiques de la matière (dimension, taille, poids) ont conservé des terminaisons anciennes : **ελαφρύς -ιά -ύ** léger ; **μακρύς -ιά -ύ** long ; **βαθύς -ιά -ύ** profond. Voici la déclinaison :

Singulier	Masculin	Féminin	Neutre
Nominatif	ελαφρύς	ελαφριά	ελαφρύ
Accusatif	ελαφρύ	ελαφριά	ελαφρύ
Génitif	ελαφριού/-ύ	ελαφριάς	ελαφριού/-ύ
Pluriel	Masculin	Féminin	Neutre
Nominatif	ελαφριοί	ελαφριές	ελαφριά
Accusatif	ελαφριούς	ελαφριές	ελαφριά
Génitif	ελαφριών	ελαφριών	ελαφριών

LA FORME CONTRACTE *ΚΑΝΑΣ*

À l'oral on emploie parfois la forme contracte du pronom **κανένας** : **κάνας** ou **κάνα** pour le neutre (**κανένα**). Son usage est restreint au nominatif et à l'accusatif : **ξέρεις κάνα**

γιατρό; *Tu connais un médecin ?* **Σήμερα κάποιος Νίκος τηλεφώνησε.** *Aujourd'hui un certain Nikos a téléphoné.*

▲ CONJUGAISON
LE THÈME AORISTE

Le dialogue comprend plusieurs verbes cités avec un thème aoriste. Voici les différents types accompagnés du thème aoriste régulier ou irrégulier :

Type	Verbe présent	Thème aoriste	Subjonctif aoriste
Type 1 (A)	**μπαίνω** *j'entre*	μπ-	να μπω
	ανεβαίνω *je monte*	ανεβ-	να ανεβώ/ανέβω
	αρχίζω *je commence*	αρχισ-	να αρχίσω
Type 2 (B1)	**ξεκινάω** *je commence*	ξεκινησ-	να ξεκινήσω
	ξεχνάω *je oublie*	ξεχασ-	να ξεχάσω

Rappel des terminaisons par type : Type 1 (**A** -ω) ; Type 2 (**B1** -άω/-ώ).

Pour **ανεβαίνω,** les deux accentuations du thème aoriste **να ανεβώ, ανεβείς** … ou **ανέβω, ανέβεις** … sont possibles.

VOCABULAIRE

διαμονή (η) *séjour*
καταφύγιο (το) *refuge*
εξοχικός -ή -ό *(maison) de campagne*
κατοικία (η) *résidence*
καλύτερος -η -ο *meilleur(e)*
κατεβαίνω *je descends*
σταματώ *je m'arrête*
ανεβαίνω *je monte*
κορυφή (η) *sommet*
σακίδιο (το) *sac à dos*
αντιανεμικό (το) *coupe-vent (vêtement)*
αδιάβροχος -η -ο *imperméable*
μήλο (το) *pomme*
κουτί (το) *boîte*
πρώτες βοήθειες (οι) *les premiers secours*
οικονομικός -η -ο *économique*
κρίση (η) *crise*
παπούτσι (το) *chaussure*
ελαφρύς -ιά -ύ *léger(-ère)*
λουκάνικο (το) *saucisse*
κάπως *d'une certaine manière*
μονοπάτι (το) *sentier*
τοποθεσία (η) *emplacement / localisation*
πριόνι (το) *scie*
δάσος (το) *forêt*
οξιά (η) *hêtre*
ανηφόρα (η) *montée*
ολοένα *de plus en plus*
έντονος -η -ο *intense*
καθώς *pendant que*
οξυγόνο (το) *oxygène*

αραιός -ή -ό *espacé / dilué / peu dense*
μυαλό (το) *esprit*
μα *mais*
υψόμετρο (το) *altitude*

EXERCICES

01. ÉCOUTEZ L'ENREGISTREMENT, PUIS COMPLÉTEZ LES PHRASES.

a. _ _ _ _ _ _ _ _ _ _ _ σήμερα _ _ _ _ _ _ _ _ _ _ _;

b. Το Ηρώδειο Αττικού _ _ _ _ _ _ _ _ _ _ _ για _ _ _ _ _ _ _ _ _ _ _.

c. _ _ _ _ _ _ _ _ _, οπότε _ _ _ _ _ _ _ _ _ και _ _ _ _ _ _ _ _ _ κατά _ _ _ _ _ _ _ _.

d. _ _ _ _ _ _ _ _ η Χριστίνα, _ _ _ _ _ _ _ _ και _ _ _ _ _ _ _ _ _ μαθήματα πιάνου.

e. Ο μουσικός, _ _ _ _ _ _ _ _ _ _, άρχισε να μαθαίνει _ _ _ _ _ _ _ _ _ _.

02. METTEZ LES TERMINAISONS APPROPRIÉES

a. Το σακίδιο έχει όλ__ τ__ απαραίτητα: νερό, ρούχα και λίγ__ φαγητό.

b. Αυτ__ τ__ μήλα είναι γλυκ__ και νόστιμ__.

c. Το δάσ__ οξιάς είναι πανέμορφ__, θα το δεις όταν ανέβουμε.

d. Άρχισα να μαθαίνω κοντραμπάσο, το οποί__ είναι ένα πολ__ ενδιαφέρ__ όργαν__.

03. AJOUTEZ LES DIMINUTIFS -AKI OU -OYΛI ET FAITES L'ACCORD.

a. Το σκυλ___ παίζει με τ___ μπαλ___ του.

b. Ας πάρουμε έν___ καφε___ για το δρόμο!

c. Το καταφύγιο είναι σαν εξοχικ___ σπιτ___.

d. Θέλεις έν___ ποτηρ___ με χυμ___ πορτοκάλι.

04. COMPLÉTEZ LES TRADUCTIONS ET VÉRIFIEZ VOS RÉPONSES EN ÉCOUTANT L'AUDIO.

a. Nous allons rester quelques jours dans notre petite maison à la montagne.
→ _ _ _ _ _ _ _ _ _ _ _ στα βουνά για _ _ _ _ _ _ _ _ _ _ _.

b. J'espère que tu as aimé le roman que je t'ai offert.
→ _ _ _ _ _ _ _ _ _ _ _ σου άρεσε _ _ _ _ _ _ _ _ _ _ έδωσα.

c. Le chemin est praticable, mais nous devrons marcher lentement.
→ _ _ _ _ _ _ _ _ _ _ _, αλλά _ _ _ _ _ _ _ _ _ _ _ αργά.

d. Je vais chez (maisonnette) ma grand-mère à la montagne pour deux semaines.
→ _ _ _ _ _ _ _ _ _ _ _ στα βουνά _ _ _ _ _ _ _ _ _ _.

24.
CONGÉ SABBATIQUE
Σαββατική άδεια

OBJECTIFS

- PLANIFIER DES CONGÉS
- EXPRIMER DES DURÉES
- DISCUTER DES PROJETS DE VOYAGE.
- LE VOCABULAIRE DU TRAVAIL ET DES CONGÉS

NOTIONS

- L'INDÉFINI *ΚΑΠΟΙΟΣ -Α -Ο*
- QUELQUES IMPÉRATIFS IRRÉGULIERS

SUR LES PAS DE MARCO POLO

<u>Christos</u> : Je pense prendre un congé sabbatique l'année prochaine.

<u>Emilia</u> : Oh, c'est une excellente idée ! Combien de temps est-ce que tu seras absent du travail ?

<u>Christos</u> : Le congé sabbatique dure exactement un an et je peux garder mon travail sans avoir à en changer.

<u>Emilia</u> : Ça me paraît plutôt bien, qu'est-ce que tu vas faire ? Laisse-moi deviner. Tu vas voyager ? Non, tu vas faire une retraite dans un monastère au Mont Athos ou aux Météores, n'est-ce pas ? Vas-tu apprendre à peindre des icônes ?

<u>Christos</u> : Non ! Je pense apprendre une nouvelle langue : le chinois, et voyager en Asie.

<u>Emilia</u> : Oh, tu vas aller dans un monastère bouddhiste ? Au Tibet ?

<u>Christos</u> : Non ! Je veux suivre les traces de Marco Polo. Veux-tu venir avec moi ?

<u>Emilia</u> : Ouah ! Oh, comme j'aimerais t'accompagner, mais malheureusement mon travail ne me le permet pas.

<u>Christos</u> : Dommage que tu ne viennes pas ! Nous aurions pu partir de Pékin et suivre la Route de la Soie.

<u>Emilia</u> : Quelle magnifique itinéraire, j'ai récemment lu un livre sur sa vie et je suis fascinée *(captivée très)* !

<u>Christos</u> : Je suis très inspiré par sa vie aussi ! C'est pour cela que j'ai voulu faire un si grand voyage !

<u>Emilia</u> : Super ! Si la taille et le poids de la valise le permettent, alors arrange-toi pour me ramener de belles robes en soie.

<u>Christos</u> : Ha ha, d'accord, je le note, ne t'inquiète pas pour ça ! À moins que je ne rencontre mon âme sœur dans un marché oriental et que je m'arrête à cette étape *(station)*. Je ne sais pas quand je reviendrai...

<u>Emilia</u> : Ha ha ha ! Si tu changes tes plans, alors tu pourras m'envoyer les vêtements avec la prochaine caravane.

🔊 26 Στα βήματα του Μάρκο Πόλο

Ο Χρήστος: Σκέφτομαι να πάρω μια σαββατική άδεια του χρόνου.

Η Αιμιλία: Α, πολύ καλή ιδέα! Πόσον καιρό θα λείψεις δηλαδή από τη δουλειά σου;

Ο Χρήστος: Η σαββατική άδεια διαρκεί έναν χρόνο ακριβώς και μπορώ να κρατήσω την θέση μου χωρίς να χρειάζεται να αλλάξω δουλειά.

Η Αιμιλία: Πολύ καλό μου ακούγεται αυτό, τι θα κάνεις; Άσε με να μαντέψω! Θα ταξιδέψεις; Όχι, θα πας για ησυχαστήριο σ' ένα μοναστήρι στο Άγιο Όρος ή στα Μετέωρα, έτσι δεν είναι; Θα μάθεις να ζωγραφίζεις εικόνες;

Ο Χρήστος: Όχι! Σκέφτομαι να μάθω μια νέα γλώσσα: τα κινέζικα, και να ταξιδέψω στην Ασία.

Η Αιμιλία: Ω, θα πας σε κάποιο βουδιστικό μοναστήρι; Στο Θιβέτ;

Ο Χρήστος: Όχι! Θέλω να ακολουθήσω τα βήματα του Μάρκο Πόλο. Θα έρθεις μαζί μου;

Η Αιμιλία: Ουάου! Αχ, πόσο θα ήθελα να έρθω μαζί σου, αλλά δυστυχώς η δουλειά μου δε(ν) με αφήνει.

Ο Χρήστος: Κρίμα που δεν θα έρθεις! Θα μπορούσαμε να φύγουμε από το Πεκίνο και να ακολουθήσουμε το Δρόμο του Μεταξιού.

Η Αιμιλία: Τι όμορφη διαδρομή, πρόσφατα διάβασα ένα βιβλίο για τη(ν) ζωή του και με συναρπάζει πολύ!

Ο Χρήστος: Και εμένα με εμπνέει πολύ η ζωή του! Αυτός είναι άλλωστε ο λόγος που ήθελα να κάνω ένα τόσο μεγάλο ταξίδι!

Η Αιμιλία: Τέλεια, αν το μέγεθος και το βάρος της βαλίτσας το επιτρέπουν, τότε κανόνισε να μου φέρεις μερικά ωραία μεταξωτά φορέματα.

Ο Χρήστος: Χα χα, εντάξει, το σημειώνω, μη(ν) μου ανησυχείς! Εκτός αν συναντήσω την αδελφή ψυχή μου σε μια ανατολίτικη αγορά και σταματήσω σε αυτόν τον σταθμό. Δεν ξέρω πότε θα επιστρέψω...

Η Αιμιλία: Χα χα χα! Αν αλλάξεις τα σχέδιά σου, τότε μπορείς να μου στείλεις τα ρούχα με το επόμενο καραβάνι.

■ COMPRENDRE LE DIALOGUE
QUELQUES FORMULES ET EXPRESSIONS

→ **η σαββατική άδεια** *un congé sabbatique*. L'adjectif *sabbatique*, comme en français, se rapporte à une période de repos, de cessation de travail. Le terme grec pour *samedi*, **το Σάββατο** (avec une majuscule), possède également un adjectif **σαββατιάτικος -η -ο** *du samedi* : **οι σαββατιάτικες δουλειές** *les travaux* (ou *corvées*, selon l'humeur) *du samedi*.

→ **θα λείψεις από την εργασία σου** *tu seras absent de ton travail*. Le verbe **λείπω** a plusieurs significations : l'absence physique (*je suis absent / je suis parti(e)*) et le manque : **Δεν είναι στο γραφείο, λείπει.** *Il/Elle n'est pas au bureau / Il/elle est absent(e)* ; **Μου λείπουν πέντε ευρώ.** *Il me manque cinq euros.*

→ **Άσε με να μαντέψω!** *Laisse-moi deviner !* Le verbe **αφήνω** *je laisse* a pour impératif une forme brève (et familière) **άσε** dérivée de **άφησε** (**ά[φη]σε**) *laisse* ; au pluriel **άστε** pour **αφήστε** : **Άσε με ήσυχο!** *Laisse-moi tranquille !*

→ **σ' ένα μοναστήρι στο Άγιο Όρος** *dans un monastère du Mont Athos*. Le substantif **το όρος** *le mont / la montagne* est l'équivalent littéraire et savant du mot **το βουνό** ; autre exemple : **το Όρος των Ελαιών στην Ιερουσαλήμ** *le Mont des Oliviers à Jérusalem*. Il faut être attentifs aux homophones de **το όρος** *le mont* qui ont une accentuation et un genre différents : **ο όρος** *le terme* ou *la condition* et **ο ορός** *le sérum (sanguin)*.

→ **σε κάποιο βουδιστικό μοναστήρι** *dans un (quelconque) monastère bouddhiste*. Le pronom-adjectif indéfini **κάποιος** *quelque / un(e) certain(e)* est synonyme de **κανείς/κανένας/καμία/κανένα**. Voir le paragraphe Déclinaison.

→ **δυστυχώς** *malheureusement*. Cet adverbe est dérivé du mot **η τύχη** *la chance*. À noter : **ευτυχώς** *heureusement*.

→ **Κρίμα που δεν θα έρθεις!** *Dommage que tu ne viennes pas* (litt. "que tu ne viendras pas"). Ici, la conjonction **που** *que* a une nuance causale (*de ce que*) : **Χαίρομαι που σε βλέπω.** *Je suis heureux de te voir* ; **Κρίμα που δεν ήρθες!** *Dommage que tu ne sois pas venu(e) !*

→ **Αχ, πόσο θα ήθελα να έρθω μαζί σου!** *Ah, comme j'aimerais y aller avec toi !* Les adverbes de manière **πόσο** *comme* (litt. "à quel point") et **πώς** *comme* (litt. "de quelle manière") devant un substantif ou un adjectif expriment une exclamation : **Πόσο θα το ήθελα να πάω διακοπές!** *Comme j'aimerais être (partir) en vacances !*

→ **Μη(ν) μου ανησυχείς!** *Ne t'inquiète pas !* (litt. "de ma part"). Le pronom personnel (1ʳᵉ personne) au génitif est utilisé parfois pour marquer l'intérêt du sujet dans l'action évoquée et qui concerne une autre personne : **Φίλησέ μου την οικογένειά σου.** *Embrasse la famille de ma part !* (litt. "pour moi"). **Τι μου κάνεις;** *Comment vas-tu ?* (litt. "ça m'intéresse").

- → **η εργασία σου** *ton travail*. Les mots **η δουλειά** et **η εργασία** *le travail* sont deux synonymes. Les verbes **δουλεύω** et **εργάζομαι** sont synonymes pour dire *je travaille*. Le premier a également le sens de *fonctionner* : **αυτή η μηχανή δεν δουλεύει** *cet appareil ne fonctionne/marche pas*.
- → **η σαββατική άδεια** *le congé sabbatique* : **η άδεια** signifie littéralement *la permission / l'autorisation*. Le mot a couramment le sens de *congé(s)* ; il est de la même famille que l'adjectif **άδειος -α -ο**, *vide / inoccupé(e) / libre* : **η θέση είναι άδεια** *la place* (ou *le poste*) *est inoccupée (vacante)*. Le même terme désigne *le permis de conduire* (**η άδεια οδήγησης**).

NOTE CULTURELLE

Le Mont Athos (**Το Άγιο Όρος**) et *les Météores* (**τα Μετέωρα**) sont deux des sites religieux les plus importants de Grèce et les plus riches d'histoire. Le Mont Athos, litt. "la sainte montagne", situé dans la péninsule de *Halkidiki* (**η Χαλκιδική**), est une communauté monastique millénaire abritant vingt monastères, chacun avec son architecture, son art et son histoire uniques. Les Météores, litt. "[monastères] suspendus en l'air", sont situées dans la région de *Thessalie* (**η Θεσσαλία**). C'est un ensemble de monastères perchés sur des pics de falaises de grès, créant un paysage à la fois surréaliste et fantastique.

Ces lieux sont réputés pour leurs *icônes byzantines* (**οι βυζαντινές εικόνες**), l'art sacré de l'Orthodoxie. Il est possible de s'inscrire à des ateliers de peinture d'icônes dans certains monastères des Météores pour y apprendre les techniques anciennes de dessin et de peinture.

Pour visiter les Météores, il faut être prêt à gravir de nombreuses marches et à circuler sur un terrain escarpé. Il faut également une tenue adaptée pour la visite des sanctuaires. Pour le Mont Athos cependant, il faut un permis spécial du *Bureau des Pèlerins du Mont Athos* (**Γραφείο Προσκυνητών του Αγίου Όρους**), situé à *Thessalonique* (**η Θεσσαλονίκη**), et se rendre sur place en bateau. Le territoire du Mont Athos, politiquement autonome, considéré comme un vaste "territoire monastique d'hommes" n'est pas accessibles aux femmes.

Ces deux sites, reconnus par l'UNESCO, offrent une perspective unique sur la grandeur de la nature en lien avec l'histoire religieuse et culturelle des Balkans et plus généralement de l'Europe orientale. Les témoignages d'art et de spiritualité qu'on y découvre font partie intégrante du *patrimoine culturel grec* (**η πολιτιστική κληρονομιά της Ελλάδας**) et de *l'Orthodoxie* (**η Ορθοδοξία**).

◆ GRAMMAIRE
DÉCLINAISON L'INDÉFINI *ΚΑΠΟΙΟΣ -A -O*

Nous avons rencontré deux pronoms indéfinis : **κάποιος** *quelque / quelqu'un (un certain)* est utilisé pour faire référence à un personne non spécifiée mais existante, alors que **κανείς** (ou **κανένας**) est utilisé pour indiquer que la personne est indéterminée (inconnue), voire inexistante : **Ήρθε κανείς;** *Quelqu'un est-il venu ?* (je ne sais pas qui) → **Κάποιος ήρθε όντως...** *Quelqu'un est venu en effet...* (une personne précise qu'on ne connaît pas).

L'indéfini **κάποιος** s'accorde en genre et en nombre (**κάποιος** m. **κάποια** f. **κάποιο** n.) et se décline comme les adjectifs en **-ος -α -ο**.

▲ CONJUGAISON
LE THÈME AORISTE

Le dialogue comprend plusieurs verbes cités avec un thème aoriste. Voici les différents types accompagnés du thème aoriste régulier ou irrégulier :

Type	Verbe présent	Thème aoriste	Subjonctif aoriste
Type 1 (**A**)	**κανονίζω** *je fixe, j'organise*	-ζω → -σω	να κανονίσω
	συναρπάζω *je ravie*		να συναρπάσω
	διαβάζω *je lis*		να διαβάσω
	σημειώνω *je note*	-νω → -σω	να σημειώσω
	αφήνω *je laisse*		να αφήσω
	επιστρέφω *je retourne*	-φω/-πω/-βω /-ε(υ)ω → -ψω	επιστρέψω
	λείπω *je suis absent(e)*		να λείψω
	ταξιδεύω *je voyage*		να ταξιδέψω
	μαντεύω *je devine*		να μαντέψω
	εμπνέω *j'inspire*	-ε(υ)ω → -ευσω	εμπνεύσω
	φέρνω *je porte, j'amène*	φερ-	να φέρω
	μαθαίνω *j'apprends*	μαθ-	να μάθω
	στέλνω *j'envoie*	στειλ-	να στείλω
Type 2 (**B1**)	**κρατώ** *je tiens*	-άω → -ησω	να κρατήσω
	σταματώ *je m'arrête/j'arrête*		να σταματήσω

Type 2 (B2)	ακολουθώ je suis (suivre)	-ώ → -ησω	να ακολουθήσω
	ανησυχώ je m'inquiète		να ανησυχήσω
Type 3 (Γ1)	χρειάζομαι j'ai besoin	-ζομαι → -στώ	να χρειαστώ

Le verbe **εμπνέω** *j'inspire* illustre le cas de l'augment interne, une caractéristique du passé de certains verbes préfixés avec des dérivés de préposition. À l'aoriste **ενέπνευσα**, l'augment interne s'insère entre le préfixe (**εν-**) et la racine du verbe, souvent lorsque l'accent tonique repose sur cet augment (**έ-**). Ce préfixe **εν-** devient **εμ-** ou **εγ-** en fonction de la consonne initiale du radical verbal, **ici εν-πνέω → εμπνέω**.

Le verbe **χρειάζομαι** *j'ai besoin* se conjugue comme un Type 2 (**-ώ**) avec le thème aoriste : **να χρειαστώ** *que j'aie besoin*.

RÉCAPITULATIF DES TYPES DE CONJUGAISON

Récapitulons la classification des verbes grecs (Types 1, 2, 3 ou groupes **A**, **B**, **Γ** selon la grammaire grecque) en fonction de leur terminaison et de la place de l'accent tonique au présent :

– Le Type 1/Groupe **A** termine par **-ω** et n'est jamais accentué sur la terminaison.
– Le Type 2/Groupe **B1** termine par **-άω** /**-ώ** et est toujours accentué sur la terminaison, tandis que ceux du sous-groupe **B2** terminent par **-ώ,** avec l'accent tonique toujours sur la terminaison.
– Le Groupe **AB** (à terminaison réduite) comprend 7 verbes dont **πάω, λέω, ακούω** et **τρώω.**
– Le Type 3/Groupe **Γ1** termine par **-ομαι** ; le Groupe **Γ2** par **-άμαι** (quatre verbes).
– Enfin, les verbes **Γ3** terminent par **-ιέμαι** et les verbes **Γ4**, par **-ούμαι**.

Type 1 ou 2	Voix active		Type 3	Voix passive
(A)	πλένω je lave	→	(Γ1)	πλένομαι je me lave
			(Γ2)	κοιμάμαι je dors
(B1)	αγαπάω j'aime		(Γ3)	αγαπιέμαι je suis aimé(e)
(B2)	καλώ j'invite		(Γ4)	καλούμαι je suis invité(e)

QUELQUES IMPÉRATIFS IRRÉGULIERS

Certains impératifs courants sont irréguliers ; c'est le cas par exemple de **έλα** *viens*, **άσε** *laisse*, **κράτα** *tiens/garde* et **ανέβα/κατέβα** *monte/descends*. En ce qui concerne l'impératif **άσε,** dans le langage courant, la terminaison **ε** non accentuée est souvent élidée : **ας το!** *laisse-le !* C'est aussi le cas pour l'impératif **πάρε** : **παρ' το!** *prends-le !*

Voici une sélection d'impératifs particuliers de verbes issus du dialogue :

– Types 1 (**A** et **AB**) terminés en -**ε**, -**τε** :

ακούω *j'écoute / j'entends*	→ **άκουσε – ακούστε**
κάνω *je fais*	→ **κάνε – κάνετε/κάντε**
καταλαβαίνω *je comprends*	→ **κατάλαβε – καταλάβετε**
μαθαίνω *j'apprends*	→ **μάθε – μάθετε**
παίρνω *je prends*	→ **πάρε – πάρτε**
πηγαίνω/πάω *je vais*	→ **πήγαινε – πηγαίνετε**
στέλνω *j'envoie*	→ **στείλε – στείλτε**
φέρνω *j'apporte*	→ **φέρε – φέρτε**
φεύγω *je pars*	→ **φύγε – φύγετε**

Pour rappel, la défense est construite à partir du subjonctif : (**να) μην** + (subj. aor.) : (**να) μην ακούσεις** - (**να) μην ακούσετε** ; (**να) μην πάρεις** - (**να) μην πάρετε,** etc.

– Pour certains verbes, on peut utiliser l'impératif continu (thème présent) pour un ordre ponctuel au singulier. Dans le dialogues deux de ces verbes sont de Type 2 (**B1**) :

κρατάω *je tiens / je garde*	→ **κράτα** ou **κράτησε** *tiens / garde*
σταματάω *je m'arrête*	→ **σταμάτα** ou **σταμάτησε** *arrête*

VOCABULAIRE

σαββατικός -ή -ό *sabbatique*
λείπω *je suis absent(e) / je manque*
διαρκεί *il/elle dure*
κρατάω/ώ *je tiens / je garde*
μαντεύω *je devine*
ταξιδεύω *je voyage*
ησυχαστήριο (το) *ermitage / lieu de retraite*
μοναστήρι (το) *monastère*
άγιος -ία -ο *saint(e)*
όρος (το) *mont / montagne*
μετέωρος -η -ο *suspendu(e) dans les airs*
ζωγραφίζω *je peins / je dessine*
εικόνα (η) *image / icône*
κινέζικος -η -ο *chinois(e)*
Ασία (η) *Asie*
βουδιστικός -ή -ό *bouddhiste*
Θιβέτ (το) *Tibet*
ακολουθώ *je suis (suivre)*
βήμα (το) *pas*
Αχ (interj.) *(expression de désir ou regret)*
κρίμα *dommage*
μετάξι (το) *soie*
πρόσφατα *récemment*
συναρπάζω *j'émerveille / j'impressionne*
εμπνέω *j'inspire*
άλλωστε *d'ailleurs*
μέγεθος (το) *taille / dimension*
βάρος (το) *poids*
βαλίτσα (η) *valise*
επιτρέπω *je permets / j'autorise*
κανονίζω *j'organise*
φέρω *j'apporte*
μεταξωτός -ή -ό *en soie*
σημειώνω *je note*
ανησυχώ *je m'inquiète*
εκτός από *à part / à l'exception de*
συναντάω/ώ *je rencontre*
ψυχή (η) *âme*
ανατολίτικος -η -ο *oriental(e)*
αγορά (η) *marché*
σχέδιο (το) *dessin / projet*
στέλνω *j'envoie*
καραβάνι (το) *caravane (de marchands et voyageurs)*
αφήνω *je laisse*
Θεσσαλονίκη (η) *Thessalonique*

EXERCICES

01. ÉCOUTEZ L'ENREGISTREMENT, PUIS COMPLÉTEZ LES PHRASES.

a. Αυτό θα είναι _ _ _ _ _ _ _ _ _ _ _ _ _ _ _ _ _ _ , οπότε _ _ _ _ _ _ _ πολύ σημαντικό _ _ _ _ _ _ _ _ .

b. _ _ _ _ _ _ _ έχω μάθει _ _ _ _ _ _ _ κατά τη(ν) διάρκεια _ _ _ _ _ _ _ _ _ _ _ _ _ _ .

c. _ να μας πεις.

d. _ _ _ _ _ _ _ _ _ _ _ _ _ _ _ _ _ _ για μένα να αλλάξω _ _ _ _ _ _ _ _ _ _ _ _ _ _ _ _ .

e. _ στις Κυκλάδες και _ _ _ _ _ _ _ _ _ _ _ .

02. METTEZ LES TERMINAISONS APPROPRIÉES

a. Θα ακολουθήσω τ___ βήμ___ του Μάρκο Πόλο από το Πεκίνο.

b. Τώρα που τα λέμε, γνωρίζουμε τα ακριβ__ βήμ__ του ταξιδιού του Μάρκο Πόλο;

c. Τ___ χρόν___, το μεγάλο μου ταξίδι τελειών___ και επιστρέφ___ στη δουλειά.

d. Θα λείψ___ από την εργασία σου για πολ___ εβδομάδ___. Ποιος θα κάνει τη(ν) δουλειά σου;

e. Ο φίλος μου εργάζ___ σε μια ταβέρνα στο κέντρο τ___ πόλ___.

03. UTILISEZ LE THÈME (AORISTE OU PRÉSENT) LE PLUS ADAPTÉ AU CONTEXTE.

a. (Σχεδιάζω) να (παίρνω) άδεια την επόμενη άνοιξη επειδή (θέλω) να (ταξιδεύω).

b. (Αρχίζω) να (μαθαίνω) κινέζικα και (είναι) πολύ διαφορετικά από ό,τι (νομίζω).

c. (Πηγαίνω) στη μουσική σχολή μια φορά την εβδομάδα.

d. (Μπορούμε) να (πηγαίνουμε) μαζί, καθώς (αρχίζεις) να (μαθαίνεις) φλάουτο.

04. COMPLÉTEZ LES TRADUCTIONS ET VÉRIFIEZ VOS RÉPONSES EN ÉCOUTANT L'AUDIO.

a. Je pense faire un long voyage pendant mon congé sabbatique.
→ Σκέφτομαι _ _ _ _ _ _ _ _ _ _ _ κατά τη(ν) διάρκεια _ _ _ _ _ _ _ _ _ _ _ _ _ _ _ .

b. Je veux voir Pékin et suivre la route de la soie.
→ _ _ _ _ _ _ _ _ _ _ το Πεκίνο και _ _ _ _ _ _ _ _ _ _ το(ν) Δρόμο του Μεταξιού.

c. Si je rencontre l'âme sœur au cours de ce voyage, je changerai peut-être mes projets.
→ _ _ _ _ _ _ _ _ _ _ σ' αυτό το ταξίδι, μπορεί _ _ _ _ _ _ _ _ _ _ .

d. Le congé sabbatique est un moyen de voir le monde et d'en apprendre davantage sur lui.
→ _ _ _ _ _ _ _ _ _ _ _ _ _ _ _ _ να δω και να μάθω _ _ _ _ _ _ _ _ _ _ _ _ _ _ .

25.
LA RECETTE DE CUISINE

Η συνταγή μαγειρικής

OBJECTIFS	NOTIONS
• PROPOSER DE CUISINER	• DES GOÛTS ET DES COULEURS
• DISCUTER DES PRÉPARATIFS	• LES ADJECTIFS EN *-ΗΣ -ΙΑ -Ι*
• VÉRIFIER LES INGRÉDIENTS	• LES CONJONCTIONS *ΚΑΙ* ET *ΟΥΤΕ*
	• LE PRONOM INDÉFINI *ΚΑΝΕΙΣ*

UNE TARTE AUX NOIX, ÇA TE DIT ?

Dimitri : Bon, alors préparons un dessert !

Katerina : Super idée, ça fait longtemps que j'en ai envie ! Qu'est-ce que tu penses faire ?

Dimitri : Je ne suis pas fan de chocolat. Pourquoi pas une tarte aux noix ("karidopita") ?

Katerina : Moi non plus. J'aime beaucoup la tarte aux noix ! D'accord, faisons-la.

Dimitri : Voyons ce que dit exactement la recette.

Katerina : C'est écrit ici : sucre cristallisé, semoule fine, noix, huit œufs, cannelle, clous de girofle...

Dimitri : Rien que ça ?

Katerina : Mais attends, je n'ai pas encore fini ! Cognac, extrait de vanille, levure chimique... du cognac ? On doit avoir ça... et une orange pour le jus.

Dimitri : Eh bien, [maintenant] faut voir si nous avons tous les ingrédients à la maison d'abord *(c'est-à-dire)*. Nous avons du sucre roux, mais pas de sucre blanc. Nous n'avons plus de semoule, je vois.

Katerina : Tout comme les clous de girofle.

Dimitri : Oh, nous n'avons ni sucre, ni semoule, ni clous de girofle... Que faire alors ?

Katerina : On a le temps d'aller au supermarché ?

Dimitri : Non, malheureusement il est fermé.

Katerina : Oh là là, tu crois qu'on devrait essayer sans ces ingrédients ?

Dimitri : Pas question, ce ne sera pas la même chose et ça va être un désastre.

Katerina : Tu sais quoi *(à quoi je pense)* ?

Dimitri : Dis toujours *(un peu dis !)*.

Katerina : Il y a une très bonne pâtisserie au coin de la rue, de l'autre côté de la place. Tu veux y faire un saut et acheter une tarte aux noix pour qu'on mange quelque chose de meilleur ?

🔊 27 Η καρυδόπιτα, πώς σου φαίνεται;

<u>Ο Δημήτρης</u>: Ωραία, ας μαγειρέψουμε λοιπόν ένα γλυκό!

<u>Η Κατερίνα</u>: Τέλεια ιδέα, το λιγουρευόμουν τόσο καιρό! Τι λες να φτιάξεις;

<u>Ο Δημήτρης</u>: Δεν είμαι φαν της σοκολάτας. Τι λες για καρυδόπιτα;

<u>Η Κατερίνα</u>: Ούτε κι εγώ. Η καρυδόπιτα μ' αρέσει πολύ! Ωραία, πάμε να τη φτιάξουμε.

<u>Ο Δημήτρης</u>: Για να δούμε τι ακριβώς λέει η συνταγή...

<u>Η Κατερίνα</u>: Εδώ γράφει: κρυσταλλική ζάχαρη, λεπτό σιμιγδάλι, καρύδια, οκτώ αυγά, κανέλα, γαρύφαλλο...

<u>Ο Δημήτρης</u>: Μόνο αυτά;

<u>Η Κατερίνα</u>: Αλλά περίμενε, δεν τελείωσα ακόμη! Κονιάκ, εκχύλισμα βανίλιας, *μπέικιν πάουντερ*... Κονιάκ; Πρέπει να το έχουμε αυτό. Και ένα πορτοκάλι για το χυμό.

<u>Ο Δημήτρης</u>: Λοιπόν, πρέπει να δούμε εάν έχουμε όλα τα υλικά στο σπίτι πρώτα δηλαδή. Έχουμε καστανή ζάχαρη, αλλά όχι λευκή. Το σιμιγδάλι έχει τελειώσει βλέπω.

<u>Η Κατερίνα</u>: Το ίδιο και το γαρύφαλλο.

<u>Ο Δημήτρης</u>: Ωχ, δεν έχουμε ούτε ζάχαρη ούτε σιμιγδάλι ούτε γαρύφαλλο... Τι θα κάνουμε τώρα;

<u>Η Κατερίνα</u>: Προλαβαίνουμε το σουπερμάρκετ;

<u>Ο Δημήτρης</u>: Όχι, δυστυχώς έχει κλείσει.

<u>Η Κατερίνα</u>: Πω πω, λες να προσπαθήσουμε χωρίς αυτά τα υλικά;

<u>Ο Δημήτρης</u>: Σε καμία περίπτωση, δε(ν) θα είναι το ίδιο και θα βγει χάλια.

<u>Η Κατερίνα</u>: Ξέρεις τι σκέφτομαι;

<u>Ο Δημήτρης</u>: Για πες!

<u>Η Κατερίνα</u>: Υπάρχει ένα πολύ ωραίο ζαχαροπλαστείο στη γωνία, απέναντι από την πλατεία. Θέλεις να πεταχτείς να αγοράσεις μια καρυδόπιτα για να φάμε κάτι καλύτερα;

COMPRENDRE LE DIALOGUE
QUELQUES FORMULES ET EXPRESSIONS

→ **το λιγουρευόμουν τόσο καιρό!** *j'en avais envie depuis si longtemps !* Le verbe **λιγουρεύομαι** *j'ai une envie (de)* dérive de **η λιγούρα** qui peut signifier *la fringale, le "petit creux" de faim* (**έχω μια λιγούρα**), mais aussi *la crampe d'estomac*, voire *l'écœurement* (**με λιγώνει** *cela m'écœure*).

→ **Τι λες να φτιάξεις;** *Que penses-tu préparer ?* Le verbe **φτιάχνω** *je prépare* ou *je fais* s'emploie dans le sens *d'élaborer, construire, monter quelque chose*, voire *réparer* : **Αυτό το κατάστημα φτιάχνει όμορφα έπιπλα.** *Cette boutique fabrique de beaux meubles.*

→ **Καρυδόπιτα** *gâteau aux noix* (**το καρύδι** *la noix*, **πίτα** *tarte*). Ce dessert est composé principalement de noix, d'épices et nappé de sirop.

→ **Για να δούμε…** *Voyons un peu…* / **Για πες…** *Dis-moi un peu…* Dans cet emploi, la particule **για** précède un impératif pour atténuer l'ordre et lui conférer une valeur de suggestion : **Για πες μου, για τι πράγμα συζητήσατε τόσο εκτενώς;** *Dis-moi un peu, de quoi avez-vous discuté si longuement ?*

→ **Εδώ γράφει** *Ici il est écrit* (litt. "ça écrit"). Là où le français emploiera une forme passive (*il est écrit ceci ou cela*), le grec utilisera la voix active.

→ **μπέικιν πάουντερ** *levure chimique*. Il s'agit de la transcription phonétique de l'anglais **baking powder** (litt. "poudre à lever").

→ **πορτοκάλι για το χυμό** *une orange pour le jus*. C'est l'accent qui permet de distinguer le fruit **ένα/το πορτοκάλι** *l'orange* (nom neutre) de la forme neutre de l'adjectif de couleur **πορτοκαλί** *orange* (**πορτοκαλής -ιά -ί**).

→ **Το σιμιγδάλι έχει τελειώσει** *il n'y a plus de semoule* (litt. "est terminée"). Le verbe **τελειώνω** *je finis / je terminer* a, selon le contexte, une valeur transitive (*finir quelque chose*) ou intransitive, comme dans *s'achever, se terminer* ou *être fini*, mais avec l'auxiliaire **έχω** *avoir* en grec : **τέλειωσε ο καφές** *il n'y a plus de café* ; **το έργο δεν έχει ακόμη τελειώσει** *le film n'est pas encore fini.*

→ **Προλαβαίνουμε το σουπερμάρκετ;** *Peut-on encore aller au supermarché ?* Le verbe **προλαβαίνω να** *j'ai le temps* (de faire/d'attraper) / *je parviens à*, a pour thème aoriste (**να/θα**) **προλάβω**. Il est également transitif avec le sens de *rattraper / attraper* (d'arriver à temps) : **δεν πρόλαβα το τρένο** *je n'ai pas eu mon train* ("pas attrapé le train").

→ **Θα βγει χάλια** *ça va rater / ça va être un désastre*. Le verbe **βγαίνω** signifie à la fois *sortir* et *donner* (au sens d'aboutir) : **τι μπορεί να βγει μ' αυτό;** *Qu'est-ce que ça peut donner (en résulter) ?*

→ **θέλεις να πεταχτείς…;** *veux-tu faire un saut … ?* La forme **να πεταχτείς** *que tu fasses un saut*, est le subjonctif aoriste médio-passif **πετάγομαι** (ou **πετιέμαι**) *je me* *lève brusquement / je jaillis / je fais un saut*. Cela suggère un déplacement rapide ou soudain. La voix active **πετάω/ώ** (**B1**) signifie *je vole / je lance* (jette).

DES GOÛTS ET DES COULEURS

Le sucre blanc (**η λευκή ζάχαρη**), *la marmelade d'oranges* (**η μαρμελάδα πορτοκάλι** (litt. [de couleur] orange), *le vin rouge* (**το κόκκινο κρασί**) ou *le (fromage) bleu* (**το μπλε τυρί**) : voilà une palette qui nous donne l'occasion de parler des doublons dans l'expression des couleurs en grec. Certains noms de couleurs existent par paire, une forme savante (du grec ancien) et une forme courante : *le blanc* : **άσπρος -η -ο** (courant) / **λευκός -ή -ό** (savant) et *le rouge* : **κόκκινος -η -ο** (courant) / **ερυθρός -ή -ό** (savant).

Les choix sont consacrés par l'usage, mais on pourrait aussi dire indifféremment **ένα λευκό κρασί** ou **ένα άσπρο κρασί** pour *un vin blanc*. On utilisera plutôt **λευκός** pour l'expression **μια λευκή νύχτα** *une nuit blanche*. Pour le rouge, retenez les usages comme **ο Ερυθρός Σταυρός** *la Croix Rouge* ou encore **η Ερυθρά Θάλασσα** *la Mer Rouge*.

Rappelons que les mots d'emprunt suivants sont invariables : **μπλε** *bleu* ; **ροζ** *rose* ; **καφέ** *marron* ; **μοβ / μωβ** *violet* et **γκρι** *gris* (la version déclinable est **γκρίζος -α -ο**).

NOTE CULTURELLE

La Grèce offre une diversité impressionnante de pâtisseries, combinant habilement saveur et tradition. L'exemple par excellence est *le baklava* (**ο μπακλαβάς**), un héritage de la période ottomane, constitué de couches de pâte *filo* alternées avec un mélange de noix hachées et arrosées d'un sirop de miel sucré. Autre pâtisserie très répandue, *les loukoumades* (**οι λουκουμάδες**) : ce sont des beignets (pâte à choux) au cœur moelleux, croustillants à l'extérieur, souvent servis chauds. Le *galaktoboureko* (**το γαλακτομπούρεκο**) est également très apprécié en Grèce. Il s'agit d'une pâtisserie à base de semoule et de crème, enveloppée dans des feuilles de pâte *filo* croustillantes et dorées. Après la cuisson, elle est imbibée d'un sirop sucré à base de jus de citron et de miel, ce qui lui confère une saveur fraîche et légèrement acidulée. Enfin, lors des fêtes de Noël (**τα Χριστούγεννα**), on peut déguster les melomakarona (**τα μελομακάρονα**), biscuits traditionnels de forme ovale préparés avec de la semoule, de l'huile d'olive, du miel, des noix et des épices et du clou de girofle. Après cuisson, ils sont trempés dans un sirop chaud de miel et de cannelle, ce qui complète sa saveur épicée si particulière. Chacune de ces pâtisseries illustre à sa manière la richesse du patrimoine culinaire grec qui s'inspire à la fois des traditions méditerranéennes, balkaniques et moyen-orientales.

◆ GRAMMAIRE
DÉCLINAISONS : LES ADJECTIFS EN -ΗΣ -ΙΑ -Ι

Quelques adjectifs de couleurs ont les terminaisons **-ής -ιά -ί** et suivent la déclinaison de **δεξής -ιά -ί** *droit* (du côté droit). L'accent reste sur la dernière syllabe dans la déclinaison :

	Singulier			Pluriel		
	m.	f.	n.	m.	f.	n.
Nom.	δεξής	δεξιά	δεξί	δεξιοί	δεξιές	δεξιά
Acc.	δεξή	δεξιά	δεξί	δεξιούς	δεξιές	δεξιά
Gén.	δεξιού	δεξιάς	δεξιού	δεξιών	δεξιών	δεξιών

Outre l'adjectif **πορτοκαλής -ιά -ί** *orange*, appartiennent à cette déclinaison : **καφετής -ιά -ί** *café*, **σταχτής -ιά -ί.** *gris (cendré)* et **χρυσαφής -ιά -ί** *jaune d'or*.

Dans la langue courante, le neutre en **-ί** remplace les autres genres : **μια πορτοκαλί βαλίτσα** *une valise orange*.

LES CONJONCTIONS *ΟΥΤΕ* ET *ΜΗΤΕ*

Vous connaissez quelques conjonctions de coordination : **και** *et* ; **ή / είτε,** *ou bien* ; **δηλαδή,** *c'est-à-dire* ; **λοιπόν** *donc* ; **αλλά** *mais* ; **όμως** *cependant*.

Selon le contexte la conjonction **και** signifie *aussi* : **κι εγώ** *moi aussi* ; – **Σ' αρέσει η κλασική μουσική; – Κι εμένα.** – *Tu aimes la musique classique ? – Moi aussi.*

Dans une phrase négative on utilisera **ούτε** ou **μήτε** *ne… pas* : – **Δε(ν) σ' αρέσει αυτή η μουσική; – Ούτε κι εμένα.** – *Tu n'aimes pas cette musique ? – Moi non plus.*

Les conjonctions **ούτε** et **μήτε** expriment une négation et une coordination :

– **ούτε** *même pas / pas même* : **Ούτε καν τους είδαμε να φεύγουν.** *Nous ne les avons même pas vus partir* ; **Δεν τον ξέρω ούτε εγώ.** *Je ne le connais même pas moi-même.*

Dans le cas de la double négation, **ούτε… ούτε** signifie *ni…ni…* :

– **ούτε … ούτε** *ni… ni…* : **Ούτε εσύ, ούτε εγώ θα πάμε.** *Nous n'irons ni toi ni moi.*

LE PRONOM INDÉFINI *ΚΑΝΕΙΣ*

Certains pronoms indéfinis comme **κάθε** chaque, **κάτι** quelque chose, **τίποτα/τίποτε** rien sont invariables. Les autres, s'accordent et se déclinent comme des adjectifs ou, pour le cas de **κανείς,** comme l'article indéfini **ένας μία ένα** un/une :

	Masculin		Féminin		Neutre	
	article	pronom	article	pronom	article	pronom
Nom.	ένας	κανένας	μια	καμιά	ένα	κανένα
Acc.	ένα(ν)	κανένα(ν)	μια(ν)	καμιά(ν)	ένα	κανένα
Gén.	ενός	κανενός	μιας	καμιάς	ενός	κανενός

Le pronom **κανείς** signifie *"personne"* dans une phrase négative : **Δεν υπάρχει κανείς στους δρόμους σήμερα.** *Il n'y a personne aujourd'hui dans les rues.*

Attention à ne pas confondre le pronom **κανείς** avec le verbe **κάνεις** *tu fais.*

▲ CONJUGAISON
LE THÈME AORISTE

Le dialogue comprend plusieurs verbes cités avec un thème aoriste. Voici les différents types accompagnés du thème aoriste régulier ou irrégulier :

Type	Verbe présent	Thème aoriste	Subjonctif aoriste
Type 1 (**A**)	**φτιάχνω** je fais	-(χ)νω →-ξω	να φτιάξω
	γράφω j'écris	-ε(υ)ω →-ψω	να γράψω
	κλείνω je ferme	-νω →-σω	να κλείσω
	παίρνω je prends	παρ-	να πάρω
	προλαβαίνω j'arrive à temps	προλαβ-	να προλάβω
Type 2 (**B2**)	**προσπαθώ** j'essaie	-ώ →-ησω	να προσπαθήσω
Type 3 (**Γ1**)	**λιγουρεύομαι** je désire	-εύομαι → -ευτώ	να λιγουρευτώ
	πετάγομαι je vole / je bondis	-γομαι →-χτώ	να πεταχτώ
	σκέφτομαι je pense		να σκεφτώ

Certains verbes ont un subjonctif aoriste semblable à **να** + thème présent. Leur thèmes présent et aoriste sont identiques :

είμαι → **να είμαι** *que je sois*

έχω → **να έχω** *que j'aie*

κάνω → **να κάνω** *que je fasse*

ξέρω → **να ξέρω** *que je sache*

περιμένω → **να περιμένω** *que j'attende*

αρέσω → **να αρέσω** *que je plaise*

Il y a également le cas du verbe de déplacement **πάω** (**πηγαίνω**) *je vais* → **να πάω.**

VOCABULAIRE

γλυκό (το) dessert / pâtisserie
λιγουρεύομαι j'ai envie de / je désire
φτιάχνω je prépare / je fais
σοκολάτα (η) chocolat
καρυδόπιτα (η) tarte aux noix
γράφω j'écris
ζάχαρη (η) sucre
σιμιγδάλι (το) semoule
καρύδι (το) noix
κανέλα (η) cannelle
εκχύλισμα (το) extrait
βανίλια (η) vanille
μπέικιν πάουντερ (το) levure chimique
υλικά (τα) ingrédients
πρώτα d'abord
καστανός -ή -ό brun(e)
λευκός -ή -ό blanc (blanche)
γαρύφαλλο (το) clou de girofle
προσπαθώ j'essaie
χάλια (adv.) en mauvais / piteux état
σκέφτομαι je pense
γωνία (η) angle / coin
πετάγομαι/πετιέμαι je fais un saut

EXERCICES

01. METTEZ LES TERMINAISONS DES ADVERBES.

a. Δυστυχ__, το σουπερμάρκετ έχει κλείσει, δεν μπορούμε να πάρουμε αυτά που μας λείπουν.

b. Ίσ__ θα μπορούσαμε να πάρουμε μια καρυδόπιτα από το ζαχαροπλαστείο στη γωνία.

c. Και θα είναι πολ__ πιο εύκολ__ από το να προσπαθήσουμε να φτιάξουμε τη(ν) δική μας χωρίς τα απαραίτητα υλικά!

d. Βλέπω ότι μας λείπει η λευκή ζάχαρη, έχουμε μόν__ καστανή.

e. Βέβαι__, θα είναι πιο εύκολ__ να αγοράσεις την καρυδόπιτα από το ζαχαροπλαστείο.

02. UTILISEZ LE THÈME (AORISTE OU PRÉSENT) LE PLUS ADAPTÉ AU CONTEXTE.

a. (Φοβάμαι) ότι (μπορούμε) να (φτιάχνουμε) την πίτα χωρίς αυτά τα υλικά.
→ _____ / _____ / _____

b. Μου (αρέσει) να (πίνω) τον καφέ μου στο γραφείο πριν (ξεκινάω) τη(ν) δουλειά.
→ _____ / _____ / _____

c. Την Κυριακή, (πηγαίνω) στο θέατρο με την οικογένειά μου.
→ _____

d. (Κάθεστε)! Θα σας (φέρνω) τον κατάλογο.
→ _____ / _____

e. (Προσπαθώ) να (μαθαίνω) όσα περισσότερα (μπορώ) για τον Μάρκο Πόλο πριν από το ταξίδι μου.
→ _____ / _____ / _____

03. METTEZ LES PRÉPOSITIONS ADAPTÉES AU SENS ET AU CONTEXTE *(ΑΠΟ, ΓΙΑ, ΜΕ, ΜΕΧΡΙ, ΣΑΝ, ΣΕ, ΩΣ)* ET VÉRIFIEZ VOS RÉPONSES À L'AUDIO.

🔊 27

a. Το καινούριο ζαχαροπλαστείο είναι _____ γωνία, απέναντι _____ την πλατεία.

b. Θα πάμε _____ το αυτοκίνητο _____ χωριό, θα έρθεις μαζί μας;

c. _____ βουλευτής, έχω πολλές πολιτικές δραστηριότητες.

d. Θα περιμένω _____ να γυρίσεις.

e. Αγόρασα ψωμί, κρασί και φέτα _____ τη(ν) γειτόνισσά μου.

f. Τον κοίταξε _____ να ήταν πίνακας του Πικάσο.

26.
AU ZOO
Στο(ν) ζωολογικό κήπο

OBJECTIFS

- PARLER DES ANIMAUX
- CONNAÎTRE LES RÈGLES DE SÉCURITÉ
- ÉVOQUER LES PRÉCAUTIONS
- C'EST INTERDIT / C'EST AUTORISÉ

NOTIONS

- LES POINTS CARDINAUX ET LES RÉGIONS DU MONDE
- LES PLURIELS EN *-ΔΕΣ*
- LE VERBE *ΖΩ*
- LE PRONOM *ΕΚΕΙΝΟΣ*

ON PEUT LEUR DONNER À MANGER ?

<u>Yorgakis</u> : Regarde ! Les magnifiques couleurs de ces oiseaux ! [Toutes ces] plumes *(riches et)* colorées ! Comment ils s'appellent déjà ?

<u>Eva</u> : Ce sont des paons *(s'appellent)* et ils viennent du sud de l'Inde. Ils sont arrivés en Europe pendant l'Antiquité.

<u>Yorgakis</u> : Magnifique, on peut leur donner à manger ?

<u>Eva</u> : Non, c'est interdit !

<u>Yorgakis</u> : On ne peut pas non plus donner quelque chose à ces lions ?

<u>Eva</u> : Non, même pas à eux. Les animaux sont confiés au personnel du zoo.

<u>Yorgakis</u> : Regarde les magnifiques perroquets qu'il y a là-dedans. Ouaou, on se croirait dans la jungle !

<u>Eva</u> : Les employés créent ici les conditions adaptées pour les animaux afin qu'ils puissent vivre en toute sécurité.

<u>Yorgakis</u> : Est-ce qu'on peut aller caresser les énormes loups qui sont là-bas ? Ils ont l'air si gentils !

<u>Eva</u> : Non, Yiorgakis, nous ne pouvons pas nous approcher des animaux ! C'est interdit et c'est dangereux !

<u>Yorgakis</u> : Mais quand on va chez grand-mère au village, papa me laisse caresser tous les animaux qui sont là-bas.

<u>Eva</u> : Lesquels *(tu veux dire)* ? Les vaches, les chiens et les chats de grand-père ?

<u>Yorgakis</u> : Oui, c'est ça !

<u>Eva</u> : Ces animaux-là *(diminutif affectif)* vivent dans notre jardin et les animaux domestiques ne sont pas dangereux. Ceux d'ici, ce sont des animaux sauvages et il faut prendre *(ils exigent)* des précautions.

<u>Yorgakis</u> : J'ai compris. On va se rafraîchir chez les ours polaires maintenant ? Parce que je crève de chaleur…

<u>Eva</u> : D'accord, mets ta veste et allons-y !

28   Μπορούμε να τα ταΐσουμε;

Ο Γιωργάκης: Κοίτα εκεί! Τι όμορφα χρώματα έχουν αυτά τα πτηνά! Πολύχρωμα και πλούσια φτερά! Πως λέγονται είπαμε;

Η Εύα: Παγώνια λέγονται και κατάγονται από την Νότια Ινδία. Ήρθανε στην Ευρώπη κατά την αρχαιότητα.

Ο Γιωργάκης: Πανέμορφα, μπορούμε να τα ταΐσουμε;

Η Εύα: Όχι, απαγορεύεται!

Ο Γιωργάκης: Ούτε σε αυτά τα λιοντάρια δε(ν) μπορούμε να δώσουμε τίποτα;

Η Εύα: Όχι, ούτε σε αυτά. Τα ζώα φροντίζονται από το προσωπικό του ζωολογικού κήπου.

Ο Γιωργάκης: Δες τι όμορφοι παπαγάλοι είναι εκεί μέσα, πω πω, σα(ν) ζούγκλα είναι!

Η Εύα: Οι εργαζόμενοι δημιουργούν τις κατάλληλες συνθήκες για τα ζωάκια εδώ ώστε να μπορούν να ζουν με ασφάλεια.

Ο Γιωργάκης: Μπορούμε τότε να πάμε να χαϊδέψουμε τους πελώριους λύκους εκεί μέσα; Φαίνονται τόσο φιλικοί!

Η Εύα: Όχι Γιωργάκη, δε(ν) μπορούμε να πλησιάσουμε κανένα ζώο! Απαγορεύεται και είναι και επικίνδυνο!

Ο Γιωργάκης: Μα όταν πηγαίνουμε στο χωριό στη(ν) γιαγιά, εκεί ο μπαμπάς μ' αφήνει να χαϊδεύω όλα τα ζωάκια που έχει εκεί γύρω.

Η Εύα: Ποια λες; Τις αγελάδες του παππού, τα σκυλάκια και τα γατάκια;

Ο Γιωργάκης: Ναι μπράβο!

Η Εύα: Εκείνα τα ζωάκια ζουν στον κήπο μας και τα κατοικίδια ζώα δεν είναι επικίνδυνα. Αυτά εδώ είναι άγρια ζώα και θέλουν προσοχή.

Ο Γιωργάκης: Κατάλαβα. Πάμε να δροσιστούμε στις πολικές αρκούδες τώρα, γιατί έσκασα;

Η Εύα: Ωραία, βάλε το μπουφάν και πάμε!

COMPRENDRE LE DIALOGUE
QUELQUES FORMULES ET EXPRESSIONS

- → **Τι όμορφα χρώματα…!** *Quelles belles couleurs !* Les adverbes **τι** (invariable) et **πόσος -η -ο** (variable) sont utilisés dans les exclamations : **Πόσα χρώματα έχουν!** *Combien de couleurs ils/elles ont !*
- → **Πως λέγονται είπαμε;** *Comment on les appelle déjà ?* La 3ᵉ personne du pluriel correspond assez souvent au "on" du français → **λέγονται** *on les appelle*.
- → **μπορούμε να τα ταΐσουμε;** *pouvons-nous les nourrir ?* Le verbe **ταΐζω** *je nourris* peux se construire avec un double accusatif, c'est-à-dire avec le complément d'attribution (qui on nourrit) et le complément direct (ce qu'on donne) tous deux à l'accusatif : **Ταΐζω τις γάτες ψάρια.** *Je nourris les chats avec du poisson.* La construction avec **με.** + acc. est aussi possible : **Ταΐζω τις γάτες με ψάρια.**
- → **Τα ζώα φροντίζονται από το προσωπικό** *Le personnel s'occupe des animaux.* Le verbe **φροντίζω** *je prends soin de / je m'occupe (de)* est assez souvent à la forme médio-passive en grec qui n'a pas de construction exactement équivalente en français : **Τα παιδιά φροντίζονται από τον παππού και την γιαγιά κατά τη(ν) διάρκεια των διακοπών.** *Les enfants sont gardés par les grands-parents pendant les vacances. / Les grands-parents s'occupent des enfants pendant les vacances.*
- → **Δες τι όμορφοι παπαγάλοι είναι εκεί μέσα (…)!** *Regarde ("vois") quels ("les") beaux perroquets se trouvent à l'intérieur (…) !* La forme **δες** correspond à l'impératif momentané de **βλέπω** *je vois*, bâti sur le radical **δ- (να δω)**. Au pluriel (2ᵉ personne) on a **δείτε** ou **δέστε** *voyez !*
- → **Οι εργαζόμενοι** *les employés.* Le substantif **ο εργαζόμενος** *l'employé (salarié)* est construit sur le modèle d'un participe présent du verbe médio-passif **εργάζομαι** *je travaille.*
- → **τα ζωάκια** *les animaux.* On retrouve le suffixe **-άκι** pour donner un ton familier, difficile à traduire en français.
- → **έσκασα** *je me tais.* Il s'agit de l'aoriste de **σκάω** *je crève / j'explose*, qui a toute une palette de sens selon le contexte de l'élocution.

LES POINTS CARDINAUX ET LES RÉGIONS DU MONDE

Κατάγονται από την Νότια Ινδία *Ils/Elles sont originaires du sud de l'Inde.* Les quatre *points cardinaux* (**τα σημεία του ορίζοντα**, littéralement "les points de l'horizon") sont : **ο βορράς** *le nord*, **ο νότος** *le sud*, **η ανατολή** *l'est* ("le lever du soleil") et **η δύση** *l'ouest* ("le coucher du soleil"). Les adjectifs correspondants sont : **νότιος -α -ο** *du sud / méridional* ; **βόρειος -α -ο** *du nord / septentrional* ; **ανατολικός -ή -ό**, *de l'est / oriental* et **δυτικός -ή -ό** *de l'ouest / occidental*. Ainsi **η Νότια Αμερική** désigne *l'Amérique du Sud*,

η Ανατολική Αφρική fait référence à *l'Afrique de l'Est*, et **η Δυτική Ευρώπη** à *l'Europe de l'Ouest*. Le jeune voyageur de notre dialogue se rendra donc en *Extrême Orient* (**η Άπω Ανατολή**) et reviendra vers l'ouest en traversant *l'Asie centrale* (**η Κεντρική Ασία**) pour arriver jusqu'au *Proche Orient* (**η Εγγύς Ανατολή**). Comme **άπω** extrême, **εγγύς** proche est un adverbe (invariable).

C'EST INTERDIT / C'EST AUTORISÉ

Απαγορεύεται και είναι και επικίνδυνο! *C'est interdit et dangereux !* La mention "est autorisé(e)" (**επιτρέπεται**) est bien plus rare sur les panneaux que le contraire : **απαγορεύεται** *c'est interdit*. Alors patience lorsque vous voyez **"Απαγορεύεται το κάπνισμα"** (*Défense de fumer*) ou bien lorsque dans certaines rues, le panneau indique **"Απαγορεύεται η στάθμευση"** (*Stationnement interdit*). Comme le grec n'a pas d'infinitif, l'expression utilise un substantif : **Σε κάποια μουσεία δεν επιτρέπεται η φωτογράφηση.** *Dans certains musées il n'est pas permis de photographier* (litt. "la photographie n'est pas autorisée"). **Απαγορεύεται η κατασκήνωση σε δημόσιο κήπο.** *Il est interdit de camper dans un jardin public.*

NOTE CULTURELLE

Cette visite au zoo (*zoo* vient du grec **το ζώο** *l'animal* (litt. "le vivant"), nous donne l'occasion d'évoquer un aspect de la faune locale. *Le lion* (**το λιοντάρι**) que l'on ne voit plus qu'au zoo a semble-t-il foulé le sol de la Grèce antique. Parmi les animaux endémiques et emblématiques, il faut citer *le phoque moine de Méditerranée* (**Η μεσογειακή φώκια μοναχός**) et *le dauphin* (**το δελφίνι**). La faune sauvage est très riche et variée ; sur les sites archéologiques vous verrez souvent des *tortues* (**η χελώνα**) qui sont protégées. *Le corbeau* (**ο κόρακας**) doit sa couleur noire, dit-on, à la colère *d'Apollon* (**ο Απόλλωνας**), fâché par la franchise de son messager espion ailé. Devinez pourquoi… !

De nos jours, l'animal qui semble avoir envahi la Grèce est *le chat* (**η γάτα,** même racine que **catt[us]**). L'histoire de son introduction dans le pays fait débat et ne semble pas avoir été sans quelques heurts. Ils auraient été introduits en Grèce par les marchands grecs et phéniciens il y a environ 3000 ans. On ne sait pas exactement le rôle joué par les Égyptiens dans l'exportation de leurs petits félins de luxe domestiqués. Le célèbre fabuliste *Ésope* (**ο Αίσωπος**), met en scène des chats dans quelques-unes des *fables* (**ο μύθος**) qu'on lui attribue : "Le chat et les poules", "Le chat et le renard", "Le chat et les souris", etc. Les chats y sont souvent dépeints, parmi d'autres, comme rusés et sournois. Ésope, qui a vécu au VIe siècle avant J.-C., a utilisé le mot **αἴλουρος** (**αἰόλ-οὐρά**), qui signifie "[chose] à la queue ondulante", pour désigner les chats dans ses fables.

Quoi qu'il en soit, malgré une certaine animosité initiale envers le petit félin, les Grecs, qui leur préféraient les chiens et les cigales, ont accueilli les chats peu à peu. Aujourd'hui, les chats sont omniprésents sous le soleil de Grèce, et particulièrement aux abords des restaurants.

◆ GRAMMAIRE
DÉCLINAISON : LES PLURIEL EN -*ΔΕΣ*

Il y a quelques substantifs en **-ας -ες** ou **-α** qui, comme les neutres en **-μα**, ajoutent une ou deux syllabes au cours de la déclinaison. Dans cette série, qui comprend des féminins comme **η γιαγιά**, *la grand-mère* et des masculins comme **ο παππούς** *le grand-père*, **ο μπαμπάς** *le père*, **ο καφές** *le café (boisson)*, le suffixe est construit avec un **-δ** - :

Singulier	Féminin	Masculin
Nom.	η γιαγιά *la grand-mère*	ο καφές *le café (boisson)*
Acc.	τη(ν) γιαγιά	τον καφέ
Gén.	της γιαγιάς	του καφέ
Pluriel		
Nom.	οι γιαγιάδες	οι καφέδες
Acc.	τις γιαγιάδες	τους καφέδες
Gén.	των γιαγιάδων	των καφέδων

LE PRONOM *ΕΚΕΙΝΟΣ -Η -Ο*

Le pronom **εκείνος -η -ο** *lui/elle* marque l'éloignement. Le grec distingue, comme le français, ce qui est rapproché (**αυτός -η -ο**) de ce qui est éloigné (**εκείνος -η -ο**). Accompagnés de l'article défini (**ο / η / το**), **αυτός** et **εκείνος** deviennent des adjectifs démonstratifs ou des pronoms démonstratifs : **αυτός ο κήπος** *ce jardin-ci* ; **εκείνοι οι κήποι** *ces jardins-là*. Les deux pronoms suivent les déclinaisons des adjectifs en **-ος -η -ο**.

▲ CONJUGAISON
LE THÈME AORISTE

Le dialogue comprend plusieurs verbes cités avec un thème aoriste. Voici les différents types accompagnés du thème aoriste régulier ou irrégulier :

Type	Verbe présent	Thème aoriste	Subjonctif aoriste
Type 1 (**A**)	**πλησιάζω** j'approche	-ζω → -σω	να πλησιάσουμε
	ταΐζω je nourris		να ταΐσω
	φροντίζω je prends soin		να φροντίσω
	σκάω [σκά(ζ)ω] j'explose		να σκάσω
	κοιτάζω je regarde	-ζω → -ξω	να κοιτάξω
	χαϊδεύω je caresse	-ευω → -ψω	να χαϊδέψω
	απαγορεύω je défends	-ευω → -εύσω	να απαγορεύσω
	αφήνω je laisse	-νω → -σω	να αφήσω
	δίνω je donne	-νω → -σω	να δώσω
	βάζω je mets	βάλ-	να βάλω
	δημιουργώ je crée	-ώ → -η/ε/σω	να δημιουργήσω
Type 2 (**B2**)	**ζω** je vis	-ώ → -η/ε/σω	να ζήσω
	μπορώ je peux		να μπορέσω
Type 3 (**Γ1**)	**εργάζομαι** je travaille	-ζομαι → -στώ	να εργαστώ
	δροσίζομαι je me rafraîchis		να δροσιστώ

Rappel des terminaisons par type : Type 1 (**A -ω**) ; Type 2 (**B1-άω/-ώ** ; **B2-ώ**) ; Type 3 (**Γ1-ομαι**).

Le verbe **κατάγομαι** je descends (de) n'a qu'un thème présent.

LE VERBE ZΩ

Le verbe **ζω** je vis / j'habite suit la conjugaison des verbes contractes de Type 2 (**B2**) : **ζω, ζεις, ζει, ζούμε, ζείτε, ζουν/ζούνε**. À l'aoriste, l'augment apparaît sous l'accent : **έζησα,** mais **ζήσαμε.** L'impératif momentané suit la règle du suffixe **-ήσ - → ζήσε!** vis ! **ζήστε!** Vivez !

EXERCICES

01. ÉCOUTEZ L'ENREGISTREMENT, PUIS COMPLÉTEZ LES PHRASES.

a. _____ από τότε που ήμουν παιδί.
b. _____ τις 10 το βράδυ.
c. Ναι, _____ για τα ζώα.
d. _____ , φαίνεται _____ !

02. TRADUISEZ LES PHRASES ET VÉRIFIEZ VOS RÉPONSES EN ÉCOUTANT L'AUDIO.

a. – Puis-je nourrir les lions ? – Non, mon petit Georges, tu ne peux pas non plus nourrir les lions. → – Μπορώ _____ ; – Όχι, Γιωργάκη, _____ .

b. Je veux nourrir les animaux, mais je vois que c'est interdit.
→ _____ τα ζώα, αλλά _____

c. Oui, mais ces animaux-là sont différents.
→ Ναι, αλλά _____ είναι διαφορετικά.

d. Ils ne sont pas comme les (petits) chats et les (petits) chiens au village.
→ Δεν είναι _____ στο χωριό.

03. METTEZ LES TERMINAISONS DES MOTS QUI CONVIENNENT

a. Το Πήλιο είναι γνωστ__ για τα πανέμορφ__ χωρι__ του και τα παραδοσιακ__ σπίτι__.

b. Εκείν__ εκεί είναι παγώνια, έτσι δεν είναι; Έχουν τόσο πλούσι__ φτερ__!

c. Ναι, σωστά! Κατάγ__ από την Ινδία και είναι γνωστ__ για τα πολύχρωμ__ φτερ__ τους.

d. Μπορούμε να πλησιάσ__ τους λύκ__; Φαίνονται τόσο ήρεμ__!

e. Όχι, δεν μπορούμε να πλησιάσ__ τα ζώα εδώ.

04. UTILISEZ LE THÈME (AORISTE OU PRÉSENT) LE PLUS ADAPTÉ AU CONTEXTE.

a. Μου (αρέσουν) πολύ οι πολικές αρκούδες, πάντα τις (βλέπω) στην τηλεόραση!
→ _____ / _____

b. Στο χωριό μου, ο παππούς και η γιαγιά μου (αφήνουν) να (χαϊδεύω) τα ζώα.
→ _____ / _____

c. Οι γιαγιάδες (λατρεύουν) να (φτιάχνουν) γλυκά για τα παιδιά.
→ _____ / _____

d. Τα ζώα εδώ (τρώνε) κάθε μέρα, αλλά είναι ακόμα επικίνδυνα.
→ _____

e. (Χαίρομαι) λοιπόν που (έρχομαι) εδώ σήμερα.
→ _____ / _____

VOCABULAIRE

χρώμα (το) *couleur*
πτηνό (το) *oiseau*
πολύχρωμος -η -ο *multicolore*
πλούσιος -α -ο *riche*
φτερό (το) *plume*
παγώνι (το) *paon*
κατάγομαι (από) *je originaire (de) / je suis issu(e)*
νότιος -α -ος *du sud*
Ευρώπη (η) *Europe*
αρχαιότητα (η) *antiquité*
ταΐζω *je nourris*
απαγορεύεται *il est interdit*
λιοντάρι (το) *lion*
ζώο (το) *animal*
φροντίζω *je soigne / je prends soin de / je m'occupe de*
προσωπικό (το) *personnel*
ζωολογικός -ή -ό *animalier(-ère)*
παπαγάλος (ο) *perroquet*
σα(ν) *comme*
ζούγκλα (η) *jungle*
εργαζόμενος -η -ος *employé*
δημιουργώ *je crée*
κατάλληλος -η -ος *approprié(e)*
συνθήκη (η) *condition*
ώστε *afin que*
ασφάλεια (η) *sécurité*
χαϊδεύω *je caresse*
πελώριος -α -ο *géant(e) / énorme*
λύκος (ο) *loup*
φιλικός -ή -ό *amical(e)*
πλησιάζω *j'approche*
αγελάδα (η) *vache*
παππούς (ο) *grand-père*

προσοχή (η) *attention*
δροσίζομαι *je me rafraîchis*
πολικός -η -ός *polaire*
αρκούδα (η) *ours*
βάλε! *mets ! / enfile !*
μπουφάν (το) *veste*
Πω πω (expression de surprise)
Μα (expression de surprise ou de déception)
Ναι μπράβο (expression d'approbation)

MÉMOS GRAMMAIRE & CONJUGAISON

◆ DÉCLINAISON
L'ARTICLE DÉFINI ET INDÉFINI

		Masc.	Fém.	Neut.	Masc.	Fém.	Neut.
Singulier	Nom.	ο	η	το	ένας	μια	ένα
	Acc.	το(ν)	τη(ν)	το	έναν	μια(ν)/μία(ν)	ένα
	Gén.	του	της	του	ενός	μιας	ενός
Pluriel	Nom.	οι	οι	τα	—	—	—
	Acc.	τους	τις	τα	—	—	—
	Gén.	των	των	των	—	—	—

Remarque : l'article préfixé de **σε** + acc. suit le même schema : **σε** + **το(ν)** → **στο(ν)** ; **σε** + **τη(ν)** → **στη(ν)** ; **σε** + **το** → **στο** ; au pluriel : **σε** + **τους** → **στους** ; **σε** + **τις** → **στις** ; **σε** + **τα** → **στα**.

LES SUBSTANTIFS

• **Les masculins en -ος (pl. -οι)**

	Singulier	Pluriel
Nom.	ο κύριος *le monsieur*	οι κύριοι
Acc.	το(ν) κύριο	τους κυρίους
Gén.	του κυρίου	των κυρίων

• **Les masculins en -ας (pl. -ες)**

	Singulier	Pluriel
Nom.	ο άντρας *l'homme*	οι άντρες
Acc.	τον άντρα	τους άντρες
Gén.	του άντρα	των αντρών

• **Les masculins en -ης (pl. -ες)**

	Singulier	Pluriel
Nom.	ο εργάτης *l'ouvrier*	οι εργάτες
Acc.	τον εργάτη	τους εργάτες
Gén.	του εργάτη	των εργατών

• **Les masculins au pluriel en -δες**

	Singulier	Pluriel
Nom.	ο καφές *le café (boisson)*	οι καφέδες
Acc.	τον καφέ	τους καφέδες
Gén.	του καφέ	των καφέδων

Remarque : sur ce modèle se déclinent aussi **ο μεζές** → **οι μεζέδες** *les hors-d'oeuvre* ; **ο ανανάς** *l'ananas* → **οι ανανάδες** ; **ο παππούς** *le grand-père* → **οι παππούδες**.

• **Les masculins au pluriel en -εις**

	Singulier	Pluriel
Nom.	ο συγγενής *le parent*	οι συγγενείς
Acc.	τον συγγενή	τους συγγενείς
Gén.	του συγγενούς	των συγγενών

• **Les féminins en -α (pl. -ες)**

	Singulier	Pluriel
Nom.	η μέρα *le jour*	οι μέρες
Acc.	τη(ν) μέρα	τις μέρες
Gén.	της μέρας	των μερών

• **Les féminins en -η (pl. -ες)**

	Singulier	Pluriel
Nom.	η φίλη *l'amie*	οι φίλες
Acc.	τη(ν) φίλη	τις φίλες
Gén.	της φίλης	των φίλων

• **Les féminins en -η (pl. -εις)**

	Singulier	Pluriel
Nom.	η είδηση *la nouvelle*	οι ειδήσεις
Acc.	τη(ν) είδηση	τις ειδήσεις
Gén.	της είδησης/ειδήσεως	των ειδήσεων

Remarque : sur ce modèle se décline aussi **η πόλη** la ville → **της πόλης/πόλεως, οι πόλεις**.

- **Les féminins en -ος (pl. -οι)**

Se conjuguent comme les masculins en **-ος** (pl. **-οι**) mais l'article et l'adjectif qui l'accompagnent s'accordent au féminin.

- **Les féminins en -α (pl. -δες)**

Comme les masculins **ο καφές** le café ; **ο παππούς** le grand-père, certains féminins ont un pluriel en **-δες** : **η γιαγιά** la grand-mère → **οι γιαγιάδες**.

- **Les neutres en -ο (pl. -α)**

	Singulier	Pluriel
Nom.	το πλοίο le bateau	τα πλοία
Acc.	το πλοίο	τα πλοία
Gén.	του πλοίου	των πλοίων

- **Les neutres en -μα (pl. -ματα)**

	Singulier	Pluriel
Nom.	το όνομα le nom	τα ονόματα
Acc.	το όνομα	τα ονόματα
Gén.	του ονόματος	των ονομάτων

- **Les neutres en -ι (pl. -ια)**

	Singulier	Pluriel
Nom.	το παιδί l'enfant	τα παιδιά
Acc.	το παιδί	τα παιδιά
Gén.	του παιδιού	των παιδιών

LES ADJECTIFS

- **Les adjectifs en -ος -η -ο (pl. -οι -ες -α)**

	Singulier	Pluriel
Nom.	μαύρος -η -ο noir(e)	μαύροι -ες -α
Acc.	μαύρο -η -ο	μαύρους -ες -α
Gén.	μαύρου -ης -ου	μαύρων -ων -ων

• **Les adjectifs en** -ος -α -ο (pl. -οι -ες -α)

	Singulier	Pluriel
Nom.	ωραίος -α -ο beau/belle	ωραίοι -ες -α
Acc.	ωραίο -α -ο	ωραίους -ες -α
Gén.	ωραίου -ας -ου	ωραίων -ων -ων

• **Les adjectifs en** -ος -ια/-η -ο (-οι -ες -α)

	Singulier	Pluriel
Nom.	γλυκός -ιά -ό doux/douce	γλυκοί -ές -ά
Acc.	γλυκό -ιά -ό	γλυκούς -ές -ά
Gén.	γλυκού -ιάς -ού	γλυκών -ών -ών

• **Les adjectifs en** -ής -ιά -ί (-ιοί -ιές -ιά)

	Singulier	Pluriel	Quelques exemples
Nom.	πορτοκαλής -ιά -ί orange	πορτοκαλιοί -ιές -ιά	δεξής -ιά -ί droit (du côté droit) ; καφετής -ιά -ί café ; σταχτής -ιά -ί. gris (cendré) et χρυσαφής -ιά -ί jaune d'or
Acc.	πορτοκαλή -ιά -ί	πορτοκαλιούς -ιές -ιά	
Gén.	πορτοκαλιού/ή -ιάς -ιού	πορτοκαλιών -ιών -ιών	

• **Autres adjectifs en** -ης

→ Il existe différentes déclinaisons pour ces adjectifs en -ης au masc. sing. Les adjectifs comme τεμπέλης -α -ικο paresseux prennent les terminaisons -ηδες -ες -ικα au pl.

→ Les adjectifs διεθνής -ής -ές international, ont une même terminaison au masc. et fém. : -ούς (gén. sing.) ; -είς -είς -ή (nom. acc. pl.) ; -ών -ών -ών (gén. pl.).

• **L'adjectif** πολύς, πολλή, πολύ

Cas particulier de **πολύς πολλή πολύ** nombreux/nombreuse(s)

		Masc.	Fém.	Neut.
Singulier	Nom.	πολύς	πολλή	πολύ
	Acc.	πολύ(ν)*	πολλή	πολύ
	Gén.	(πολλού)*	πολλής	(πολλού)*

283

Pluriel	Nom.	πολλοί	πολλές	πολλά
	Acc.	πολλούς	πολλές	πολλά
	Gén.	πολλών	πολλών	πολλών

* attesté, mais peu usité.

LES PRONOMS

• **Les pronoms personnels (1ʳᵉ personne)**

		Forme pleine	Forme réduite
Singulier	Nom.	εγώ *je*	–
	Acc.	(ε)μένα	με
	Gén.	(ε)μένα	μου
Pluriel	Nom.	(ε)μείς *nous*	–
	Acc.	εμάς	μας
	Gén.	εμάς	μας

• **Les pronoms personnels (2ᵉ personne)**

		Forme pleine	Forme réduite
Singulier	Nom.	εσύ *tu*	–
	Acc.	(ε)σένα	σε
	Gén.	(ε)σένα	σου
Pluriel	Nom.	(ε)σείς *vous*	–
	Acc.	εσάς	σας
	Gén.	εμάς	σας

• **Les pronoms personnels (3ᵉ personne)**

		Forme pleine	Forme réduite
Singulier	Nom.	αυτός -ή -ό *il/elle*	–
	Acc.	αυτό(ν) -ή -ό	το(ν) την το *le / la*
	Gén.	αυτού -ής -ού	του της του *son / sa / à lui / à elle*

Pluriel	Nom.	αυτοί -ές -α ils/elles	–
	Acc.	αυτούς -ές -α	τους τις τα les / eux / elles
	Gén.	αυτών -ών -ών	τους leur(s) / à eux / à elles

• **Le pronom interrogatif** ποιος ποια ποιο

		Masc. Fém. Neut.
Singulier	Nom.	ποιος ποια ποιο quel / quelle… ?
	Acc.	ποιον ποια(ν) ποιο
	Gén.	ποιανού ποιανής ποιανού de qui / quel / quelle… ?
Pluriel	Nom.	ποιοι ποιες ποια quels / quelles… ?
	Acc.	ποιους ποιες ποια
	Gén.	ποιανών ποιανών ποιανών de qui / quel / quelles… ?

• **Les pronoms et adjectifs indéfinis** κανεις/κανενας

		Masc. Fém. Neut.
Singulier	Nom.	κανείς/-ένας καμιά/καμία κανένα quelqu'un(e) / personne
	Acc.	κανένα(ν) καμιά(ν)/καμία(ν) κανένα
	Gén.	κανενός καμιάς/καμίας κανενός

Il n'y a pas de pluriel pour le pronom **κανείς καμιά κανένα**.

Les indéfinis **μερικοί -ές -ά**, quelques / certains / certaines sont toujours au pluriel.

◆ NOMBRES CARDINAUX/ORDINAUX

	Cardinaux	Ordinaux
1	ένα	πρώτος -η -ο
2	δύο	δεύτερος -η -ο
3	τρία	τρίτος -η -ο
4	τέσσερα	τέταρτος -η -ο
5	πέντε	πέμπτος -η -ο
6	έξι	έκτος -η -ο

7	εφτά (επτά)	έβδομος -η -ο
8	οχτώ (οκτώ)	όγδοος -η -ο
9	εννιά (εννέα)	ένατος -η -ο
10	δέκα	δέκατος -η -ο
11	έντεκα	ενδέκατος -η -ο
12	δώδεκα	δωδέκατος -η -ο
13	δεκατρία	δέκατος -η -ο τρίτος...
20	είκοσι	εικοστός -ή -ό
21	είκοσι ένα	εικοστός -ή -ό πρώτος...
30	τριάντα	τριακοστός -ή -ό
31	τριάντα ένα	τριακοστός -ή -ό πρώτος...
40	σαράντα	τεσσαρακοστός -ή -ό
50	πενήντα	πεντηκοστός -ή -ό
60	εξήντα	εξηκοστός -ή -ό
70	εβδομήντα	εβδομηκοστός -ή -ό
80	ογδόντα	ογδοηκοστός -ή -ό
90	ενενήντα	ενενηκοστός -ή -ό
100	εκατό(ν)	εκατοστός -ή -ό
101	εκατόν ένα	εκατοστός -ή -ό πρώτος...

◆ CONJUGAISON
LA VOIX ACTIVE

• **Indicatif présent**

TYPE 1		TYPE 2 (-A-)/B1	TYPE 2 (-E-)/B2
αγοράζω j'achète	**γράφω** j'écris	**μιλάω/ώ** je parle	**οδηγώ** je conduis
αγοράζεις	γράφεις	μιλάς	οδηγείς
αγοράζει	γράφει	μιλάει/ά	οδηγεί
αγοράζουμε	γράφουμε	μιλάμε/ούμε	οδηγούμε
αγοράζετε	γράφετε	μιλάτε	οδηγείτε
αγοράζουν(ε)	γράφουν(ε)	μιλάνε/ούν	οδηγούν(ε)

• **Futur momentané**

TYPE 1		TYPE 2 (-**A**-)/B1	TYPE 2 (-**E**-)/B2
θα αγοράσω	θα γράψω	θα μιλήσω	θα οδηγήσω
θα αγοράσεις	θα γράψεις	θα μιλήσεις	θα οδηγήσεις
θα αγοράσει	θα γράψει	θα μιλήσει	θα οδηγήσει
θα αγοράσουμε	θα γράψουμε	θα μιλήσουμε	θα οδηγήσουμε
θα αγοράσετε	θα γράψετε	θα μιλήσετε	θα οδηγήσετε
θα αγοράσουν(ε)	θα γράψουν(ε)	θα μιλήσουν(ε)	θα οδηγήσουν(ε)

• **Imparfait**

TYPE 1		TYPE 2 (-**A**-)/B1	TYPE 2 (-**E**-)/B2
αγόραζα	έγραφα	αγαπούσα	οδηγούσα
αγόραζες	έγραφες	αγαπούσες	οδηγούσες
αγόραζε	έγραφε	αγαπούσε	οδηγούσε
αγοράζαμε	γράφαμε	αγαπούσαμε	οδηγούσαμε
αγοράζατε	γράφατε	αγαπούσατε	οδηγούσατε
αγόραζαν*	έγραφαν*	αγαπούσαν(ε)	οδηγούσαν(ε)

* formes alternatives (l'accent se déplace et affecte la présence de l'augment) : **αγόραζαν / αγοράζανε** ; **έγραφαν / γράφανε**

• **Aoriste**

TYPE 1		TYPE 2 (-**A**-)/B1	TYPE 2 (-**E**-)/B2
αγόρασα	έγραψα	μίλησα	οδήγησα
αγόρασες	έγραψες	μίλησες	οδήγησες
αγόρασε	έγραψε	μίλησε	οδήγησε
αγοράσαμε	γράψαμε	μιλήσαμε	οδηγήσαμε
αγοράσατε	γράψατε	μιλήσατε	οδηγήσατε
αγόρασαν*	έγραψαν*	μίλησαν*	οδήγησαν*

* formes alternatives (l'accent se déplace et affecte la présence de l'augment) : **αγοράσανε / αγόρασαν** ; **γράψανε / έγραψαν** ; **μιλήσανε / μίλησαν** ; **οδηγήσανε / οδήγησαν**

LA VOIX MÉDIO-PASSIVE

• **Indicatif présent**

TYPE M1	TYPE M2	TYPE M3	TYPE M4
έρχομαι je viens	κοιμάμαι je dors	αγαπιέμαι je suis aimé(e)	οδηγούμαι je suis conduit(e)
έρχεσαι	κοιμάσαι	αγαπιέσαι	οδηγείσαι
έρχεται	κοιμάται	αγαπιέται	οδηγείται
ερχόμαστε	κοιμόμαστε	αγαπιόμαστε	οδηγούμαστε
έρχεστε	κοιμάστε	αγαπιέστε*	οδηγείστε
έρχονται	κοιμούνται	αγαπιούνται*	οδηγούνται

* formes alternatives : **αγαπιέστε/-ιόσαστε** et **αγαπιούνται /-ιόνται**

• **Futur momentané**

TYPE M1	TYPE M2	TYPE M3	TYPE M4
θα έρθω	θα κοιμηθώ	θα αγαπηθώ	θα οδηγηθώ
θα έρθεις	θα κοιμηθείς	θα αγαπηθείς	θα οδηγηθείς
θα έρθει	θα κοιμηθεί	θα αγαπηθεί	θα οδηγηθεί
θα έρθουμε	θα κοιμηθούμε	θα αγαπηθούμε	θα οδηγηθούμε
θα έρθετε	θα κοιμηθείτε	θα αγαπηθείτε	θα οδηγηθείτε
θα έρθουν(ε)	θα κοιμηθούν(ε)	θα αγαπηθούν(ε)	θα οδηγηθούν(ε)

• **Imparfait**

TYPE M1	TYPE M2	TYPE M3	TYPE M4
ερχόμουν(α)	κοιμόμουν(α)	αγαπιόμουν(α)	οδηγούμουν
ερχόσουν(α)	κοιμόσουν(α)	αγαπιόσουν(α)	οδηγούσουν
ερχόταν(ε)	κοιμόταν(ε)	αγαπιόταν(ε)	οδηγούνταν
ερχόμαστε/αν	κοιμόμαστε/αν	αγαπιόμαστε	οδηγούμασταν
ερχόσαστε/αν	κοιμόσαστε/αν	αγαπιόσαστε	οδηγούσασταν
έρχονταν/ερχό-ντανε	κοιμόνταν(ε)	αγαπιόνταν(ε)	οδηγούνταν

• **Aoriste**

TYPE M1	TYPE M2	TYPE M3	TYPE M4
ήρθα	κοιμήθηκα	αγαπήθηκα	οδηγήθηκα
ήρθες	κοιμήθηκες	αγαπήθηκες	οδηγήθηκες
ήρθε	κοιμήθηκε	αγαπήθηκε	οδηγήθηκε
ήρθαμε	κοιμηθήκαμε	αγαπηθήκαμε	οδηγηθήκαμε
ήρθατε	κοιμηθήκατε	αγαπηθήκατε	οδηγηθήκατε
ήρθαν(ε)	κοιμηθήκαν(ε)	αγαπηθήκαν(ε)	οδηγηθήκαν(ε)

QUELQUES VERBES IRRÉGULIERS

Indicatif présent	Subjonctif / futur Momentané (να, θα...)	Aoriste	Imparfait	Traduction
αισθάνομαι	αισθανθώ	αισθάνθηκα	αισθανόμουν	je ressens
ακούω	ακούσω	άκουσα	άκουγα	j'entends / j'écoute
βάζω	βάλω	έβαλα	έβαζα	je pose
βαριέμαι	βαρεθώ	βαρέθηκα	βαριόμουν	je m'ennuie
βγαίνω	βγω	βγήκα	έβγαινα	je sors
βλέπω	δω	είδα	έβλεπα	je vois
βρίσκω	βρω	βρήκα	έβρισκα	je trouve
γίνομαι	γίνω	έγινα	γινόμουν	je deviens
δίνω	δώσω	έδωσα	έδινα	je donne
έρχομαι	έρθω	ήρθα	ερχόμουν	je viens
έχω	έχω	είχα (impf.)	είχα (impf.)	j'ai
ζεσταίνομαι	ζεσταθώ	ζεστάθηκα	ζεσταινόμουν	je me (ré)chauffe
ζω	ζήσω	έζησα	ζούσα	je vis
θέλω	θελήσω	(θέλησα)	ήθελα	je veux
θυμάμαι	θυμηθώ	θυμήθηκα	θυμόμουν	je me souviens
κάθομαι	καθίσω (κάτσω)	κάθισα (έκατσα)	καθόμουν	je m'assois / je suis assis

κάνω	κάνω	έκανα	έκανα	je fais
καταλαβαίνω	καταλάβω	κατάλαβα	καταλάβαινα	je comprends
κατεβαίνω	κατέβω	κατέβηκα	κατέβαινα	je descends
κλείνω	κλείσω	έκλεισα	έκλεινα	je ferme
κοιμάμαι	κοιμηθώ	κοιμήθηκα	κοιμόμουν	je dors
λέω	πω	είπα	έλεγα	je dis
μαθαίνω	μάθω	έμαθα	μάθαινα	j'apprends
μένω	μείνω	έμεινα	έμενα	je reste (j'habite)
μπαίνω	μπω	μπήκα	έμπαινα	j'entre
μπορώ	μπορέσω	μπόρεσα	μπορούσα	je peux
ντύνομαι	ντυθώ	ντύθηκα	ντυνόμουν	je m'habille
ξέρω	ξέρω	ήξερα	ήξερα	je sais
ξυπνάω/-ώ	ξυπνήσω	ξύπνησα	ξυπνούσα	je me réveille
παίρνω	πάρω	πήρα	έπαιρνα	je prends
πάω(πηγαίνω)	πάω	πήγα	πήγαινα	je vais
περιμένω	περιμένω	περίμενα	περίμενα	j'attends
περνάω/-ώ	περάσω	πέρασα	περνούσα	je passe
πίνω	πιω	ήπια	έπινα	je bois
πλένω	πλύνω	έπλυνα	έπλενα	je lave
στέλνω	στείλω	έστειλα	έστελνα	j'envoie
τρέχω	τρέξω	έτρεξα	έτρεχα	je cours
φαίνομαι	φανώ	φάνηκα	φαινόμουν	je parais
φεύγω	φύγω	έφυγα	έφευγα	je pars
χαίρομαι	χαρώ	χάρηκα	χαιρόμουν	je me réjouis

LES CORRIGÉS DES EXERCICES

NOTE

Vous trouverez dans les pages qui suivent tous les corrigés des exercices proposés dans les modules de cet ouvrage. Les exercices enregistrés sont signalés par le pictogramme 🔊 accompagné du n° de piste en streaming. Ils se trouvent sur la même piste que le dialogue de la leçon, à la suite de celui-ci ; ils portent donc le même numéro de piste.

01. QU'EST-CE QUE C'EST ?

1. a. Να το σπίτι. b. Να το αυτοκίνητο. c. Είναι εδώ το ταξί; d. Όχι ακόμα. e. Α, να το ταξί!

2. a. 3 – b. 1 – c. 2

03 🔊 3. a. είναι εδώ – b. Να το – c. Τι είναι – d. Αυτό είναι

4. a. Το ταξί δεν είναι εδώ. – b. Αυτό είναι δεν (ένα) σπίτι.

02. QUI EST-CE ?

1. a. Ποιος – b. Ποια – c. Πού – d. Ποιες

04 🔊 2. a. Πού είναι ο Παναγιώτης; – b. Α, να τος! – c. Η Σοφία δεν είναι ακόμα εδώ. – d. Δεν είναι αυτές.

04 🔊 3. a. Ο – b. Αυτό - ένα – c. το - το – d. Ποια – αυτά

4. a. Να ο Δημήτρης! Είναι εκεί. b. Είναι ο Δημήτρης και η Ελένη. c. Πού είναι η Άννα; Δεν είναι εδώ. d. Να τη!

03. PREMIERS ÉCHANGES

05 🔊 1. a. Λέγομαι Δημήτρης – b. Χαίρω - Δημήτρη – c. Λέγομαι – d. είστε

05 🔊 2. a. Γεια σου Νίκο! – b. Γεια σου Κώστα! – c. Πώς είσαι; – d. Καλά, ευχαριστώ και εσύ; – e. Πολύ καλά.

3. a. κύριε Τριανταφυλλίδη – b. Γιώργο – c. κύριε Ιωαννίδη – d. κυρία Παπαδάκη – e. Άννα

4. a. Ποιος – b. Πώς – c. Πού – d. Ποια

04. SE SALUER ET PRENDRE CONGÉ

06 🔊 1. a. γίνεται – b. Δουλεύω – c. Πού είναι – d. είμαι ο Νίκος – e. να το λεωφορείο

2. a. je suis Kostas – b. fatigué aujourd'hui – c. déteste – d. à bientôt – e. travaille

3. a. τον Κώστα – b. την Δευτέρα – c. σήμερα – d. ο Παναγιώτης

4. a. Πώς – b. Ποια – c. Πώς – d. Πώς – e. Γιατί

05. FAIRE CONNAISSANCE

07 🔊 1. a. Πώς είσαι; – b. Δεν είναι – είναι – δουλειά σήμερα – c. εσύ τι λες – d. Τι σου λέει – e. Μου αρέσει

07 🔊 2. a. c'est samedi – il n'est pas là – b. Tu le connais ? – c. Monsieur Kostas – d. aujourd'hui – e. Je suis

3. a. κάνουν – b. δουλεύουν – c. μιλάει – d. μισεί – e. αρέσει – f. είναι

06. INFORMATIONS PERSONNELLES

08 🔊 1. a. το έγγραφο και η υπογραφή μου – b. δημοσιογράφος – c. αυτό το παιδί – d. δεν είμαι παντρεμένος – e. Είσαι στο αυτοκίνητο

2. a. λέγεσαι – b. λέγεται – c. λέγομαι – d. Λέγεστε – e. λέγονται – f. λεγόμαστε

08 🔊 3 Écoutez l'audio

07. CONVERSATION ENTRE VOISINS

09 🔊 1. a. αυτός ο κύριος – b. ο αδερφός μου – c. αυτή η κυρία – d. η θεία μου – e. δεν είναι δικό μου

2. a. σας – b. σας – c. τους – d. τους

3. a. Ο γείτονας μένει στον τρίτο όροφο. – b. Η γάτα νιαουρίζει στην απέναντι ταράτσα. – c. Αυτός ο (ου Αυτή η) δημοσιογράφος είναι από τις Βρυξέλλες.

4. a. Ο πρώτος – b. η δεύτερη – c. το τέταρτο – d. πέμπτο

08. DISCUTER AVEC UN INCONNU

1. a. τη συζήτηση – b. τη γάτα – c. τον μουσικό – d. άγνωστο – e. το κλειδί

10 🔊 2. a. τριάντα δύο – b. σαράντα εννέα – c. εξήντα πέντε – d. ογδόντα επτά – e. εκατόν δώδεκα

3. a. στο – b. στην – στη – c. την – d. στο – e. από – f. πάνω – g. στις – h. από – i. από

09. LES JOURS DE LA SEMAINE

11 🔊 1. a. πηγαίνω στο γυμναστήριο – b. το πρόγραμμά σου – c. είμαι πολύ κουρασμένη – τις δραστηριότητες – d. πηγαίνουν με ποδήλατο – κάθε μέρα – **e.** Κάθε Τετάρτη – στην πισίνα το μεσημέρι – **f.** Την Παρασκευή – να πηγαίνω για μια μπύρα

2. a. ος – **b.** ες – **c.** ό – **d.** ή – α – **e.** ος – **f.** ά – **g.** ος

3. a. φοβάται – **b.** Φοβάσαι – **c.** κοιμούνται **d.** φοβάται – **e.** Κοιμόμαστε – **f.** κοιμάμαι

4. a. των γειτόνων – **b.** των τραπεζών – **c.** δραστηριοτήτων – **d.** των φοιτητών – **e.** των καφενείων

10. L'HEURE

1. a. Δε(ν) μπορώ να βρω – ξέρεις πού είναι – **b.** το μάθημα οδήγησης – να φάμε μαζί – **c.** Της λέω – ένα μήνυμα – **d.** Βιάζομαι – πρέπει να ετοιμάσω – **e.** Τη(ν) Δευτέρα το μεσημέρι – κολυμπάω

2. a. λες – **b.** ακούμε – **c.** πάει – **d.** φάνε

3. a. Πόσον καιρό θα μείνεις εδώ; Δύο εβδομάδες. – **b.** Πόσον καιρό έχεις στην Αθήνα; Τρεις μήνες. – **c.** Πόση ώρα κρατάει το μάθημα; Περίπου δύο ώρες. – **d.** Πόση ώρα περιμένει έξω από την πόρτα; Περίπου μια ώρα τώρα.

4. a. μην – **b.** Δεν – **c.** μην

11. LE PETIT-DÉJEUNER

1. a. Τι λες για πρωινό – διπλανή πλατεία – **b.** το στρώμα σου – πονάει η πλάτη – **c.** Πρέπει να κάνεις – σήμερα – **d.** είναι πολύ ήσυχο – είναι άνετο – **e.** δύσκολος – συμφωνούμε

2. a. Να μην ετοιμάσεις – στο κέντρο της πόλης – **b.** μη βιάζεσαι – **c.** αυτό το νέο φόρεμα – **d.** Δεν είναι νέο φόρεμα – η πρώτη φορά – **e.** Μετά – στον κήπο κοντά στο Σύνταγμα

3. a. Ανοίξαμε – **b.** άκουσε – **c.** είχατε – **d.** ήξερα – **e.** Ήταν – κοιμήθηκαν

12. À LA TAVERNE

1. a. Δε(ν) μου αρέσει να περνάω με το αυτοκίνητο – **b.** Εάν πεινάτε – περισσότερα πιάτα – **c.** έκανε κράτηση για ένα τραπέζι – **d.** Θα κάνω κράτηση -- τέσσερα άτομα – **e.** Ξέρετε καμιά ταβέρνα – να έχει ποικιλία

2. a. Το εστιατόριο κλείνει σε μια ώρα – την παραγγελία σας – **b.** τον ανεμιστήρα εάν σας ενοχλεί – **c.** άργησα – Είχε πολλά αμάξια – **d.** στην ταβέρνα μας – της παραγωγής μας – **e.** Έχουμε τραπέζια – πού θέλετε να καθίσετε

3. a. πολύ – **b.** πολλές – **c.** πολλά – **d.** πολλούς – **e.** πολλή – **f.** πολλά

4. a. Πες – **b.** Κρατήστε – **c.** Μην ακολουθήσετε – **d.** Βρες – **e.** Κοίταξε – πες

13. TRANSPORTS PUBLICS

1. a. τα αεροπλάνα – μικρός – **b.** θάλασσα – ήρεμη σήμερα – θα πάω για μπάνιο – **c.** πηγαίνω στο αεροδρόμιο – περιμένω πολλή ώρα – **d.** Οι φίλες μου – το αυτοκίνητό μου – ολοκαίνουργιο – **e.** αλλά η πτήση – στην ώρα της

2. a. περισσότερο – **b.** πιο γρήγορο – **c.** πιο ήσυχη – **d.** καλύτερες – **e.** ακριβότερα

3. a. Ήξερες ότι – έκανε – με τις φίλες της – την εβδομάδα – **b.** είναι φθηνότερα από – των λεωφορείων – **c.** Το πρωί πήγαινα – το απόγευμα πήγαινα – **d.** πηγαίναμε – **e.** φεύγω νωρίτερα – δεν έχω

14. AU MUSÉE

1. a. Ψάχνω για την Εθνική Τράπεζα – δεν τη(ν) βλέπω – με βοηθήσετε – **b.** Πρέπει να περάσετε – απέναντι – γρήγορο – **c.** Θα πρέπει να πάτε – πριν από το μεσημέρι – έχει πολύ κόσμο – **d.** σχεδιάστηκε από – αρχιτέκτονα – **e.** Φοβάμαι ότι σήμερα – ουρά για τα εισιτήρια

2. a. της πόλης – **b.** άφιξης – πλοίου – Πειραιά – **c.** θέσεις – **d.** λάθη – **e.** βραδινά

3. a. Έφτασα τρέχοντας – αλλά το πλοίο – **b.** Κράτα μου – θα περάσω – μετά τη(ν) δουλειά – **c.** πολύ αργά – υπάρχουν άλλες θέσεις – **d.** encore – Έλα – ολοκαίνουργιο μουσείο – ακόμα – **e.** δεν ψάχνεις για – από μακριά

15. PROMENADE AU CENTRE

17 🔊 **1. a.** Ετοιμάζομαι να πάω – για να ψάξω – **b.** Είναι αργά – στην πλατεία – **c.** θέλεις να πάμε για φαγητό – **d.** Δεν έχω όρεξη να βγω – άλλη φορά

2. a. Έλα – **b.** Ας περιμένουμε – **c.** Στέγνωσε – ετοιμάζεσαι – **d.** Ρώτα – **e.** μην με αφήσεις

3. a. Θα έρθω – θα σου φέρω – **b.** Θα πάμε – **c.** θα υπάρχουν – **d.** θα ξεκουραστώ – **e.** θα επισκεφτούμε

17 🔊 **4. a.** Νομίζω ότι – αυτού του καταστήματος – **b.** Μπορούμε να πιούμε έναν καφέ – στον θερινό κινηματογράφο – **c.** Πού μπορούμε να βρούμε – ελληνικά βιβλία – **d.** Μήπως ξέρετε αν υπάρχει – κοντά στην είσοδο του μουσείου – **e.** Ας συναντηθούμε – και μετά ας κάνουμε μια βόλτα

16. LES VACANCES

18 🔊 **1. a.** για διακοπές φέτος – Δεν έχω πάει ποτέ – **b.** αλλά δε(ν) θέλω να πάω στο βουνό. – **c.** Θα ήθελα – ένα νησί πολύ μακριά από εδώ – **d.** Αν θέλεις να χαλαρώσεις – μπορείς να πας στις θερμές πισίνες

2. a. στη Ρόδο – την Κύπρο – την Κρήτη – **b.** στην Τήνο – πανέμορφες παραλίες – **c.** αυτή τη(ν) λεωφόρο – στην οδό – **d.** την άμμο – στις Κυκλάδες

3. a. Ήταν – **b.** επισκέφτηκε – λάτρεψε – **c.** Άκουσα – **d.** ήθελαν

18 🔊 **4. a.** Μήπως να πάμε κάπου αλλού – δε(ν) θέλεις να επισκεφτείς – **b.** Θυμάμαι ότι τρέχαμε καθημερινά – **c.** αλλά φέτος θέλω κάτι διαφορετικό – **d.** για διακοπές μιας εβδομάδας – **e.** είναι πιο γρήγορο – μου αρέσει να παίρνω – στο πλοίο

17. JE VAIS FAIRE DES COURSES

19 🔊 **1. a.** για μια βολτούλα στην παραλία – **b.** πρέπει να φύγω νωρίς αύριο – **c.** Τι σου λέει – κάτι για δείπνο – **d.** Κάτσε – Είναι ακόμα νωρίς και αύριο είναι Κυριακή – **e.** Πόσο συχνά βρέχει

2. a. Αύριο – **b.** Πέρυσι – **c.** φέτος – **d.** Εχθές – **e.** Του χρόνου

3. a. Τι θα έλεγες – **b.** Θα ήθελα – **c.** Μάλλον θα είναι – **d.** Θα μπορούσα

19 🔊 **4. a.** Θα πάω στο σουπερμάρκετ – Θέλεις κάτι άλλο – **b.** Θα μπορούσα να φέρω – αν θέλεις να το διαβάσεις – **c.** Τι θα έλεγες – **d.** Θα μπορούσα να σε βοηθήσω – **e.** Έβρεχε όλη μέρα – έμεινα στο σπίτι

18. À LA PHARMACIE

20 🔊 **1. a.** Αν έχεις πονοκέφαλο – **b.** Θα ήθελα – κάτι για τον βήχα μου – **c.** Τι φάρμακα πήρατε – **d.** μετά από μια εβδομάδα – όπως είπε – **e.** Ίσως να είναι – να μην πάω – αν είμαι άρρωστη

2. a. θα χρειαστείτε να – **b.** πρέπει – **c.** πρέπει – **d.** Χρειάζομαι – **e.** χρειάζομαι – **f.** πρέπει να

20 🔊 **3. a.** Αυτό το άτομο βρίσκεται στο φαρμακείο – κάποιο φάρμακο για έναν πονόλαιμο – **b.** Μάλλον θα πρέπει να πάω – **c.** Δεν θα ήτανε καλύτερα να πάτε – **d.** έφερες μαζί σου τα αντιβιοτικά σου – **e.** να επισκεφτείς τον γιατρό – δεν αισθάνεσαι – **f.** Την επόμενη φορά – ζεστά ρούχα

19. UNE JOURNÉE AU BUREAU

21 🔊 **1. a.** Νομίζω ότι είναι πιο εύκολο να δουλεύει – στο γραφείο – **b.** Θα το έγραφα στην ατζέντα – το θυμάμαι καθόλου – **c.** Αν νομίζεις ότι είσαι ακόμα άρρωστος – να κάνεις ό,τι σου λέει – **d.** Ο βουλευτής – αλλά παρακαλώ καθίστε

2. a. ό,τι – **b.** ότι – **c.** ό,τι – **d.** ό,τι – **e.** ότι

3. a. δεν – **b.** μην – **c.** δεν – **d.** δεν – **e.** δεν

21 🔊 **4. a.** δε(ν) πήγα στη θάλασσα πέρυσι – **b.** Νομίζω ότι διάβασα – όταν ήμουν στο σχολείο – ακριβώς – **c.** Η πρώτη μου συνάντηση – οπότε πρέπει να είμαι έτοιμη – **d.** οπότε θα πρέπει να αλλάξω στο γραφείο – **e.** Αν έχετε πυρετό – στο γιατρό

20. LES ARTS

1. a. συμμετείχε σε μια θεατρική παράσταση – **b.** Σου αρέσει να παίζεις – προτιμάς μόνο το πιάνο – **c.** Θα πάω στο ζαχαροπλαστείο – **d.** ένα καλό αστυνομικό μυθιστόρημα που βρήκα – μεταχειρισμένα βιβλία – **e.** Εξασκείσαι στο πιάνο – την ημέρα

2. a. Τα παιδιά με τα οποία παίζει είναι μεταξύ έξι και δέκα ετών. – **b.** Ο μαθητής για τον οποίο μιλάω παίζει Μπετόβεν και είναι μόνο εννέα ετών. – **c.** Ο κινηματογράφος στον οποίο πηγαίνω κάθε Σάββατο βράδυ είναι κοντά στο μετρό. – **d.** Τον φίλο για τον οποίο σου μίλησα, θα τον συναντήσεις απόψε.

3. a. Είναι η πρώτη φορά που τραγουδάει – **b.** δίπλα από την είσοδο του μετρό – **c.** Θέλεις να παίξεις - ή να πας στην παραλία – **d.** Πού μπορώ να σας βρω – **e.** ότι θέλεις να μάθεις κιθάρα – πολλά

21. LA GYMNASTIQUE

1. a. ελπίζω να μη(ν) βρέξει – **b.** Εάν η θάλασσα ήταν – θα έμενα – **c.** Τι θα κάναμε αν είχε ζέστη – **d.** Αμάν – τι ωραία – **e.** Κάνει ζέστη σήμερα – θα πήγαινα – η πισίνα ήταν ανοιχτή – **f.** Την τελευταία φορά – ήταν στην παραλία

2. a. δραστηριότητές του – **b.** μυθιστορήματά της – **c.** αυτοκίνητό του – **d.** διαμέρισμά μας – **e.** πουκάμισό μου – **f.** ταυτότητά του **g.** τηλέφωνό της

3. a. Ας – **b.** Αχ, μακάρι – **c.** ας – **d.** Ας – **e.** Αχ, μακάρι – **f.** Ας

22. À LA MAISON OU DEHORS ?

1. a. Δε(ν) μου λες – να πας σε εκδρομή – να πας στην παραλία – **b.** δεν είναι ήρεμη σήμερα – είναι λίγο επικίνδυνο – **c.** πιο επικίνδυνο από χθες – **d.** ένας νέος βοηθός στο γραφείο του υπουργού **e.** σημαντική συνάντηση – με τον υπουργό – μη(ν) με ενοχλείτε – **f.** Υπάρχει πολύς κόσμος στην ουρά – η ταινία θα είναι ενδιαφέρουσα

2. a. σας άρεσε – **b.** Έμοιαζα – **c.** Φανταζόμουν – **d.** Έπρεπε

3. a. Ρίξτε – μοιάζει – **b.** αρέσει – μιλάει – **c.** θα προτείνατε – **d.** Ακούγεται – πάμε **e.** πάμε – είναι

4. a. πήγε – **b.** άλλαξε – **c.** Έφυγα – έφτασα – **d.** Πηγαίναμε

23. À LA MONTAGNE

1. a. Τι θα έλεγες να ανεβούμε – στην κορυφή του Ολύμπου – **b.** είναι ένας πανέμορφος χώρος – θεατρικές παραστάσεις – **c.** Ο καιρός είναι καλός – θα πάρω το ποδήλατό μου – θα κάνω μια βόλτα – μήκος της παραλίας – **d.** Αυτή είναι η φίλη μου - για την οποία σου μίλησα – η οποία κάνει – **e.** ο οποίος παίζει πιάνο – σε πολύ μικρή ηλικία

2. a. α – α – ο – **b.** ά – α – ά – α – **c.** ος – ο – **d.** ο – ύ – ον – ο

3. a. άκι – ο – άκι – **b.** α – δάκι – **c.** ό – άκι – **d.** α – άκι – ούλι

4. a. Θα μείνουμε στο σπιτάκι μας – λίγες μέρες – **b.** Fλπίζω να – το μυθιστόρημα που σου – **c.** Το μονοπάτι είναι βατό – θα πρέπει να περπατήσουμε – **d.** Θα πάω στο σπιτάκι της γιαγιάς – για δύο εβδομάδες

24. CONGÉ SABBATIQUE

1. a. το πρώτο μου ταξίδι μετά την κρίση – θα είναι – για μένα – **b.** Ελπίζω να – λίγα κινέζικα – της διαμονής μου στην Κίνα – **c.** Σίγουρα θα έχεις πολλές ιστορίες – **d.** Αυτό το ταξίδι είναι μια ευκαιρία – τον τρόπο με τον οποίο βλέπω τον κόσμο – **e.** Η φίλη μου ταξίδεψε πρόσφατα – επισκέφτηκε μερικές πανέμορφες παραλίες

2. a. α – ατα – **b.** ή – ατά – **c.** ου – ου – ει – ω – **d.** εις – λές – ες – **e.** εται – ης – ης

3. a. Σχεδιάζω πάρω – θέλω – ταξιδέψω – **b.** Άρχισα μαθαίνω – είναι – νόμιζα – **c.** Πηγαίνω – **d.** Θα μπορούσαμε πάμε – αρχίζεις – μαθαίνεις

26 🔊 **4. a.** να κάνω ένα μεγάλο ταξίδι – της σαββατικής μου άδειας – **b.** Θέλω να δω – να ακολουθήσω – **c.** Αν συναντήσω την αδελφή ψυχή μου – να αλλάξω τα σχέδιά μου – **d.** Η σαββατική άδεια είναι ένας τρόπος – περισσότερα για τον κόσμο

25. LA RECETTE DE CUISINE

1. a. ώς – **b.** ως – **c.** ύ – ο – **d.** ο – **e.** α – ο

2. a. Φοβάμαι – μπορούμε – φτιάξουμε – **b.** αρέσει – πίνω – ξεκινήσω – **c.** πηγαίνω – **d.** Καθίστε – φέρω – **e.** Προσπαθώ – μάθω – μπορώ

27 🔊 **3. a.** στη – από – **b.** με – στο – **c.** Ως – **d.** μέχρι – **e.** για – **f.** σαν

26. AU ZOO

28 🔊 **1. a.** Οι αρκούδες είναι τα αγαπημένα μου ζώα – **b.** Το κατάστημα είναι ανοιχτό μέχρι – **c.** το προσωπικό κάνει ό,τι μπορεί για να δημιουργήσει τις κατάλληλες συνθήκες – **d.** Δες τους παπαγάλους εκεί – σαν να είμαστε στ(ν) ζούγκλα

28 🔊 **2. a.** να ταΐσω τα λιοντάρια – ούτε τα λιοντάρια δε(ν) μπορείς – **b.** Θέλω να ταΐσω – βλέπω πως απαγορεύεται – **c.** αυτά τα ζώα εδώ – **d.** σαν τις γατούλες και τα σκυλάκια

3. a. ό – α – ά – ά – α – **b.** α – α – ά – **c.** ονται – ά – α – ά – **d.** ουμε – ους – οι – **e.** ουμε

4. a. αρέσουν – έβλεπα – **b.** άφηναν – χαϊδεύω – **c.** λατρεύουν – φτιάχνουν – **d.** τρώνε – **e.** Χαίρομαι – ήρθαμε

© 2024, Assimil.
Dépôt légal : mai 2024
N° d'édition : 4340
ISBN : 978 2 7005 0931 1
www.assimil.com
Imprimé en République Tchèque